喻国明 杨 雅 等
— 著 —

游戏与元宇宙

数字时代的媒介升维与深度游戏化

中国出版集团
中译出版社

图书在版编目（CIP）数据

游戏与元宇宙：数字时代的媒介升维与深度游戏化 / 喻国明等著. -- 北京：中译出版社, 2023.1
ISBN 978-7-5001-7262-8

Ⅰ.①游… Ⅱ.①喻… Ⅲ.①信息经济－研究 Ⅳ.① F49

中国版本图书馆 CIP 数据核字（2022）第 240594 号

游戏与元宇宙
YOUXI YU YUANYUZHOU

著　　者：喻国明　杨　雅　等
策划编辑：朱小兰
责任编辑：朱小兰
文字编辑：苏　畅　刘炜丽　任　格　王海宽　索　骄
营销编辑：任　格

出版发行：中译出版社
地　　址：北京市西城区新街口外大街 28 号 102 号楼 4 层
电　　话：（010）68002494（编辑部）
邮　　编：100088
电子邮箱：book@ctph.com.cn
网　　址：http://www.ctph.com.cn

印　　刷：北京顶佳世纪印刷有限公司
经　　销：新华书店
规　　格：710 mm×1000 mm　1/16
印　　张：21.75
字　　数：250 千字
版　　次：2023 年 1 月第 1 版
印　　次：2023 年 1 月第 1 次印刷

ISBN 978-7-5001-7262-8　　　定价：69.00 元

版权所有　侵权必究
中译出版社

本书作者

喻国明　杨　雅　刘彧晗　颜世健　苏芳　苏健威　滕文强

本书出品方

北京师范大学新闻传播学院

北京师范大学传播创新与未来媒体实验平台

目录

绪　论　游戏作为DAO媒介：数字文明时代社会的再组织化方式 _ 001

第一章
元宇宙新时代

第一节　元宇宙时代的五个重要标签 _ 004

　　　　社会的微粒化与媒介化 _ 004

　　　　从认知时代到体验时代的过渡 _ 006

　　　　游戏场景的构建 _ 008

　　　　算法为媒的全新时代 _ 009

　　　　从横向裂变到纵向聚变 _ 010

第二节　元宇宙：数字文明时代的具象版图 _ 011

　　　　元宇宙是一种全新的容介态 _ 012

　　　　元宇宙是人类社会的深度媒介化 _ 013

　　　　元宇宙的应用发展是一个不断深化的过程 _ 015

　　　　元宇宙促进人性释放与价值升维 _ 017

第三节　元宇宙时代：人的角色升维与版图扩张 _ 019

　　　　从定居到游牧 _ 020

　　　　从中介到互构 _ 022

　　　　从缺席到在场 _ 025

　　　　从脱嵌到再嵌入 _ 028

第四节　游戏深刻赋能元宇宙发展 _ 030

　　　　游戏与游戏化 _ 032

　　　　元宇宙视域下游戏赋能引发的思考 _ 038

第二章
游戏与元宇宙

第一节　游戏的魅力 _ 045

　　　　人类福祉的核心 _ 046

　　　　人类原始本能的映射 _ 053

　　　　潜能的激活 _ 055

第二节　作为媒介的游戏 _ 056

　　　　游戏：媒介的升维 _ 057

　　　　现代游戏的价值 _ 067

　　　　被曲解的游戏 _ 070

第三节　游戏的分类 _ 073

　　　　连接方式 _ 074

　　　　平台端口 _ 076

　　　　游戏强度 _ 078

　　　　功能性 _ 079

　　　　玩法与内容 _ 080

　第四节　游戏与元宇宙的场景变量 _ 085

　　　　技术层面 _ 085

　　　　场景层面 _ 092

　　　　逻辑层面 _ 094

　第五节　元宇宙游戏的新价值 _ 096

　　　　个体层面 _ 096

　　　　商业层面 _ 098

　　　　社会层面 _ 099

第三章
数字文明时代的游戏新可能：功能游戏

　第一节　功能游戏 _ 105

　　　　从游戏谱系中定位功能游戏 _ 105

　　　　功能游戏既有市场爬梳 _ 117

　　　　经典功能游戏案例分析 _ 120

　第二节　元宇宙与功能游戏 _ 122

　　　　功能游戏双重属性之困 _ 123

　　　　未来功能游戏的实现条件 _ 132

　　　　未来功能游戏的应用价值 _ 138

　　　　未来功能游戏的展望与反思 _ 149

第四章
元宇宙背后的未来图景

第一节　元宇宙时代的游戏产业发展 _ 155

　　　　全球游戏产业 _ 155

　　　　国内游戏产业 _ 156

　　　　元宇宙游戏产业 _ 158

第二节　众包：元宇宙游戏发展的内驱力 _ 159

　　　　众包的定义与主要特征 _ 159

　　　　游戏机制中的众包模式 _ 161

　　　　众包模式下的数字游戏劳工 _ 164

第三节　深度游戏化 _ 165

　　　　游戏化的概念与机制 _ 166

　　　　深度游戏化的概念与机制 _ 168

　　　　社会组织的深度游戏化 _ 170

　　　　社会生产的深度游戏化 _ 176

　　　　社会生活的深度游戏化 _ 180

第四节　游戏与元宇宙的监管与风险 _ 186

　　　　元宇宙时代的版权保护 _ 187

　　　　元宇宙时代的社区安全 _ 191

　　　　游戏与元宇宙的未来风险 _ 194

第五章
从现在向未来

第一节　游戏范式：未来传播的主流 _ 201

　　从滥觞到主流：传播理论中的游戏说 _ 202

　　游戏理论研究问题与研究对象的界定 _ 203

　　传播图景的深刻变革 _ 207

　　游戏媒介的未来社会研判 _ 215

第二节　游戏对未来传播研究的范式价值 _ 215

　　未来线上用户研究的方法工具 _ 215

　　玩家类型研究工具的转向与回归 _ 219

　　多维度建构线上用户的特征模型 _ 226

第三节　传播游戏理论 _ 230

　　社会性传播的三个重要属性 _ 230

　　传媒业的两种内容生产模式 _ 232

　　人工智能对传媒业内容生产机制的再造 _ 234

第四节　社会深度媒介化进程中的协同创新理论 _ 240

　　社会媒介化视角下社会结构的变革 _ 241

　　媒介充当核心序参量 _ 242

　　分布式社会再组织化 _ 245

　　自组织范式与多元共治 _ 247

　　以人为本：媒介演进永恒不变的中心点 _ 253

附　录　青少年多人在线战术竞技手游的使用体验研究 _ 255

注　释 _ 275

参考文献 _ 303

绪 论

游戏作为 DAO 媒介：
数字文明时代社会的再组织化方式

数字文明时代的"游戏化生存"

随着大数据、云计算、人工智能技术在社会各领域的深度参与，社会媒介化进程加快。以互联网和智能算法为代表的数字媒介下沉为整个社会的"操作系统"，根本性地重构社会[1]——人类生活空间从单一平面的物理空间跨向立体可视的虚实混合空间，从而得以采取更具自由度、灵活性、体验性和功效性的方式生存，[2]人类文明迈入了全新的数字文明阶段。

尼古拉斯·尼葛洛庞帝（Nicholas Negroponte）曾用"数字化生存"描述人类在信息时代的存在方式，并断言："技术不再只和技术有关，它决定着我们的生存。"[3] 一些学者则进一步提出"媒介化生存"的概念，强调媒介技术在人类生活中的"渗透"，以至于"没有媒介技术的生存已无可能"。[4] 在深度媒介化社会中，媒介赋能方式与游戏品性日趋类同。学界开始重新思考游戏作为媒介的价值，指出数字文明时代的"游戏精神"及人类"游戏化（Gamification）生存"的可能性，甚至将尼葛洛庞帝的名言改写为："游戏不再只和娱乐有关，它将决定我们的生存。"[5]

诚然，"游戏化生存"是对数字文明时代人类存在方式的大胆预言。在传播资源饱和乃至盈余、社会微资源空前激活、用户掌握媒介消费主动权的时代，聚焦人性需求和乐趣体验的游戏已成无法回避的话题。游戏作为媒介也将展示出不同于传统"信息理论"的媒介逻辑及更具"游戏精神"的社会再组织化力量。

那么，数字文明时代的游戏作为媒介具有何种特性？这种特性又将塑造何种人类社会结构？欲回答该问题，则需回到媒介及游戏两个核心概念上，从媒介与社会的关系中理解媒介的内涵，进而阐释游戏的概念。因此，探究何为媒介以及媒介如何影响人类社会结构就成为本书的逻辑起点——通过对人类文明进程的梳理，把握媒介的内涵及其对社会结构的基本影响机制；在此基础上，本书将视野聚焦数字文明时代，阐释游戏与媒介这两个概念何以在新时代坐标下趋于交织，当游戏作为媒介时具备何种特性；最后再从具体路径入手，剖析游戏媒介对数字社会的再组织化方式，以明晰游戏对人类社会及文明的意义。

人类文明进程中的媒介与社会结构

以罗纳德·伯特（Ronald Burt）为代表的社会网络分析流派从结构视角切入，将社会看作在行动者互动中形成的相对稳定的社会关系组合。[6]换句话说，"社会"可以被理解为由不同行动者交织形成的关系网络结构,体现为两个面向:个体行动与群体交往。

为爬梳媒介对社会结构的影响,媒介隐喻观揭示了一种从一般意义层面切入讨论的方式。该媒介观强调媒介"既是社会的延展,也是人的延伸",[7] 揭示媒介作为中介物的抽象意义。从媒介隐喻观出发理解媒介对社会结构的影响,就是要关注媒介以何种中介方式为个体开辟出新的社会行动模式,并为群体组织起新的社会交往关系。

1. 媒介的内涵:人体的延伸与关系的连接

马歇尔·麦克卢汉(Marshall McLuhan)曾在《理解媒介》一书开头部分提出著名论断:"媒介是人的延伸。"[8] 在他看来,人的能动性有限,媒介是赋予个体新行动自由度的进化延伸。人们通常只注意到这一论断的一个层面,即媒介是对人的感觉器官或中枢神经的体外延伸,可以"改变人的感觉比例和感知模式"。[9] 但较少有人注意这一论断的另一层面,即媒介还是人体所处时空环境的进化延伸。麦克卢汉认为,"媒介和技术的所有延伸都创造了环境。每一种技术对人的感知模式重组,实际上造就了一种新环境。"[10] 也就是说,媒介同时还作用于身体的时空在场方式,人的感官重组是为了在新时空环境中获得对经验世界的另一种理解方式。进一步而言,"延伸产生感知,感知生产环境",[11] 媒介的本质是人如何感知生存于外部经验世界的中介物,感官的新延伸及其产生的时空环境均是延伸进化过程的核心体现。[12]

而雷吉斯·德布雷(Régis Debray)与麦克卢汉不同,基于媒介在群体层面的影响,他发展了另一种媒介隐喻——媒介作为关系的连接者。在他看来,媒介研究的目标是"关系,而非物体",[13] 当物体成为"散播的场地和关键因素,成为感觉的介质和社交性模具"时,就进入了媒介学的领域。[14] 例如，一扇窗户不是媒介，当人透过窗户看风景时，窗户就成了媒介。这意味着媒介不是或不仅是一系列固定的关系载体和器物本身，而是由其关联起来的全部关系和意义的总和，[15] 是群体交往关系的体现，因而通过媒介可以窥见各种要素的连接整合的方式。不同媒介技术意味着不同的关系编织方式，即哪些连接整合手段得以凸显和强调，而哪些连接整合手段则被遮蔽和弱化。

概括来说，在媒介研究领域中，两种重要的隐喻观从更一般意义的层面指向了媒介对个体生存方式及社会关系的影响，恰巧对应了社会结构的两个面向：个人行动与群体交往。媒介正是通过改变人的感官比例、时空在场方式和影响群体连接整合的手段来形塑社会结构的，社会即在媒介形塑的个体行动和群体关系中动态生成。用特伦斯·戈登（Terrence Gordon）的话来说，"媒介不仅是我们互动关系变化的动因，也是我们如何使用感知的动因。"[16]

2. 媒介对社会结构的影响机制：塑造个体行动与群体交往方式

如上所述，回溯媒介对社会结构的影响，就是探究媒介如何组织个人行动及群体交往（见图1）。

就个人行动来说，媒介作为人体的延伸，赋予个体逐步从物质身体中解放并基于"智能身体"生存与行动的自由尺度。从前大众传播、大众传播时代到电子传播、数字传播时代，媒介技术使个体获得超越"身体"的经验和知觉，看到、听到，甚至触到远方、过去和未来。当"身体"和媒介技术逐渐交织之后，所谓肉身与个体行动的稳固关系就被媒介技术松绑了。技术哲学家唐·伊德（Don Ihde）曾在《技术中的身体》中提出理解人类生存方式的"三个身体"理论——

物质身体、文化身体和技术身体。物质身体即物质的、肉身的、经验世界的身体;文化身体即被社会文化所建构的身体;技术身体即通过技术中介的身体。[17] 在前大众传播阶段,人类口耳、体态等身体"元件"即为媒介本身,感官模式还未被媒介技术分割延伸,个体受肉体感官束缚必须依托物质身体亲身参与交流行动,例如,与身边人说话、向10米外的人做手势。在大众传播时代,印刷文字、录音、电视等媒介技术通过对视听觉感知的模仿,带动人类感官进入媒介"分割延伸"阶段,个体经由"外化"的"器官"能进入更广阔的现实时空;在电子传播时代,感官模拟技术进一步拓展,伴随互联网的出现,个体基于技术身体具备虚拟时空生存的可能,行动宽度和深度得到拓展。

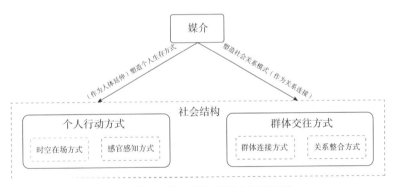

图1 媒介对社会结构的基本作用机制

而在数字传播时代,不同于前序媒介技术的"模拟身体"逻辑,数字技术是一种"再造身体"的技术[18]——通过捕捉计算个体感知和行动数据再造"数据躯体"。例如,利用算法推荐使人形成消费习惯,通过数字再现使人形成新的感知模式等。在数字媒介赋能下,个体能既保有物质身体的真实体验感,又受到技术全面延伸的"智能身体"

的影响,[19] 在虚拟与现实混合的时空中展开一重或多重时空生存体验,实现行动创造。

就群体交往来说,媒介作为关系连接还推动群体从以血缘、地缘(如邻居、"附近的人")等强关系连接为主的人际交往模式,转向基于趣缘(爱好团体、意见团体)等弱关系连接的分布式人机交往模式。在前大众传播和大众传播时代,媒介作为稀缺资源主要用于理性信息传递,连接价值表现在纵向层面,即基于已有的社会分工或血缘地缘区隔,围绕内容深化既有关系。此时的媒介对群体交往方式的作用相对有限,血缘、地缘等先天强关系仍在社会中占据主要地位,媒介主要通过内容连接来维持和巩固强社会关系。因而,在前大众传播时代,口耳和体态媒介主要用于建立血缘和地缘人类部落,形成组织秩序;在大众传播时代,文字和电视媒介则主要用于树立权威和确立社会等级制度。随着互联网这一高维媒介的出现,[20] 媒介具备以个人为单位的新型组织能力,人类社会第一次进入真正意义上的去中心化组织阶段。得益于节点式技术架构,互联网从一开始就成为去中心化的分权平台,具有较高的安全性与可靠性,也造就了信息传播的多样化与控制的复杂化。[21] 由此,互联网媒介连接价值升级,具备了跨社会分工及血缘地缘、建立弱关系纽带的横向连接能力,社会资源能在扁平的节点间自由流动。

更具体地说,在以 Web1.0 和 Web2.0 为主的电子传播时期,媒介连接价值主要体现在人际网络方面,建立基于人际关系的去中心化组织,例如,各类用户生成内容(User-Generated Content,简称 UGC)平台。该组织形式拥有一定自演化及自运转能力,但缺乏领导核心和运转规则,自治理能力较差,容易出现平台霸权、治理失范

绪 论

的问题。在 Web3.0 代表的数字传播时代，数字媒介能联结并改造所有"旧"媒介，具有更强的聚拢特质，是一种升维的媒介或者说元媒介。[22] 因此，数字媒介能在内容网络、人际网络和物联网络中展现超越人际连接的算法连接价值，所有人、机都将被纳入数字媒介的辐射范畴并在其逻辑下重构，人类社会进入基于算法技术（尤其是区块链技术）的去中心化自治组织（Decentralized Autonomous Organization，简称 DAO）形态。DAO 是指以区块链技术为支撑，分布式个体、内容和智能技术物能通过算法聚拢，在智能合约和代币等公开透明的数字代码的保障下自主生产内容、建立互动和流转价值的组织模式。这类组织具备超越第三方干预的自演化、自运转和自治理能力（见图2）。[23] 简单来说，DAO 代表一种以算法作为底层运行与保障逻辑的社会分布交往范式。因此，在数字文明时代，媒介将升维成兼具关系连接与算法整合双重价值的 DAO 媒介。

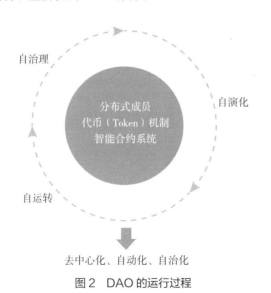

图 2 DAO 的运行过程

总的来说，媒介对社会结构的影响建立在媒介价值的迭代路径上（见表1）。媒介技术始终沿突破个体物质的身体行动束缚及突破群体强关系连接范式的路径演进，价值体现也从物理媒介升维为具备关系连接和算法整合双重逻辑的 DAO 媒介。由此，社会结构也从媒介组织的行动和关系演化中由部落式结构、科层式结构、网络式结构[24]向 DAO 式结构迈进。

表1 人类文明历程中媒介对社会结构的影响机制

传播阶段	媒介价值	个人行动方式	群体交往方式	社会结构
前大众传播时期	作为物理媒介	基于物质身体的行动	基于强关系的分布交往	部落式结构
大众传播时期	作为物理媒介	基于物质身体的行动	基于强关系的中心化交往	科层式结构
电子传播时期	作为关系媒介	基于技术身体的行动	基于弱关系的分布交往	网络式结构
数字传播时期	作为 DAO 媒介（关系媒介+算法媒介）	基于智能身体的行动	基于弱关系的分布人机协同交往	DAO 结构

游戏：数字文明时代的典型媒介

元宇宙（Metaverse）作为数字文明时代的具象版图，[25]为人们提供了一种关于数字文明的想象范本，而游戏作为元宇宙的具体表现形式以及元宇宙初阶的第一媒介，[26]则提供了理解数字文明的具象抓手。因此，数字文明的新时代坐标要求从媒介层面再理解游戏的价值。人们要论证该问题，需先回答两个问题：一是游戏的本质特性为何；二是数字文明时代的游戏特性何以与媒介逻辑耦合。在此基础上方可解释游戏作为媒介的关键价值。

绪 论

1. 游戏的本质

学术界较为认可的游戏的概念是约翰·赫伊津哈（Johan Huizinga）在《游戏的人》中所提出的："游戏是在某一固定时空中进行的自愿活动或事业，依照自觉接受并完全遵从的规则，有其自身的目标并伴以紧张、愉悦的感受和有别于'平常生活'的意识，"[27]但这并不能准确定义游戏。本书通过比较和总结冗杂游戏理论中的概念共性，抽绎出两个剖析游戏本质的基本维度：自由维度与规则维度。

（1）游戏的自由性

自由是游戏最基本的特性维度。在以往的研究中，学者们对游戏之自由性的讨论指向两层含义——自愿与不受限。

其一，自愿指玩家参与游戏的自由建立在个体精神需求的愉悦之上。赫伊津哈强调，游戏具备乐趣、休闲等非严肃属性，应具有足够的吸引力促使玩家自愿加入。[28]游戏中一切元素、场景和任务的核心目的都不是让玩家取得胜利，而是给玩家营造沉浸其中的乐趣，消除无聊和枯燥。例如，游戏《恋与制作人》中的虚拟NPC（非玩家角色）、对话和事件，其真实目的并非让玩家赚取好感，而在于使玩家在与虚拟人物互动的过程中体会恋爱感。当然这并不意味着游戏必须带来积极情绪，而是指游戏需要唤起用户情感的卷入和心灵的满足。玩家可以在游戏声光场景中通过打斗、合作、竞争等一系列游戏动作获得即时精神反馈，达到情感共振——不仅会为游戏中与队友并肩作战的胜利呐喊，也会因游戏的悲剧收场遗憾落泪。

其二，不受限主要指玩家能够掌握游戏主动权。在赫伊津哈看来，游戏自由是因为游戏控制权始终掌握在玩家自己手中，何时玩、如何玩、与谁玩这些问题均由玩家自行决定。[29]艾略特·埃夫登

(Elliot Avedon)则强调,游戏的不受限自由体现在玩家的思维不受限和行动不受限,玩家并非游戏的参与者而是创造者。对玩家而言,游戏是真正的"自愿控制系统"。[30] 举例来说,在游戏《塞尔达传说》中,玩家具有开放的视角、多维的感知渠道和自在的探索方式,可以选择以听、看、摸的多样形式探索游戏地图,也可以选择以第一或第三视角参与或旁观任务。通过不受限的探索,每个玩家的成长速度存在差异,游戏结局将走向不同方向。某种意义上,不受限使得游戏真正成为罗兰·巴特(Roland Barthes)口中"可写的文本"。[31]

(2)游戏的规则性

规则是游戏最不可或缺的特性维度。赫伊津哈、埃夫登、罗杰·卡约(Roger Caillois)等游戏理论学者均在其著作中一再强调游戏规则之于游戏的重要性,正是"规则"的存在使游戏能够作为日常生活之外的正式系统存续。[32] 然而,不同学者对游戏规则的讨论层次是不同的。卡约从微观的具象层面理解游戏规则,并根据不同规则类型把游戏分为竞争类、机会类、模拟类等。[33] 在此层面,游戏规则指具体的命令和玩法,例如游戏中具体的主线任务规定。在另一层面,赫伊津哈、埃夫登则从宏观的抽象层面阐释游戏规则,认为规则是使游戏世界与其他世界区隔开的"魔环",[34] 是自愿控制系统的程序。此时游戏规则更类似世界"法则"和"边界"的概念,代表更为开放的结构性框架,例如"游戏世界观"就是一种宏观层面的游戏规则。从宏观层面把握游戏的规则性,更便于理解不同游戏类别的相通本质。

因此,相较其他规则,游戏规则的特殊性体现在底层性和权威性上。底层性指游戏规则是一种相对基础的结构性框架,仅规定玩家进入、生存、奖励和交往的基本逻辑,但不限制玩家的具体行为。

例如，在竞技类游戏中，规则仅会对获胜的条件及获胜奖品做出规定（如击败多少人，存活多长时间，攻破对方基地），但不会对玩家的具体行动步骤（第一步怎么做，第二步怎么做）进行指导。简单来说，可以把游戏规则理解为一种"消极自由逻辑"的规定，即只规定玩家不能做什么而非指导玩家该做什么。权威性则指游戏规则对所有玩家都具有普遍意义上的绝对性，[35]不因玩家身份或行动而轻易改变。因此，游戏规则一般不以口头契约的形式呈现，而是被编码在游戏架构中。从这个意义来看，我们可以把游戏规则理解为一套关于"游戏是什么"的算法。在传统游戏中，这套规则由玩家捍卫；在电子游戏中，则由技术程序和玩家共同捍卫。

从自由和规则两个基本特性把握游戏，能将庞杂的游戏理论中涉及的更多细小要素囊括其中，例如乐趣、自主、任务和目标等。游戏也就可以释义为一种在结构性规则框架上赋予用户自由愉悦的体验、行动与交往的活动。

2. 数字文明时代游戏与媒介的耦合

在数字文明时代，游戏，尤其是大型多人在线游戏（Massive Multiplayer Online Game，简称MMOG）的社会性、文化性、经济性，乃至政治性意义被不断强调，因而游戏在未来社会将不再只是一种文化内容，更是居间于人类与世界之间的媒介。

以媒介视角考察游戏的想法由来已久。尽管并非所有学者都将"游戏作为媒介"作为核心命题，但他们在游戏理论研究中均沿不同路径论及媒介问题。这些论述大致提到了游戏与媒介间的两种耦合逻辑：其一是功能耦合，认为游戏对人的本性欲望、社会交往的强调与媒介的赋能方式类同,代表人物包括麦克卢汉、赫伊津哈、威廉·斯蒂芬逊(William Stephenson)等;其二是结构耦合,强调游戏与媒介同样是居间于现实与虚拟之间的"容器",代表人物为康斯坦斯·史坦库勒(Constance Steinkuehler)。

(1)游戏与媒介的功能耦合

在强调功能耦合的思路中,一方面,学者们认为游戏具备赋予用户自主性的功能,而媒介也有赋予用户行动自由度的属性,两者在使个体更自由的逻辑上类似,因此游戏可以被理解为帮助自我认知、理解自我存在的媒介。正如席勒(Schiller)那句经典名言所揭示的——"只有当人游戏的时候,他才完全是人"。[36]游戏关注的是人与生俱来的基本诉求和人性中最本真的部分,是对人非理性需求的释放。基于此,斯蒂芬逊进一步提出,在游戏媒介中,传播活动将转变成一种关于"快乐"(Communication-pleasure)和"自我赋权"(Self-enhancing)的游戏,用户升格为传播主体,借用传播这一形式从事理解自我的活动、体验生命存在的快乐。[37]

另一方面,更为热烈的讨论存在于游戏与媒介社会功能耦合的探讨上,强调游戏媒介具有极强的社会性。正如麦克卢汉在《理解媒介》中提到的:"如果说科技是动物器官的延伸,那么游戏则是社会人与身体政治的延伸",[38]他强调的是游戏媒介在个体层面的社会性,个体可以通过游戏方式完成社会化过程。现代社会时兴的"团建"就是把游戏作为媒介以快速建立团队合作关系的例子。此外,大型多人在线游戏更将游戏媒介更广泛的社会性发挥得淋漓尽致。具体来说,游戏可能是一种社交媒介,通过游戏公会建立虚拟共同体并营造亲社会情感;也可能是一种教育媒介,通过严肃游戏(Serious Game)的

绪 论

方式达到教育目的;还可能是一种体验媒介,使人们带着历史和现实的视域去构想未来。[39]

(2)游戏与媒介的结构耦合

史坦库勒借用雷·奥尔登堡(Ray Oldenburg)的"第三空间"概念提出,游戏是介于虚拟与现实、家庭与工作之间的"第三空间",[40]既包括真实元素,也包括虚拟元素,具有居间性。进一步说,游戏是一个中间地带,个体可以在其中自由来去,重建等级、地位和身份角色;社会资源也可以被吸纳其中,支撑玩家多样化的线上生存与生活。有学者提出了"容器型媒介"的概念,以描述一些具备汇聚结构的复杂媒介[41]——区别于以输送信息流为主的"管道型"媒介(例如报纸、电视),"容器型"媒介更多代表着具备空间性的复杂媒介。

从这个意义上看,游戏恰巧就是一种具备空间结构的"容器型"媒介。它是一个既向外部敞开又有一定边界的结构空间,能通过"汇聚"的方式卷入越来越多的社会要素并按照一定逻辑将其编织重构。例如,在 AR 游戏 *Pokémon Go*① 中,游戏就是作为容器媒介存在的。基于玩家的游戏实践,现实社会中的各种街道元素、人物关系,乃至技术形式都可能被卷入游戏这个虚实交织又包罗万象的"容器"中,使游戏演化成玩家们线上生存与生活的栖身之所,也成为群体间精神与文化交往的关系空间。因此,有学者进一步提出,未来游戏将是

---

① *Pokémon GO* 是任天堂、The Pokémon Company、Niantic Labs 联合制作开发的 AR 宠物养成对战类角色扮演游戏(Role-Playing Game,简称 RPG)手游(Mobile Game)。该游戏能对现实世界中出现的宝可梦进行探索捕捉、战斗以及交换。玩家可以通过智能手机在现实世界里发现宝可梦,进行抓捕和战斗。玩家作为宝可梦训练师抓到的宝可梦越多,会变得越强大,从而有机会抓到更强大、更稀有的宝可梦。

"更具综合性和融合性的强势媒介。从媒介融合的视角看游戏，会发现游戏不仅在内部融合了多种艺术媒介，而且跟人的生活、工作有更多结合"。

（3）数字时代游戏与媒介的深度耦合

在数字时代，游戏与媒介的耦合将愈发深入，数字媒介的功能和结构将日益展现出游戏品性，其赋能方式也将逐渐类游戏化。借用简·麦戈尼格尔（Jane McGonigal）的话来说，游戏将会是"21世纪最重要的媒介"，成为塑造未来的主要平台。[42]

一方面，这种耦合体现在数字媒介赋予用户个性和自主性。数字媒介代表的是用户被充分赋权的"超级个体"时代，用户从简单均质的"平均大众"转变为具有复杂性、主观性和非线性的"独立个体"，那些曾在短缺时代被隐没的乐趣、需求，以及被压抑的行动轨迹得以通过大数据和算法技术被洞察和捕捉，数字媒介真正成为由用户自己定义的私人媒介。通过数字媒介，用户可以建立自己满意的"化身"，依照自己的兴趣对所有内容和关系召之即来，挥之即去，自由地游走于各种场景中。传播由此从一种效率至上的功利性活动转变为体现用户高度自主性和主观性的游戏。[43]

另一方面，这种耦合还体现在结构层面，即数字媒介强调与其他所有"旧"媒介技术聚拢升维的结构模式及游戏建构开放的结构性规则品性相同。数字媒介不是某一种新媒介技术的指称，而是基于智能算法对至今散落的各种媒介技术的聚拢整合。[44]简单来说，它是至今所有媒介技术的"集合"。这注定了数字媒介带来的是多模态信息融合、虚实场景混合的传播生态，且将作为媒介之媒介下沉为更基础的社会建构力量，为社会提供结构性框架。而游戏恰巧就是这样一种升维意义上的技术形式。它基于现实又超越现实，不仅可以为玩家提供在虚实空间中流动的"穿行"通道；更重要的是，游戏的底层规则性决定了它可以作为容器媒介成为所有技术的"收纳箱"和所有关系的"聚拢集"。也就是说，一项技术形式只要能服务于玩家体验，就能被游戏吸纳成为游戏组件；一种关系形式只要有利于玩家交往，游戏就能通过规则设置使其得以建立和保持。从结构的角度来看，未来游戏将会是具有一切媒介性质的全功能、全要素媒介。

3. 游戏作为媒介的新价值

如上所述，当以媒介来指称游戏时，强调的是游戏围绕"自由"的功能特性和基于底层"规则"的结构方式。这两种游戏特质会为媒介带来不同于前序媒介的新逻辑。具体来说，在数字文明时代，游戏作为媒介将在人性的延伸和关系的聚拢两个方面释放价值。

首先，其价值优势体现在对玩家（用户）的人性延伸上，使从前旁落的人性要素卷入传播过程。"信息论"的核心观点是用信息消除熵、用传播消除不确定性，因而"信息论"媒介范式致力于延伸用户的理性维度，使用户得以保持最冷静的头脑，由此人性天然的情感、"捷思"等非理性要素就受到了排斥和规训，此时的媒介价值仅能在理性维度体现。但"游戏论"是呼唤乐趣与自由的，从前被理性要素挤压而旁落的非理性要素能在游戏中获得"正当地位"，例如情感和冲动会成为完成游戏任务的重要驱动力。在人性要素卷入后，媒介所连接的关系将会是自由且流动的。他们可能是一时兴起组队的队友，也可能是建立深厚友谊的公会成员。个体可以随时在临时目标下自发建立稳固交流，再随着目标的完成散去，重归网络中分散的节点。

其次，游戏媒介的价值优势还体现在基于规则实现关系聚拢上，使离散的社会关系能在规则配置下逐渐结构化。换句话说，游戏具备算法整合逻辑，能将玩家、任务、场景等散落的微粒化要素编织进结构性框架中。例如，在协作式竞技游戏的规则要求下，玩家必须通过"匹配"来完成协作分工要求，建立既有保护性又有战斗力的队伍；游戏任务和场景必须以"获胜"为目标分散设置并形成合理的分配方式，使玩家能在任务指导下获得胜利所需的必要资源或积累加大胜率的附加资源。可见，游戏规则作为一种隐形、处于"后台"的算法，成为一双聚拢与配置关系和资源的"看不见的手"，主导着游戏要素的再分配。从前不相关的人、物，乃至智能机器均能在游戏的算法规则下聚拢在一起，依据游戏规则匹配、整合与调适。

由此可见，游戏是一种兼具人性化关系连接与智能化算法整合双重价值面向的 DAO 媒介——它能在充分释放用户本性的基础上拓展人、物和智能机器的连接维度，又能将规则算法作为底层逻辑深化和聚拢这些关系，真正建立起具备高度自运转、自组织和自演化能力的分布式自组织。

未来数字社会：游戏作为 DAO 媒介的社会再组织化

至今，数字文明还处于早期发展阶段，数字社会也未完全孕育成型。虽然人类已经步入数字文明时代，但未观其全貌，仅能以割裂的方式分门别类地体验，大数据、区块链等数字技术也处在各自为营的状态中。[45]那么，应该如何相对准确地把握和想象未来数字社会的构造呢？最直观地看，从游戏这一数字文明时代的具体抓手切入能做出一定的研判。因此，不妨从游戏媒介的社会再组织化路径入手，讨论游戏媒介可能构造的数字社会样态。

1. 再组织化路径

如前文所述，数字文明时代的游戏是兼具人性化关系连接与智能化算法整合双重价值面向的 DAO 媒介，游戏范式和 DAO 范式是阐释媒介组织逻辑的关键。其中，DAO 范式强调的是自组织中群体的分布式交往特性，以及基于区块链技术的智能合约和代币系统对成员交往行为的维持和保障；游戏范式强调的是自组织中个体人性化需求的释放，以及基于游戏结构性规则之上的要素整合逻辑。在两种范式的特性交织下，游戏作为 DAO 媒介展现出两条重要的社会再组织化路径：其一是同质性组织路径，即通过关系连接组织起具备相同需求和爱好的群体、连接具备相同特征的资源；其二是异质性组织路径，即通过算法技术和底层规则重新聚合匹配，在不尽相同的群体和资源集间搭建合作桥梁，保障交往持续（见图 3）。

（1）同质性组织路径

同质化是将具有共同特点的社会要素聚合在一起，是关系性媒介的典型组织路径。游戏体现出关系性媒介的面向，同质性组织也就成了游戏最初级的组织路径。具体来说，游戏媒介能基于人际网络的"三元闭包原理"连接有相似特点的个体和资源，建立起基于地缘、业缘（职业、角色），趣缘等不同维度的同质性组织。

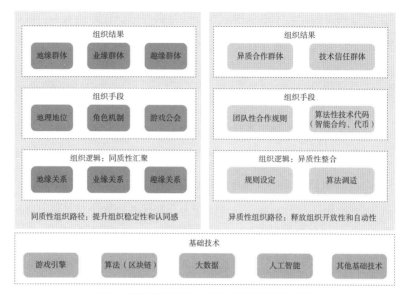

图3 游戏媒介对分布式社会的再组织化路径

首先,游戏媒介可以基于地理定位系统组织地缘群体。游戏通常都嵌入了现实地理定位系统,玩家不仅可以通过地理位置定位、查看与搜索"附近"玩家,向其发送邀约或聊天,还可能因为地理位置被划分到不同游戏服务器中。例如,大型多人在线游戏通常会分为国际服(国际服务器)、韩服(韩国服务器)、国服(国内服务器),这些因现实地理位置被划分的群体具有更高的连接可能,现实的地缘群体也可能在游戏虚拟世界中继续交往。此外,游戏还可能基于虚拟地理环境建立虚拟地缘群体。例如,游戏《魔兽世界》设置了大型虚拟地图,包括不同的场景和建筑,玩家可以在探索虚拟地图的过程中随时遇见和自己共处同一虚拟空间中的其他玩家,此时他们可能成为同行的伙伴,在共享的游戏场景交往。

其次,游戏媒介还可能基于角色机制组织起业缘群体。大部分大型多人在线游戏均会按照技能属性划分游戏角色（或称游戏职业），选择不同游戏角色的玩家因此形成自然的业缘连接。例如，游戏《天涯明月刀》[①]中共设置了八大游戏角色职业，在游戏中称为"八大门派"（包括快剑太白、柔情天香、诡秘五毒等），选择同一职业门派的游戏玩家将经历相同的主线任务、被赋予相同的技能属性，因此玩家们也会基于游戏角色的特性汇聚，围绕技能运用和主线剧情展开讨论。

再次，游戏媒介还可能通过更开放自主的兴趣与需求连接机制，组织起更多维的趣缘群体。游戏本身就是个人爱好的体现，因此可以说，游戏聚集的人群就是一个大型趣缘群体。例如，喜欢打斗的玩家都会聚集在竞技类、生存类游戏中，喜欢扮演的玩家都会聚集在角色扮演类游戏里。从游戏内部来说，游戏仍然具有汇聚不同趣缘群体的功能。例如，游戏可以通过设置任务难度来连接持有不同游戏动机的玩家，通过"游戏段位"把喜欢钻研、游戏动机较强的玩家汇聚到更高的段位上，使玩家们能围绕更专业的游戏玩法展开交流和切磋；同时把游戏动机较弱、游戏水平较差的玩家汇聚到更低的段位上，让其在简单的游戏任务中获得即时快乐。此外，游戏还可以通过建立游戏公会来满足玩家多样性的精神需求。游戏公会实质就是一个社交系统，游戏玩家根据喜好和需求加入不同主题的游戏公会并展开交往。有的游戏公会是为了汇集相同游戏水平的玩家完成副本任务、领取副

[①] 《天涯明月刀》是腾讯北极光工作室研发的一款武侠题材的3D大型多人在线角色扮演电脑客户端国产游戏，由古龙所著武侠小说《天涯·明月·刀》改编而成。游戏拥有丰富的社交系统，在游戏中玩家可以拜师和收徒，可以参加帮会，和帮会成员参加任务活动，还可以加入联盟、盟会，体验不同阵营之间的战斗。

本奖励，有的公会则是为了满足玩家的交友需求，使玩家获得陪伴感和精神满足，甚至还有的游戏公会汇集了对某一事件持有相同观点和态度的人群，形成意见群体，展开事件讨论。

总的来说，游戏媒介基于人际网络而展开的一系列关系组织，均属于"同质性组织路径"。罗伯特·大卫·普特南（Robert David Putnam）把这种同质化的组织过程描述为结合型社会资本（Bonding Social Capital）的累积过程，[46]组织中的结合型社会资本越高，组织内部的情感认同度、团结度就越高，社会结构也越可能日趋圈层化与封闭化。

（2）异质性组织路径

异质性概念来源于网络结构研究，指要素或节点间不存在相同点的可能性。[47]所谓异质性组织，即对存在差异性的个人和资源进行连接并使其能够实现有效合作乃至团结的过程。得益于游戏的规则性和游戏的算法逻辑，游戏这个媒介"容器"不仅是将具有相似性的社会要素堆放在一起，更像"炼丹炉"一样施展着神奇的转化能力，[48]使互不相关的要素能突破圈层障碍组织在一起。因而，释放异质性整合价值，成了游戏媒介更高级的组织路径。

具体来说，游戏媒介最主要的异质性组织方式就是对规则的制定。游戏规则是强调合作精神的，这种合作并非建立在同质性基础上，亦即不是先验存在的合作，而更类似社会学家齐格蒙特·鲍曼（Zygmunt Bauman）所强调的"经过努力实现和获得的团结"，是通过"具有自主性的成员价值、偏好、选择的自我方式与自我认同之间对立、争论、谈判和妥协"来实现的。[49]举例来说，多人在线战术竞技游戏（Multiplayer Online Battle Arena，简称MOBA，例如《英雄联盟》)的游戏规则通常会将能够取得胜利的要素分散在不同的游戏角色设定中,例如,把"控制""治疗"要素分配给辅助角色,"输出"要素分配给 ADC(Attack Damage Carry,普通攻击持续输出核心)等。游戏角色通常体现了各种获胜要素之间的相互制衡。在这种以"团队性"作为核心的游戏规则下,任务被拆解成不同属性的子任务并分配给异质性玩家,玩家必须通过与异质性玩家合作,在相互协商与配合中发挥自己的任务特长,才能取得团队性胜利。已有不少研究发现,在强调合作的游戏中玩家展现的合作意愿和互惠意愿高于日常水平,[50] 也就是说游戏规则对团队性的强调和个人性的弱化能够轻松实现异质性组织。

此外,游戏更为特殊的异质性组织方式是在技术代码(Technical Code)的支持下实现的。技术代码这一概念由安德鲁·芬伯格(Andrew Feenberg)在《技术批判理论》一书中提出,[51] 指人们以技术方式将多方利益协商的结果创建为代码,并以此作为解决问题的共识。技术代码区别于传统将共识"法典化"(例如法律、规章)的方式,游戏作为 DAO 媒介具备将"共识"代码化的逻辑,极大解决了异质性社会要素配合之间的信任问题。例如,游戏的 ELO 机制就是这种"智能合约"的具象体现。ELO 机制是算法模型基于游戏玩家的游戏表现(如生存时长、获胜场数、杀敌数)对玩家赋予不同积分的评分机制,且成为游戏玩家参与游戏任务时的匹配指标。如果游戏玩家持续表现不佳,ELO 机制评分就会较低,游戏的算法匹配系统就倾向于给其匹配评分较高、表现较好的玩家一起合作,以提高游戏体验。同时,ELO 机制并非一成不变,游戏经营者需要经常根据广大游戏玩家的反馈实时调整更新,使玩家在动态调整中达成新的共识。换句话说，ELO机制就是玩家们针对匹配队友"共识"的智能化编码结果。通过ELO机制，游戏媒介使更广泛的异质性玩家在技术保障下持续合作，玩家间不能因为合作的开心或失望便粗暴地将结果归因于合作中的任意一方。此外，游戏中的代币系统也是通过技术代码实现异质性组织，游戏将玩家在其中投入的金钱、精力和时间转化成在游戏世界中自然流通的代币或数字资产，通过代币流通这种类似货币交易的中介化机制，游戏能在更广泛的范围内组织起社会要素和资源，具备了借助代币实现破圈的能力。有研究发现，数字资产交易更频繁的游戏，其社会网络结构会更复杂、异质性程度更高。[52]

因此，游戏媒介的异质化组织路径更多是依靠规则和技术实现的，其目标在于使差异性要素之间的合作交往成为可能。如继续从组织社会资本的视角来看，游戏的异质化组织路径就是增加组织总体的桥接性社会资本（Bridging Social Capital），在已经形成的关系群体间搭建合作桥梁，使不同群体能在技术和规则的保障下团结起来，提升组织总体的流动性和开放性。

2. 未来数字社会的构造

论至此处，我们需再次回到"媒介与社会"这组核心关系，考察游戏媒介对个体行动方式及群体交往方式的塑造方式，进一步解析数字社会构造。

（1）基本社会单位：微粒化的"游戏人"

互联网的出现使社会基本单位降解为个体，个人行动方式深刻影响社会形态。在前数字媒介时代，个体虽得到一定赋权，但其行动自由度远不及数字媒介时代，因此传播主体虽然变得多样，但分化主要沿信息传播行为展开（如活跃用户/非活跃用户、主动用户/被动用户），个体更丰富的人格特性未被激活释放，社会基本构成单位是具有信息选择自由的"信息人"。而游戏媒介则充分激活了传播主体的人性特征，在玩家中心的指导原则下，传播主体可能依据个性、动机、游戏偏好等特征逐渐分化，传播主体从类型化转向特征化。[53] 因而，数字社会的基本构成单位就升维成具有人格自由的"游戏人"，将个体行动方式推向更高的自由层次。

具体来说，"游戏人"代表一种流动式的生存方式。在游戏媒介时代，个人生存的时空是流动的，身体也是流动的。在传统社会，个人主要依赖物质身体在现实时空生存，而游戏媒介带来的虚拟与现实混合时空使个体能依赖"智能身体"生存——不仅拥有肉身所有的体验感，还能通过智能技术进入新的世界，感受肉身不能感知的全新体验。不仅如此，个体"身份"也具有可变性。传统的身份建构依靠特定地理环境下的文化标准，如今由于地理位置的流动，身份建构也逐渐多变，个体可以主动选择、任意切换自己的角色与化身，"每个人都有权力去选择自己想成为的那个身份，身份变得如同当今世界本身一样不确定且可流动。"[54]

此外，"游戏人"还代表着一种探索式的生存方式。在前数字媒介时代，传播主体是以消费的方式进行传播的，即传播主体是在媒介所框定好的渠道和频道中进行选择和使用，以"选择自由"的方式来追求媒介确立好的目标。虽然以"信息人"为基本单位的社会已拥有一定的分布式的特征，但这种分布类型仍具有强制性，即平台和算法管理者掌握着制定个体消费选择的权力。而在游戏媒介塑造的社会中，传播主体的行为方式从消费转变为更主动的探索。个体可以在结构性的游戏框架中自行创造,通过更充分的"行动自由"来实现自己的目标追求。鲍曼也指出,探索式的行动方式并不代表着无序,"只是导致并容许太多权威同时存在,以至对任何一个权威来说,都不能长久地掌权,更不用说是唯一的权威。"[55] 换句话说,只有将"游戏人"作为社会基本单位,才有可能真正通过探索式的生存建立多权威、分布式的自组织社会。

(2)群体互动网络:分布的"海星式"自组织网络

游戏作为 DAO 媒介推动群体朝 DAO 交往的方向发展,为群体编织去中心化网络,使互动能自主演化、运转和治理。奥瑞·布莱福曼(Ori Brafman)和罗德·贝克斯特朗(Rod Beckstrom)把这种分布式自治的互动模式描述为"海星式网络"。在他们看来,Web1.0 时代的门户网站和 Web2.0 时代的社交平台均是"蜘蛛式"的自组织网络,而 Web3.0 时代以 DAO 为代表的组织将是"海星式"的自组织网络。二者虽然结构类似,但区别在于:"砍掉蜘蛛的头,蜘蛛就死了;但如果把海星切成两半,你会看到两只海星。"[56] 也就是说,海星式网络相较传统网络形态来说,具备更强的自演化和自运转能力。在海星式网络中,权力被完全分散,群体可以在协商形成的"智能合约"上自主展开交往,每位成员都像海星的一条腕,不必为某一权威负责,可以自由地做任何事情并为共同利益做出贡献,根据贡献获得具备流通价值的代币。无独有偶,约翰·厄里(John Urry)也在《全球复杂性》中提出一种类似的网络形态。他认为,未来网络空间将演变成一种区别于链式网络、中心网络的全新的网络形态。这种形态使信息能同时向所有方向扩散,不断接纳新节点并共享权力,展现动态性和开放性。[57]

更具体地看,游戏中的群体互动具备海星式网络的广泛连接性和自演化性。传统群体往往具备单一目标性,组织形式相对固定;而游戏的再组织化方式能使人性、场景等众多传播要素卷入其中,人们不再只因某个具体的目标而聚集在一起,还可能基于个性化、非功利的"公开展现"目的聚集,例如展现自己的"玩法"、表演自己的策略。因此群体交往变得更广泛且更具展演性质,类似于鲍曼所表述的"衣帽间式共同体"观念,能迅速对互动网络的内外部力量做出反应。人们可以"暂时放下现实生活中的角色,不追求永恒的、稳定的和严肃崇高的群体价值,而是怀着自己的兴趣在某个空间中寻找共同的意义。当他们在这个空间里被满足了需求、实现了想象或捕获了快感,他们便又返回现实角色"。[58]

此外,游戏所编织的互动网络还具备海星式网络的自运转和自治理特性。如上文所述,游戏规则和算法技术激活了异质性交往的可能,并成为异质性交往的有力保障,人们可以通过技术代码协商达成共识,并基于智能化共识展开持续交往。也就是说,算法技术介入了人与人的交往中并承担起调适和治理的功能,即使被编码的算法规则可能存在偏见,传播主体也能在互动和交往中动态调整,使智能合约逐渐符合组织利益。因此,在海星式网络中,技术的加持能充分释放群体交往的信任力量,使组织信任感不再轻易因为个人的行为或表现受到影响。

(3)核心治理模式:基于技术的多元监督治理

游戏作为 DAO 媒介所重塑的社会结构,社会运转、治理和演化都将在多方协同共建的共识和规则的基础上自行生成并由算法技术来保障实施。以往掌握话语权的主流媒介或当今正值火热的平台媒介都将不再具有一元化的中心地位，仅依靠某一媒介进行社会控制已再无可能。米歇尔·福柯（Michel Foucault）曾提出了两种权力模式——法律模式和战争模式，"前者把权力看作一种作为法律、制度和禁令存在的实体，一方是立法的权力，另一方是服从的主体；后者表明权力是相互的，在战争双方间不断转化。"[59] 从这个角度来说，DAO 社会的权力更类似于"战争模式"。因此，有研究者提出社会治理也应该摒弃传统自上而下的社会控制逻辑，转向自下而上、在交往中自主演化的社会监督逻辑。[60]

具体来说，要想在 DAO 社会中实现监督治理，媒介必须具备纳入多元主体共治的功能。也就是说，媒介需要在交往中凝练各具特色的多样"规则"，例如，在主线场景凝练主线任务的规则，在支线场景凝练副本任务的规则，不同主体可以根据自身个性条件、生存处境和发展目标自主选择行动模式和交往模式，并作为主体参与创立、修改和发展社会规则。只有当多元主体都能在交往中表达自己的欲求、展现自己的能力时，自下而上、充满自由和协商精神的社会监督治理才可能实现。此外，从 DAO 社会来看，要想实现监督治理还必须将媒介技术纳入社会运作保障的底层逻辑中。举例来说，游戏媒介中具有保障运作的 ELO 机制和代币激励机制，未来数字社会中也需要借助媒介技术（尤其是算法技术）实现社会聚合调试，借助区块链技术使微粒化个体得以重拾信任、建立组织，或通过人工智能技术使技术代议制成为可能。

总的来说，未来数字社会对媒介治理模式的要求将从"粗放型"转向更高、更精、更密的"精耕细作型"，社会也将朝着更分布、自主和自治的方向演进。

结语

爱德华·卡斯特罗诺瓦（Edward Castronova）曾说："下一代或下两代会有更多人沉浸于在线游戏中。在游戏之外，'现实'的事情就不再发生了，至少，不再以现在这样的方式发生了。"[61]那么，游戏之于未来到底有多重要？从埃米尔·涂尔干（Émile Durkheim）对人类的概述来看，游戏将是人类永恒的追求，"只有那些能持久下去的愉悦才值得我们去追求。"[62]或许可以激进一点来说，我们终将在数字文明时代领略一个充满"游戏精神"的社会，人们也将以类游戏的存在方式在数字文明时代安歇下来。在那里，个人能够全面、自由地存在和行动，交往变得更广泛、更自动、更自治，人类文明终将从一个"平均的""割裂的"个体时代走向具有"普遍关照""人性化"的自由联盟时代。

作为传播学者，新时代亟待我们去解决的就是"游戏作为媒介"这一核心命题。"媒介研究的未来是游戏研究"[63]也将不再是一种空想的旗帜和口号。本书试图从媒介与社会的关系视角出发，对"游戏作为媒介"这一命题进行探索，从游戏的自由和规则特性入手，指出游戏是具备关系连接和算法整合双重价值面向的 DAO 媒介，能运用关系逻辑和技术逻辑推动社会迈向更自主的 DAO 形态。虽然这只是从游戏媒介出发做出的未来社会研判，但从人类进程中媒介对社会结构的重要程度来看，这足以为未来数字文明勾勒出想象的轮廓。

第一章 • 元宇宙新时代

当前互联网已从Web1.0时代走到Web2.0时代，并正在朝着Web3.0时代迈进。Web3.0便是元宇宙这一宏观世界持续运行的底层技术。2021年10月29日，Facebook首席执行官马克·扎克伯格（Mark Zuckerberg）在Facebook Connect大会上正式宣布，Facebook将更名为Meta（源于"元宇宙"），这标志着元宇宙将迎来新风口。元宇宙融合了各种数字技术，是一种共享虚拟现实的全真互联网和社会形态，它不是一个具有特定参数和目标的游戏环境，而是一个开放的数字文化与社会。元宇宙意味着未来世界将是一个通过技术搭建的虚拟世界，它与现实世界平行且长期存在。互联网界目前对于元宇宙达成的共识是：它是从互联网进化而来的一个实时在线的世界，是由线上、线下很多个平台打通所组成的一种新的经济、社会和文明系统。究其根本，元宇宙是一种数字化的虚拟空间，是构建未来超越现实限制的升维社会场景的蓝图。在元宇宙时代，人工智能等技术的发展不仅带来了结构性、生态性的媒介环境改变，铺垫了元宇宙兴起的算力基础，也加速了人们对新媒体现象和人类生存环境的反思，带来一种认知与实践上的"范式与革命"。同时，元宇宙也为人类的未来构建了一个"以人为本"、虚实相融的双栖社会生态。

第一节　元宇宙时代的五个重要标签

在新一轮的技术革命下，"新"的媒介在不断浮现，以元宇宙为代表的数字媒介连接并改造着"旧"媒介，将传统媒介按照新媒介的标准、传播法则进行充分解构，逐渐下沉到社会的操作系统之中。以元宇宙为代表的数字媒介不仅在架构社会生活的基础设施，更是成为重构社会生活的"设计师"。元宇宙作为一种高维媒介，在"升维"的逻辑之下引发了从传播的基础连接到社会结构等一系列革命性改变。在这样的背景之下，我们需要厘清元宇宙带来的传播环境、传播社会与传播现实之间根本性变革的底层逻辑，深刻把握宏观社会传播图景的根本性改变，社会的微粒化与媒介化、从认知时代到体验时代的过渡、游戏场景的构建、算法为媒的全新时代和从横向裂变到纵向聚变成为元宇宙时代的五个重要标签。

社会的微粒化与媒介化

当前，元宇宙向我们提供了一个全新的社会连接方式。整个社会正在从传统的科层制社会向分布式社会过渡，也称微粒化社会。所谓微粒化社会，就是指颗粒度很微小的社会。

从社会结构上看，伴随着传播技术的平民化和传播工具的普及，个人逐渐转变为传播的主体，甚至可以成为传播资源的掌握者。伴随着人工智能、大数据、算法等数字化信息技术的发展浪潮，万物互联技术进一步将人与人、人与社会、人与媒介的物理连接升维到生理和心理连接。元宇宙的出现拓展了人们的实践疆域，也提高了人们的自由度。从这个角度来看，自由度的进一步提高、媒介要素的进一步丰富、社会结构的进一步生态化，使得原本散落在个人身上的时间、知识、经验等各类闲置资源被发现、检索和匹配。元宇宙时代能够带来微粒化社会，在很大程度上是因为元宇宙的连接作用激活了个人发展和生存的新方式。传统媒介社会的基本单位是企业，由于新媒介技术的赋权与赋能属性，个人已经成为社会运作的基本单位。个体之间可以产生自由的连接，连接之间还产生很多互动，这些连接和互动呈现出的价值与功能构成了一个多样性的社会。元宇宙将原有的媒介单位按照核裂变式的方式进行社会构造的裂解，这便形成了微粒化社会。而这种微粒化社会想要实现社会的再组织化转型，复制传统的组织化范式已经失效，可以说元宇宙的出现模拟了一个"开放、多元、普适"的媒介新样态。整个社会结构也从过去的科层制社会，变成了所谓的微粒化社会，或者叫分布式社会。社会的颗粒度越来越细，每个人都被激活，这是一个传统社会的社会组织去组织化的过程，我们称之为"圈层化生存"。整个社会的去组织化到今天的再组织化，其实呈现了一个非常大的革命性改变。这体现了媒介的连接作用，即不断地提供新的标准、新的尺度和新的方式。

与此同时，每个新媒介的出现，并不以出现的先后顺序来定义，而是以媒介形态革命所带来的社会连接方式的改变和拓展来定义。所谓新媒介的"新"，是这些"新的媒体"带来的新的社会连接方式、尺度与标准，使人们能够探索更广阔的实践空间，能够拥有更丰富的传播渠道和更大的传播权力，去展示和安放人们的价值、个性以及生活的样态。

从认知时代到体验时代的过渡

元宇宙作为一种升维意义上的集成形式，其对于视觉、听觉、触觉等多种感官的连接、激活以及虚拟与现实的交融程度已超越传统技术单一、静止的感官触动，有望在更大程度上实现多元感官与环境的整合，促进人们对世界产生新的感觉和认知。元宇宙时代的到来，令技术交互达到极致，给人们提供了一个高沉浸、高保真的虚拟世界，将以前未知的生活空间和场景现实化。人们以第一人称的视角进行体验，开始从认知时代向体验时代过渡。

在传统的传播环境中，社会有一个完整的文明体系，人们的社会化进程和知识体系的养成依靠认知信息来完成，通过平面图像、大众传播、人际传播等二维传播渠道来认识社会，这是典型的认知时代，但弊端也是显而易见的：人们的认知永远是不完整的。

在媒介高度智能、快速发展的今天，新媒介技术下沉为社会变革的核心序参量，在声音、图像、文字等多种信息载体的融合过程中，又给人们的感知系统带来了新的突破。媒介的触达范围已经可以直抵人的心理和生理，身体逐渐成为媒介场域中重要的交互符号。元宇宙对媒介技术的升维重组成功突破了虚拟世界与现实世界的壁垒。智能媒介技术在人、物和环境之间建立了广泛连接，实现虚拟和现实交互，以至"万物皆媒"。在元宇宙时代，由于虚拟空间和现实空间的交互转换，人体的延伸已经超出感官领域，对神经系统的影响愈发凸显，实现虚拟空间中感官的全方位连接，也拓展了人的实践领域。

元宇宙为体验时代提供了感官基础。在体验时代，视觉、听觉、触觉、味觉，乃至神经系统被全方位调动，最终达成了全面且深度的综合感知体验。如果说认知时代是人去单向度地理解世界，那么体验时代的重点则是人基于实现生理连接、心理连接与时空连接的种种媒介可供性，成为虚实相间世界中的重要居间主体。但更为重要的是，在体验时代，人体开始作为媒介技术的延伸。媒介技术将认识世界的物理方式逐步拓展。人的身体开始通过媒介呈现，成为媒介化进程中的重要符号之一。随着5G、人工智能、脑机接口、AR（增强现实）/VR（虚拟现实）技术的不断突破，元宇宙将人们全盘带入虚拟世界。体验时代的媒介不再局限于和人类感官的融合，而是开始逐步突破人类感官的瓶颈，将原有的"半沉浸式"人媒连接延伸到生理维度和心理空间，实现感官维度和神经系统的深度连接与共鸣。同时，元宇宙将改变人与媒介技术建立的新的连接，人们从依据身体思考技术转变为依据技术思考身体。

同时，元宇宙为体验时代的到来提供了实践基础。在体验时代中，现实世界与虚拟世界交互，真实身份与虚拟身份共生，媒介中的人得到前所未有的实践自由度。从本质上而言，人是连接媒介与社会的核心，人的价值、人的能力开始得到空前释放，人的生活生产方式和组织治理模式将会被重构。元宇宙承担的社会责任和社会角色已经完全超脱了内容传递的领域，已然成为整个社会文明框架重建的基础，扮演了形成新文明社会设计者、推动者和践行者的角色。可以说，元宇宙是人类数字文明的新时代。

游戏场景的构建

在元宇宙时代，构建虚拟场景的方式，跟今天的游戏规则是非常相近的。游戏的传播法则和模式代表了未来传播的主体形式。游戏作为一个完整意义上的媒介具备媒介的全部属性与功能。作为一种更具体验性、更强功效性的媒介，在未来的发展当中，由于元宇宙是基于游戏机制的传播生态，是媒介与游戏融合的顶级状态，它一定会成为社会的主流媒介形式。元宇宙的出现，给游戏化传播带来新的发展尺度，媒介化为游戏，除了具有游戏原本的特征之外，还能够实现其原本的媒介功能。基于游戏机制的传播生态将前所未有地激发用户的能动性，将用户的游戏行为转化为用户的游戏社交资本以及具有价值的内容讯息，并以此缔结媒介广阔的内容生态。

与此同时，游戏化交互是指受众与媒介的交互方式增加游戏的特征。多感官体验、反馈和仿真技术也是未来媒介在发展过程中的重要方向。多感官体验技术即在媒介原有的感官通道基础上，增加声音、影像、触感（震动）等维度的感官信息，使用户的交互体验更加立体和细腻。反馈和仿真技术均主要针对电子媒介。反馈强调交互行为应带有一定的简单反馈。游戏化交互对以上三种操作没有尺度要求，几乎不会改变原媒介的使用与交互逻辑，力求实现媒介的极致知觉体验，在元宇宙的虚拟平行世界中，这种游戏化交互将会发挥到极致。

除此之外，游戏重视心流体验，即用户需求。用场景和任务来形成相应的传播动力，会成为未来社会传播的主流传播机制和传播模式。从游戏理论的视角来看，想要创作一个游戏，提升用户体验和满足用户需求是建设的底层逻辑。从根本上谈，传播思维是从量到质的变化，关注用户的使用动机和需求。在媒介游戏化的实践中，更强调关注用户自身动机的形成机制，从媒介的自身功能定位设置到引导用户进入寻求乐趣的沉浸状态。在元宇宙时代，游戏化的场景、规则将成为媒介的内生动力，这彰显了人的主体地位，还激发了人的主观能动性。同时，游戏场景的构建并不是在纵容用户"玩物丧志"，而是在游戏化范式的引导下真正切合人最高心理追求的良性互动，更好地渗透主流文化价值并拓展实践场域。游戏此时不再仅仅是一种游戏，更是一种生活景观。

算法为媒的全新时代

在元宇宙时代，算法扮演着基础设施的角色。在算法互联网时代，传播场景逐渐向立体式、叠加式和拟真式的方向发展，场景已经成为满足人的需求和实现价值的空间。作为移动互联升级版的算法互联，其本质是提供基于场景的服务。算法之于场景分析的最终目标是提供特定场景下的适配信息或服务，而算法技术正是为这种适配提供了关键性的底层技术支撑。

在元宇宙时代，场景的概念已经突破了传统的物理空间，从二维生活场景拓展到三维立体空间，从身体物理环境拓展到行为媒介信息所营造的行为与心理的环境氛围。媒介的形态已经由传统意义上的物理媒介迭代到关系媒介，再迭代到算法媒介。人与媒介的关系正在发生深层次变革，在算法媒介的连接下，人终将成为广泛意义上的媒介。元宇宙具有开放开源的特点。未来算法的发展重点不再止于计算个体节点的需求，而是贯通数字世界、心智世界、元宇宙和现实世界，实现人、物质、环境与空间的横向关系连接，重构社会身份、阶层与结构，融合社会意义和物理意义。此时的算法已然成为元宇宙时代的基础设施，下沉到社会的结构之中。

在算法为媒的全新时代，本质上是以算法技术为代表的基础性新媒介成为社会进一步媒介化的助推器。算法技术作为各类媒介技术质效提升的一种基础性新媒介，其迭代与更新能够带动一系列新媒介形态的变革与发展。算法技术扩展了社会与媒介结构中的行动空间，扩展了人以媒介改变社会的实践空间，以自身融合、高速、互联的特质进一步经由其他具体媒介改造社会的方方面面。可以说，以算法技术为代表的基础性新媒介是社会进一步媒介化的助推器。

在以算法技术与应用为代表的新媒介影响之下，随着社会生活与社会结构和社会场景发生了根本性的演变与发展，与之匹配的社会关系、社会实践与社会秩序也发生不同的变化。此时，算法为媒的理论视角与媒介化范式需要成为算法开发、设计与使用的指导思想。

从横向裂变到纵向聚变

工业文明可以看成是以分析和裂变的范式发展的文明，数字文明则是一种以整合和聚变的范式发展的文明。随着数字时代的不断发展，人类开始从现实宇宙向元宇宙进行数字化迁徙。经济学将劳动和资本等生产要素集中从而带来更多资源、产生更高效益的现象称为集聚效应。[1] 从裂变到聚变，形成一体化式解决方案已成为互联网平台形成功能、创造价值的关键。社会要素的整合、生态级关系和规则的建构、彼此之间的协同是未来功能产生价值的基本逻辑。这是不同于过去工业文明裂变范式的全新的、能量更为巨大的聚变范式。[2]

元宇宙是互联网发展全要素的集合体，将一系列断裂的、分隔的社会要素、市场要素通过技术平台重新整合成一套有序运行的规则范式和组织体系，为未来媒体提供聚合性承载空间，也为社会发展构建了新的传播向度。目前，社会形态将由互联网发展"上半场"的组织裂变为主导逻辑，转变为以连接、协同的组织聚变为主导逻辑。裂变是一个去组织化的过程，而聚变则是一个建立在新文明形态之上的再组织化进程。

在当前深度媒介化的环境下，媒介连接的半径将大大超出资讯传递与分享的界限，去完成全社会要素的激活、驱动、协同与整合，通过聚集效应的聚变作用实现"任何人在任何时间、任何地点与任何人做任何事"的场景化社会的重构。与此同时，把自己的发展目标投射到人和场景中寻找社会实践问题的解决方案，实现人类社会的再组织化。因此，纵向聚变的能力与模式是衡量未来媒体现实与未来价值最为重要的判别指标。

第二节　元宇宙：数字文明时代的具象版图

从本质上说，元宇宙是数字文明社会的1.0版本。元宇宙是数字革命以来全部技术与社会现实融合发展的全新的文明形态——同原始文明、农耕文明、工业文明一样，是人类文明发展的全新阶段。元宇宙创造了一个与现实社会平行的虚拟世界，它的最大价值是为数字文明时代确立了未来社会发展的具象目标。在这个平行社会之中，元宇宙把如今单兵突进式的大数据、人工智能、区块链等技术汇聚到一起，形成了未来社会的现实场景。数字文明时代的最大特点是聚合的过程、核聚变式的过程。它实际上是把过去分门别类的技术、规则、社会方方面面的设施在一个新的基点上进行新的聚合的过程，以便实现未来的实践场景和社会现实的重构。平行社会与现实社会的界限在科技的助力下逐渐消弭。人类迈入数字文明的新时代，元宇宙便是人类文明发展的一种全新的容介态，人类社会的深度媒介化进程开始起步。同时，元宇宙的发展是一个不断进化的过程，准确厘清元宇宙不同阶段的发展任务，是我们把握未来社会发展、社会实践的重要逻辑。

元宇宙是一种全新的容介态

宇宙的进化永远处于物质和主体信息的二元容介态之中，可以说元宇宙是未来人类文明发展的一种全新的容介态。宇宙并不是一个独立的对象，宇宙的底层属性是二元的，二元的容介态运动推动宇宙的进化。什么叫容介态呢？顾名思义，"容"就是容纳，"介"就是信息介质。容介态实际上就是以算法技术作为底层逻辑，容纳信息介质的整个社会要素的一种运动发展进化的状态。大自然的进化、人的进化、生物的进化、所有事物的进化，都基于不断地容纳外源信息，来使自己的性质得以改变和提升，由此形成了容介态运动的宇宙进化的根本规律。元宇宙正是未来人类文明发展的一种全新的容介态。

二元的容介态可以从以下三个路径来理解。从技术路径来说，元宇宙通过聚合效应将目前所有的高科技数字技术打破重组，形成一个高维的新技术。与此同时，VR、MR（混合现实）和AR等在内的

XR（扩展现实）技术构建了全息社会场景，也是未来元宇宙的入口之一；从功能路径来说，元宇宙创造了一个平行于物理社会的虚拟社会，这个平行世界既来源于现实世界，又高于现实世界，用户在这个世界中可以完成在物理世界无法完成的内容；从社会文明路径来说，元宇宙的平行世界集合了社交、购物、消费、社会化等全部文明形态，更是工业文明与数字文明两大文明板块的交接过渡。重新考虑这三个路径，我们可以发现，无论是技术聚集还是功能进化，其底层逻辑都是元宇宙容纳外援信息不断进化，通过时空再造，重塑人类生产生活的新场景。

更为重要的是，社会关系的转变是这个平行世界带来的最大变化。元宇宙使人的社会关系从线下转移到线上、现实转换为虚拟，并通过数字技术充分整合人和人、人和社会、人和自然、人和技术的一切关系。由于人的社会化进程需要纽带，作为人类社会关系新的聚合形态，元宇宙成为连接人、社会、自然与技术等各类主体的纽带。

元宇宙是人类社会的深度媒介化

元宇宙代表的深度媒介化是不同于媒介化的理论与社会发展的一种全新范式。以互联网和智能算法为代表的数字媒介成为一种新的构建社会的力量。传统的媒介化是分门别类的，包括政务的媒介化、商业的媒介化、教育的媒介化等，而未来的深度媒介化，是把它们联网成片地聚合在一起，形成一个人类实践和生活的真正平台级的场景。从传播学的视角来看，元宇宙的重要角色就是扮演连接人与社会的中介，使整个社会在媒介化的基础之上进一步实现深度媒介化。现在的社会已经完全被媒介浸透，媒介参与和改变了社会的整体生态环境和人们的全部社会活动。除了内容传播之外，媒介已经"跨界"成为重构社会生活方方面面的基础设施。[3]

媒介化是指媒介数量级的增长使得许多社会空间中的生产活动与运作机制逐渐受到媒介逻辑的影响。[4] 而深度媒介化是不同于媒介化的一种全新的社会结构创新范式，以元宇宙为代表的新媒介和以算法为代表的智能技术开始下沉为社会肌理，成为一种新的社会力量。这一范式不再是数量增长、效果增强等粗放型社会变迁，而是成为社会的操作系统，带来根本性、颠覆性的社会变迁。从媒介化到深度媒介化范式的变革，其本质是传播，不再只是社会结构中一个组成部分，而是成为塑造社会形态的基本要素。传统的社会结构开始按照传播法则、传播形态和传播逻辑变革与发展。

当下，以元宇宙为代表的下一代数字媒介的使命在于重构社会形态的再组织化。伴随着数字技术的下沉，技术对于传统社会结构的解构已经基本完成，但如何重塑组织形态、重现组织活力、重构社会机制，仍然是一个重要的命题。在深度媒介化的视角下，将原有的"粗放型"社会连接转变为"精耕细作"的关系联结是重构的基础，将传统的分布式社会力量进行再组织化是重构的底层逻辑。实现这一目标需要高层次、更深刻的社会革命，更需要媒介的深度参与。

不可否认，元宇宙成为我们理解社会的再组织化与深度媒介化的重要抓手和范例，对于进一步探求未来深度媒介化过程中媒介变革的价值实现、未来传播的肌理构造和社会发展的底层逻辑有重要意义。因此，从媒介化到深度媒介化的范式变革，意味着互联网等数字媒介引发的传播革命正在史无前例地改变社会的基本形态。新传播所要构建的新型关系将在很大程度上重构以往各种各样的社会关系。

元宇宙的应用发展是一个不断深化的过程

元宇宙是一个超越现实互联网的数字宇宙互联网，当其被全面实现并应用后，将会深刻改变人们的生活方式和现实社会中的商业交易，并繁荣未来互联网经济。从出现到落地再到全面应用，这是一个循序渐进、不断深化的过程。

从短期来看，高科技设备将会迎来爆发式增长。这是因为高科技设备是元宇宙增量用户的入口，所以初期我们要解决这一入口问题。在产业界，人们更多关注以游戏作为元宇宙的一个场景建设的入口，VR眼镜、裸眼3D、数字藏品、智能网联汽车、虚拟人等，这些相关入口在产业界都得到了很大的关注和重视。游戏是最接近元宇宙的应用形态，在元宇宙发展的初期会成为承载元宇宙活动的基础平台。与此同时，元宇宙的加入将在社交、内容、商业化等多个方面改造游戏行业模式。元宇宙的高科技发展将进一步助力游戏的泛化。元宇宙凭借着底层技术优势和高维技术逻辑，在社交和娱乐两大领域为用户提供高沉浸的体验服务。依托元宇宙的技术发展，与人们日常生活息息相关的领域将会迎来颠覆性改变。与传统的文字、语音、视频等二维社交模式相比，元宇宙带来了全面沉浸的高维生活模式。在这期间，互联网技术、大数据技术、人工智能技术、VR/AR等技术将会迎来深度融合。元宇宙推动人、技术和场景的融合，为信息技术产业带来新的发展路径。

从中期来看，元宇宙会实现现有产业的升级。当元宇宙技术走向成熟时，覆盖的用户和企业越来越多，虚拟社会逐渐形成，相关的规则与协议不断构建，元宇宙经济体开始布局。这时候，从"互联网+""大数据+"升级到"元宇宙+"，人们已经不再局限于社交和娱乐的基本需要，开始真正的虚拟商业活动。在这个基础上，元宇宙推进新兴市场虚拟世界经济繁荣，全面改变现有产业的服务领域和服务模式，将原有线下的产业模式拓展到线上空间，使原有的在线服务变得更加逼真，打破虚实产业模式壁垒，促进产业生态繁荣发展，令元宇宙的生态版图更加成熟。

与此同时，游戏依然是元宇宙时代的中坚力量。元宇宙新型设备的快速更新和普及以及增量用户的进入，使游戏有了一个天然的发展池。从体验上看，传统游戏打造的虚拟空间具有一定的封闭性，与现实的交互尤其是人的交互无法同步。但元宇宙时代的游戏强调人的自主性，实际上就是游戏平台和产业的开放。元宇宙游戏中的行为和用户创作都被确权，成为用户的资产，甚至在社交属性的加持之下，游戏平台将成为一个巨大的元宇宙社区。

从后期来看，元宇宙将促成现实与虚拟真正融为一体。元宇宙的服务范围继续扩大，将会为技术创新和科学研究提供平台支撑，全面推进人机融合和沉浸式仿真。元宇宙提供了一个虚拟与现实共融发展的前进思维，将现实世界中的不可能变成可能。通过人机融合、环境融合和技术融合，元宇宙帮助科学技术研究拓展到更深层、更广阔的领域。展望未来，元宇宙将整合消费互联网、产业互联网的全部能力，形成一个全息的超大型互动社区。元宇宙平台或游戏极有可能在人与人的社交之外，融入人机共存的交互方式。我们将毫无悬念地迎来人机共存的时代。

从展望未来的角度来说，元宇宙有泡沫成分，但更要看到它是媒介发展的未来，其实现是一个循序渐进、复杂且漫长的过程。元宇宙的发展本质上是对现实世界的虚拟化、数字化的过程，它需要对内容生产、经济系统、用户体验以及实体世界内容等进行大量改造。因此，这一过程必定是循序渐进的，是在共享的基础设施、标准和协议的支撑下，由众多工具和平台不断融合、进化而最终形成的。因此，元宇宙的实现必将是一个漫长的，并且充满了不确定性的曲折过程（见图1.1）。

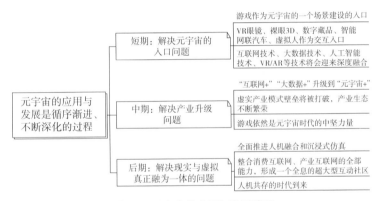

图 1.1 元宇宙的应用与发展阶段

元宇宙促进人性释放与价值升维

场景时代的到来使得媒介的发展到达了一个新的阶段。其实，元宇宙构建了一种新的社会场景。它超越现实的限制，激发了人们对于未来媒介和生活的想象力，带来了新的价值维度。人借助媒介的演进获得社会性、连接性的版图，是一个不断打破时空维度、不断深化连接层次及不断细化连接的颗粒度的过程。

人是媒介发展的"元尺度"。任何媒介的发展都是人的社会性连接自由度的扩大。对于个人来说，伴随着现实世界和虚拟世界边界的消失，"人的解放"程度加深，社会自由度空前提高，用户的数字价值得以体现。用户集生产能力、创造能力和消费能力于一身，其行为不再是个体的，而被赋予了更多社会意义。元宇宙促进更加全面的人性释放和价值升维也体现在以下两个方面：一是它突破了人类社会实践现实空间的"亘古不变"的限制，可以选择性地自由进入不受现实因素限制的虚拟空间，展开一重甚至多重虚拟空间中的生命体验，并实现人生价值。二是元宇宙将实现人类在虚拟世界中感官的全方位连接。当人的感官全方位地实现线上化时，元宇宙作为人类生活的全新空间，其魅力将全方位超越现实世界。元宇宙将对内反向作用于个体心智世界，提升个体对虚拟世界的感知力和想象力，彰显个体的主体价值。同时，在这个虚拟世界中，人们与现实世界仍然保有深度连接。这是对于人类受困于现实世界限制的一种巨大解放。人类的生命体验空间得到了近乎无限的拓展，而人的内在特质、个性与能力也可以在这种全然不同的世界里得以释放并实现自己的价值。

对于社会来说，当今由于互联网的赋能和赋权，个人已经成为社会运作的基本单位。元宇宙构建的新的社会生活场景，一方面是互联网技术的集合体，它打破技术之间的壁垒，实现在各技术独立性前提下的整合，带来新的产业模式；另一方面它将各种独立的生活场景连接成为一体化的文明生态，社会运转效率不断提高。在虚拟与现实的转换中，改变社会交互和运行的方式，新兴权利与传统权利的博弈开始凸显。无论是个人的价值还是社会的总体价值都在元宇宙发展中出现新的实现可能。

第三节　元宇宙时代：人的角色升维与版图扩张

在元宇宙界域中，人们为自己定制和设计"数字分身"，控制自己在空间中的漂移和轨迹，通过沉浸式影像进行人与人之间"面对面"的互动交往，借助技术自由建设道路、房屋、城镇，实现数字生产、数字创作和数字交易，开展教育、健身、娱乐、社交等各式各样的主体性活动，创造新的文明意识和体系。例如，受新冠肺炎疫情影响，哥伦比亚大学的傅氏基金工程和应用科学学院（The Fu Foundation School of Engineering and Applied Science）难以聚齐毕业生举行线下毕业典礼，便在开放式沙盒游戏《我的世界》（*Minecraft*）中模拟和搭建了"数字化校园"，将毕业典礼搬到了线上，使得无法亲临现场的毕业生们也能"身临其境"地感受到现场的氛围。可以说，元宇宙不仅拓展了人的身体维度，强化了人的视觉、听觉、触觉、嗅觉等多重感官，提高了人类身体的行动力，还拓展了人的生存维度，使人可以生活在现实世界和虚拟世界的双重环境中，成为现实与数字的"两栖生物"。置身于元宇宙位面，人类的生活和生存状态将发生怎样的变化？呈现出哪些新的特征？主体性是被抑制还是再确立？人与技术的关系将发生什么样的变化？人类又将如何一步步开拓元宇宙的边界，在虚拟新大陆上建构新文明？越来越多的学者将元宇宙的研究视角重新回归到"人"的身上，认为元宇宙技术以再造"数据躯体"具身的新型主体方式实现了传播权力向个人的回归，本质上是服务于人的元媒介。[5] 一些学者聚焦身体现象学，指出元宇宙具有高度沉浸、身体在场、游戏互动等典型的具身传播特征，探讨以往传播学研究的"离身性"倾向在元宇宙语境中发生了怎样的变化、后人类躯体如何逐渐趋于赛博格化、数字分身何以存在并作用于人等问题，呼吁采用一种更多元的身体观来审视元宇宙中的"后人类"。[6,7] 还有学者对元宇宙中的新型社会关系和社会实践展开了研究：杜骏飞从数字交往论的角度阐述了元宇宙中的"交往人"是人—物—实践融合的结果，具有自我想象、虚实相间、可联结、可交替的分身性；[8] 吴江关注元宇宙中用户的信息采纳、交流、生产等行为，以实践为导向构建用户与信息互动的框架。[9] 本书试图沿着"人本主义"的研究脉络继续前行，探讨元宇宙中人类与媒介共生、与技术互嵌、与场景依存的新境况与新议题，阐述元宇宙给人类未来生活图景带来的全新变化。

从定居到游牧

不同于传统有序的实体空间，元宇宙是一个被技术和设备无限割裂的空间，其基本单位是场景，基本依托是设备。人们通过设备随时随地接入不同的场景。因此，在很大程度上，设备的分布程度决定了场景的分布程度。场景分布不再是传统空间意义上的连续状态，而是变得碎片化和细颗粒化。元宇宙又通过场景搜索、场景计算、场景感知等技术手段将一个个碎片和颗粒的场景串联和聚合起来，重新构成连续的场景序列和闭环。在元宇宙中，一切都是建构在分布式社会的基础之上的碎片，一切又都是（通过设备和技术）再组织化、再聚合的新整体。

人变成了漂浮在碎片和颗粒场景上的游牧主体，摆脱了物理空间的定居生活，不再受固定空间约束，而是在连接不同元素的流动性位形空间中，以漂移的状态和自由度，从一个场景转向另一个场景，从一种文化状态走到另一种文化状态，灵动地游走于中心与边缘之间，"居无定所"地进行着不同场景、不同时间片段上的各色体验。行动与时空的断裂感尤为突出。罗西·布拉伊多蒂（Rosi Braidotti）认为游牧者始终处于"之间"的位置，并在间隙中不断移动。[10]这意味着元宇宙中的人类将改变现有空间秩序，打破物理空间限制，形成一种多元异构空间中的全新生存状态。在时间维度上，游牧者也不必再完全遵循传统的线性进程和时间序列，可以在时间轴线上自由跳跃和降落。过往变成了一段数字代码，被储存在"镜像世界"之中，人们可以随时点击观看，与过去某个时段的自己相遇甚至是对话。

元宇宙重塑了时间和空间的概念，现实生活中相对固定的身份认同、话语关系、社会实践在无边界、流动、虚化的时空卷轴之中得到了延展和改写。鲍曼曾经用"液态"一词来指涉现代社会形态，认为时空已然变得不定、流变和动态化，我们的足下并无坚固的磐石，而是瞬息万变的流沙。安东尼·吉登斯（Athony Giddens）亦提出了"脱域"的概念，认为"社会关系从彼此互动的地域关系中，从通过对不确定的时间的无限穿越而被重构的关联中'脱离出来'"。[11]必须指出的是，尽管时空流动且变幻不定，游牧者却未必是完全随机和任意的"漂浮"和"游走"，更可能是富有创造性和生产性的、具有积极和自觉进取性的自由"主体"。元宇宙为此提供了积极有益的土壤：一方面，空间不再有中心，不仅在物理上消除了空间的阻隔，极大地扩张了人的实践半径，使人获得了更充分的行动自由度；与此同时，随时可实现的场景切换和转移在一定程度上消弭了福柯笔下的空间权力,形成了更加平等、自由的新空间共识。另一方面,时间可以被无限缩短和延长,使人能够在"生之须臾"中尽情地、最大化地体验更加丰富、多元和美妙的人生,践行更广阔和有深度的社会活动,真正实现人的全面自由发展。格奥尔格·齐美尔(Georg Simmel)认为,人在本质上还是一位"越境者"——他身处某个边界之内,又时时渴望超越生活和边界,寻求现实生存连续性中的异质性因素,寻求从"此在"到"彼在"的超验性体验。[12]元宇宙中的人类将获得前所未有的实践自由,从而挣脱特定时空场域的束缚,发挥积极的主体性,完成自我实现和自我超越。

此外,人在精神层面也可能呈现出一种游牧的自由境况和自主状态。元宇宙中的人类居住在流变的0/1之中,"一切只是被0/1的理念所制作出来的,是可拆卸、替换、重组的部件"。每一天、每一个场所都是崭新的、变换的、快速溶解的,在数字代码中被抹去和再现,人们在流变的偶然中难以找到确定性,只能一次次地寻找新的在场的、确实的偶然。纵使技术可以保存对之前场景的回顾,记录对当前场景的感知,捕捉对之后场景的预判,但是改变不了正在溶解的此时此刻。曾经流逝的是时间,现在流逝的是持续运行的数字代码。物质消失了,元宇宙重塑了时空观念,抹除了物的实体状态。"人类是否还有故乡"将成为一个疑问。

从中介到互构

麦克卢汉有一个著名的论断是"媒介是人的延伸"。法国哲学家贝尔纳·斯蒂格勒(Bernard Stiegler)则指出现代技术的"代具性",

认为技术不只是人体的一个简单延伸，还参与了人体的构建。"代具论"认为人类有先天的"缺陷"，需要通过技术来弥补自身的不足，所以技术具有构成人类自身生命种系起源之外的"第二起源"的力量。[13] 后者其实更接近元宇宙中人与技术关系的新范式：在元宇宙中，技术不再只是人体的延伸，更成为人身体的一部分，并且在这一过程中，人与技术的关系从中介转向更深层次的互构。

美国学者唐娜·哈拉维（Donna Haraway）在《赛博格宣言》中提出，现代人类有三个重要边界的崩塌：一是人和动物之间的界限被打破，二是人和动物（有机体）、机器（无机体）的区分变得模糊，三是身体与非身体之间的边界变得不精确。[14] 随着仿生技术、人工智能、可穿戴设备等新技术的发展，技术越来越深地嵌入人体，人与技术不再是非此即彼，而是消弭界限、互相融合的共生关系，由此产生了全新的传播主体——"赛博人"。"赛博人"的概念发源于"赛博格"（Cyborg）。后者是"cybernetic"和"organism"结合产生的新词，意为无机物机器与生物体的结合。例如，安装了假肢的身体，由于技术的嵌入，已经不再是纯粹意义上的生物体。后来延伸出所谓"赛博人"（Cyberman）的概念——"一个机器与生物的杂合物"。复旦大学的孙玮教授在2018年发表的文章中将"赛博人"定义为后人类时代出现的为技术所穿透、为数据所浸润的身体，是一种"技术与人的融合创造出的新型主体"。[15] 在元宇宙中，传播主体从具有肉身的自然人转变为叠加了技术与生物体的赛博人，"身体感知"的特征更为明显。受众"以身入境"，在技术塑造的虚拟环境中工作、学习和休闲娱乐，如参与远程VR会议、虚拟互动购物、建造数字楼厦和全景旅游观光等。多维虚拟空间与实体环境完美融合，以全感官感知的呈现方式放大交互性与体验感，无形中改变着传播主体对信息的认知与共享模式，开拓了充满"超验性"的人类社会文化新维度。

在以往人—技术—对象的关系链条中，技术主要作为中介而存在，但是在元宇宙的关系图式中，技术不只是中介物，它更深刻地嵌入人体，构成了人—技术—对象的新型关系。3D仿生义肢、体感反馈装置、脑机接口等科技模糊了人与技术的边界，制造出直接且"真实"的认知体验感，衍生出一种"技术知觉"。人在其中的存在感和体验感并不是对真实世界的直接感知，而是被技术包裹着、生成于意识层面的"伪感知"。由此引发出新的质疑：我们感受到的究竟是自己的真实体验，还是技术生成的媒介信息？"后人类"是否会失去体验？值得注意的是，在此过程中，技术本身反而变得不可见起来，愈发不透明化和隐蔽化。马克·维瑟（Mark Weiser）曾提出"普适计算"和"平静技术"两个概念，用以阐述未来的信息技术将具有"消失""不可见""嵌入"三大主要内涵。[16] 正如福柯所言，"关键不在于不可见物，而在于可见物的不可见性，及其不可见程度。"[17] 正在"自我消失"的技术构造了一幅如此诱人的场景：关于世界的画面呈现出一种超乎想象的逼真和绚烂盛大的幻觉，人们沉浸其中可以尽情享受米哈里·契克森米哈赖（Mihaly Csikszentmihalyi）提出的"心流"体验和技术快感。让·鲍德里亚（Jean Baudrillard）笔下的"超真实奇景"仿佛在这里获得了某种实现，拟象和仿真的东西取代了真实和原初的东西，[18] 虚拟世界已经变得比真实世界还要真实。元宇宙的超越性图景之中便蕴含着无比迷人的风光，越是沉浸体验和接近"真实"，越具有感官和意识上的欺骗性，让人忍不住模糊了真实与虚拟的界限。约翰·伯格（John Berger）在纪录片《观看之道》里讲解过

"裸像"的概念。他认为"裸像"比"穿着衣服还糟糕",因为你没法脱下它。与"裸像"类似,这种"超真实奇景"事先张扬了自己的无辜,以一种超真实的姿态有意无意地忽略和遮蔽了它仍是人为制造的、用于被看的景观的事实。

未来人体与技术的融合并非简单的人机融合。它不仅是生物学意义上的物理嵌入,还是思维和意识层面的交融,是"人与技术的双重逻辑、实体空间与虚拟世界的双重行动的交织互嵌",实现了人与技术的高度融合和互相建构。这意味着边界的消失——人的身体与外在世界之间的界限变得流动和不确定,甚至人机之间的界限也变得模糊。媒介不再外化于人,而是回归于人。人成为媒介,最终达成人体的终端化。

从缺席到在场

长期以来,主流传播学更关注对精神和意识层面的研究,身体则成为被遮蔽和排斥的对象,被肢解为分裂的感官,被剥离出具身关系的场景,呈现出"去身体化"的趋势。在互联网时代最初的发展阶段,人们通过文字、图片、视频、直播互动交流,实现了远程在场,但这仍然是一种身体的缺席——人体感官被电子义肢替代,媒介隔绝了身体与世界的直接触碰,远程在场取代了具体的时空在场。在以VR和AR等扩展现实技术构建的元宇宙中,"全身沉浸"成为一个重要的特征。人的身体以数字化的形态上传到元宇宙空间,借由数字躯体灵活开展行动。传播在某种意义上实现了围绕着人的身体展开、伴随着身体的行动"回归"。元宇宙创造了一个超越现实的更"真实"的世界,最大限度地满足和调动了感官——从听觉、视觉和触觉,到未来的嗅觉与味觉,它准允了身体的自由行动和完全沉浸,实现了身体的在场与知觉。身体不再是由意识操纵和形塑的客体,而是成为行动的主体,成为莫里斯·梅洛-庞蒂(Maurice Merleau-Ponty)所言的"连接'我'和外在世界的纽带"[19],成为自由进出物质世界和虚拟世界的能动的和主体性的媒介,实现了前所未有的持续在场。

唐·伊德将身体分为三类:一类是物质身体,即梅洛-庞蒂等现象学派定义的自然的、肉身的、经验世界的身体;一类是文化身体,即福柯等后现代主义学者以政治、文化建构的身体;一类是技术身体,即借由技术扩展和再现的身体。[20]"技术身体"在元宇宙中的具象表现为"数字分身",它是现实中人类身体在虚拟空间的投射和延伸,是数字化形态的在场,象征着一个人在虚拟社会通行的"第二身份"。元宇宙中的人类身体回归"主场"主要体现在肉体、知觉和意识三个层面,下文将展开详细阐述。

1. 肉体层面

首先,技术构建的"数字躯体"能够对现实中的人体缺陷进行一种"补偿",消除身体的物理残缺、症候和痛苦。电影《阿凡达》的主人公是双腿残疾的前海军陆战队员,他进入潘多拉星球的"数字化身"却不受残疾的影响,可以自由地奔跑和行走。其次,技术可以增强身体素质,元宇宙中的"数字分身"在体能、力量、记忆、防御等诸多方面远远胜过现实生活中的人类,外扩和延展了身体的边界。最后,"数字分身"是对人类既有身体的超越和再造,一些现代人类躯体不具备的功能,比如飞翔,只要敲下代码写入编程就可以实现。

2. 知觉层面

一方面，现代人过分依赖视觉，忽略听觉、触觉、嗅觉等其他感官的存在，形成了注重色彩和外观的以视觉主导的文化，催生了对景观的崇拜和迷恋。元宇宙的"全身沉浸"将唤醒、调动并强化所有感官，让人同时"听见""看到""触及""嗅出""品尝"，产生多种感觉，全方位地感知世界。并且，观看是一项将自己放于旁观者位置的单向度的活动，将眼前所见的图景对象化，而在元宇宙中各种元素环绕并包裹着人体，像空气和水一样无处不在，是一种你中有我、我中有你的深度沉浸体验，使人从"场景之外"转入"场景之内"。另一方面，被传统媒介分裂的感官系统重新聚合为个体的整体知觉，感官实现了充分协同作业。以往的媒介技术将每一个感官从身体的整体性中剥离出来，再加以延伸，与不同形态的单一媒介对接，比如广播是听觉的延伸，印刷品是视觉的延伸，而元宇宙则强调一种综合、平衡的整体知觉，关注整个身体的感知情况。

3. 意识层面

身体被纳入主体性范畴，成为数字空间中人与技术耦合的新型主体。技术拥有改造人类自我意识和集体意识的能力。它激活了人的身体，也激发了人作为行动者的主体性，使人能够积极调动和使用身体，进行能动性、创造性的活动，并通过行动场景投入公共领域和生产主体自身，在人与空间的互认、互动和互享中重建个人的社会价值。崭新的"后人类"以行动者的姿态进入到技术主导的"虚拟"世界之中，在元宇宙这块"新大陆"之上积极构建新的数字文明和虚拟文明。

从脱嵌到再嵌入

在现代互联网的语境下,人与社会的关系其实偏离了"连接"的本质,走向了自我封闭和自我消耗,每个人或多或少都经历着一些精神危机。"越来越多的人关闭了朋友圈"仿佛正在成为一种再正常不过的现象。社交负担过载的个体选择了抽离所在的位置,甚至从既定的身份、支持系统与社会义务中脱离,陷入自我封锁状态,导致个体的脱嵌危机。探究其原因,大概有以下两个方面:一方面是自恋主义蔓延,人们逐渐不再关注他人,而是沉迷于"自拍""自嗨"等自话语和自呈现方式,追求认同性话语,排斥批评性意见。正如韩炳哲在《他者的消失》一书中所提到的,过剩的肯定性制造了同质化地狱,对自己的痴迷使得"他者"消失了,世界逐渐成为纯粹个体的倒影。现代人宛如一只蚕,沉溺于"数字洞穴"之中,不断吐丝制造茧房,把自己困得越来越深。另一方面,随着现代社会发展变得瞬时、断裂、无常,人口构成异质、分散、疏离,社会缺乏整合性力量,人们更愿意聚集在依托"弱连接"和"趣缘连接"的社群或社区,而不是去主动承担社会责任和义务,成为具有建设性的一种力量。但是社群自身又往往存在不稳定性和分散性,大多是各种临时聚集起来的脆弱组织。鲍曼称现代社群为"挂钉社群"或"衣帽间共同体"。这导致了公共性降解,社区功能失落,难以凝聚社会层面的强有力共识。

元宇宙为人与社会的关系重构提供了新的解决路径,有助于让处于脱嵌危机的个体通过行动介入空间进行实践,在再嵌入社会结构之中解决液态现代性社会语境下的个体困局,主要体现在以下两个维度。

一是"共创""共享""共治"的新社会运行方式。由于元宇宙的数字内容和场景内容的体量庞大繁杂到世界上没有任何一家公司或平台能够独立完成，必须依靠每一个元宇宙居民持续地进行数字生产和价值创造，因此其核心驱动力是"用户生成内容"，即 UGC 模式。这样才能建立起一个独立的、持续更新的数字未来图景。不同于现存的、与 PGC（Professional-Generated Content，专业生产内容）相对的、作为商业模式之一的 UGC 模式，元宇宙的 UGC 模式是一种底层逻辑和根本法则，它以用户的数字生产和数字实践为基础，衍生出数字文化的繁荣和绵延。更准确地说，与其称之为用户生产，不如说是用户"共创"，用户以协作者的姿态共建家园。身处元宇宙中，用户可以获得超高的创作自由度、低价且海量的信息素材、简易的创作工具和技术、多人协作互助交流社区等便利条件，充分激发想象力和创造力，共同创造一个新的数字文明体系。此外，元宇宙社会中的居民还享有高度的自治权，能够通过 DAO 进行自组织和自治理，自主参与投票和表决，自由做出价值贡献，开放性抒发自己的见解和观点，最终结果由智能代码合约实现去中心化的决策执行。"共创"生产力、"共享"生产关系、"共治"上层建筑，由此奠定了元宇宙社会的三块基石，构建了自下而上的民主式元宇宙社会结构。

二是全新的虚拟社交关系。进入元宇宙的每个人都会拥有一个数字身份，它不仅是外在形象的展现，也是独一无二的社会标识。人们通过数字分身组建新的虚拟人际网络和社会关系，开展丰富多彩的信息交流活动和社会实践活动。这种纯粹数字化的虚拟关系，不仅有助于消除地域、种族、国籍、文化的偏见和限制，产生新的数字交往行为，形成有序且高效的虚拟协作关系，构建多元的虚拟社区，还可以帮助个体书写作者性叙事,在元宇宙社会中探索一种新的发展状态,增强一种不同于真实世界的自我认同。

第四节 游戏深刻赋能元宇宙发展

自媒介诞生以来,游戏与媒介传播之间的关系就密不可分,始终强调在受众中的传播效果。游戏化传播机理融入新媒介传播之中,这不仅满足了人们对于娱乐心理的需求,更丰富和拓展了传播的手段与效果。元宇宙时代逐渐来临,游戏在其发展的过程中依然是中坚力量。如果说10年前是社交媒介崛起的时代,那未来10年则是游戏化传播的时代。游戏化传播机制将会深入渗透到人们生活的各个领域。

元宇宙中的人,在现实性上,是现实—虚拟的社会关系的总和。传播技术的发展不断带来"新的媒介",这些新媒介表征着新的社会连接方式、尺度与标准,使人们能够探索更多的实践空间,能拥有更多的资源和更多的领地,去展示和安放我们的价值、个性以及生活的样态。马克思曾经有过一个著名的论断,"人的本质不是单个人所固有的抽象物,在其现实性上,它是一切社会关系的总和。"[21]元宇宙中生存的人,在其现实性上,也会成为现实—虚拟的社会关系的总和。从人与技术的关系角度来看,元宇宙在一个崭新数字空间中再确立了"人"的主体性地位,本质是在强调"人"的回归。它改写了人与时空的关系、人与技术的关系,甚至于重新定义了"人类"的概念,实现了对人的再赋权和再赋能。

业界和学界对于元宇宙也不可避免地产生了一些争议和讨论。一部分学者指出,元宇宙只不过是新面貌的"电子乌托邦"。元宇宙是基于现实又超越现实的超级幻象建构，能够构造有效、真实的社会关系，拓展生命有限性的理想，使人尝试更多的可能性，体验更多的人生。与此同时，它也掩藏了难以忍受、真实、不可能的现实内核。例如，现今世界的贫富分化、内在精神的无产阶级化、气候变暖等环境问题都在元宇宙这一庞大的时空体中被整合为不可见的存在。还有从未停息的庄周梦蝶之辩。元宇宙是一个典型的自反性装置，不仅身处其中的人在真实和数字之间建构着自我，元宇宙本身也是现实世界的一面"镜像"，极易混淆虚实。雅克·拉康（Jacques Lacan）的"镜像理论"论述了镜前的孩子从将自己的镜中像指认为另一个孩子到指认出那正是自己的过程，这其中包含了双重误认：当他把自己的镜中像指认为另一个孩子时，是将"自我"误认为"他者"；而当他将镜中像指认为自己时，却将幻象当成了真实，不仅混淆了虚与实，还对自我镜像开始了终生的迷恋。元宇宙内也存在着类似的误认，当面对"数字分身"时，我们便不自觉地开始了向内和向外的探索，既主动去设计它的理想模样，又将其视为一面镜子反照自身，获得身份认同和自我定位。当我们建设元宇宙时，不可避免地要以现实世界为参照物，而当我们沉浸于"代码仙境"时，实际上已经忘却了真实与虚幻的界限，"此在"即真实。

任何新事物和新技术都会经历被辩驳和批评的阶段，并在很长一段时间内被持续质疑。而元宇宙囿于技术等诸多限制，目前只是人类对于未来媒介图景的构想和愿望，实践路径尚未明朗。但是无论媒介和技术如何发展，都必须是以人为本位，为人服务的。人才是媒介的尺度，是媒介发展演变过程中的核心逻辑。元宇宙的建构始终要牢牢锚定人的中心点，以人本思维引导未来的技术发展和传播趋势。与此同时，人也要充分发挥主观能动性，清晰地认识到现实世界与虚拟世界的区别和联结，积极主动构建自身的主体性，实现人与技术在全新文明阶段的共生发展。

游戏与游戏化

1. 游戏的传播基因

赫伊津哈在《游戏的人》中指出，游戏是一种自由的活动，是有意识脱离平常生活并使之"不严肃"的活动，同时又是使人全身心投入、忘乎所以的活动。[22]游戏是人类最古老、最自然的学习手段。最早把游戏与传播明确联系在一起的是斯蒂芬森（William Stephenson），他从人本主义视角讨论游戏与传播的关系。他认为，游戏是人的生物本能，是人类文明的重要组成部分。[23]站在新旧媒介更迭的交汇点上，游戏或许是应对当前社会变革的一种潜在方案。在游戏构建的虚拟世界中，人们在现实世界无法实现的心流体验得到满足。满足用户的需求是游戏的主要任务。从这个角度上来说，游戏具有一种强大且充满人性化色彩的传播基因。

总体来看，游戏的基本特征为非目的性、虚拟性、愉悦性、自由性、交互性以及秩序性等。赫伊津哈集结上述游戏特征，提出归纳性的游戏释义。他认为：游戏是在特定时空范围内进行的一种自愿活动或消遣，遵循自愿接受但又有绝对约束力的规则，以自身为目的，伴有紧张感、喜悦感及意识性。从本质上说，游戏是一种植根于现实又超脱现实的虚拟体验。其根植于人们在现实社会中难以实现的需求，成就于其虽在现实之外却能赋予玩家接近真实的体验，最终显现出的便是令人如醉如痴的传播效果。[24]

2. 游戏化传播要素的界定

游戏中蕴藏的"人身自由"和"情感愉悦"的极致体验，已经成为人们在现代社会中追求自我价值的工具。游戏在人们的日常生活和精神世界中占据着重要地位，也正因为如此，人们借鉴游戏的传播模式，将游戏的传播机制加入到社会其他场景当中，让人们在接收信息的同时享受情感上的愉悦，游戏化传播便应运而生。

从服务与体验的视角出发，游戏化主要是为用户带来游戏参与感的过程，重点引导用户在传播实践的过程中拥有好奇心、探索欲的主动性价值驱动，更是用户与传播者的双向互动和价值共创。游戏的核心服务就是为用户提供享乐性、挑战性和充满悬念的体验，或充满游戏感的体验。这类"游戏服务"的质量主要取决于服务的过程或游戏体验，也就是用户心理的心流体验。因此，游戏体验是成功游戏化的关键。在游戏化传播的过程中，参与者在游戏化过程中的体验以及心理机制，是游戏化传播发挥作用的前提与基础。

游戏化并不是一个空泛的概念，其底层的逻辑来源于游戏的特征与机制，运用"游戏元素"与受众进行有效沟通。从系统观的视角出发，游戏化传播所体现出来的游戏机制应该包含：驱动机制、体验机制、奖励机制和情感机制。

驱动机制是指游戏的设置要有足够的吸引力才能驱动用户去积极参与。在传播活动实践中，也同样要注重传递有趣味性的内容与传播生态，进而激发用户的参与兴趣，激励用户建立连接关系。体验机制是指用户在游戏过程中通过体验来获得情感满足。用户在玩游戏的过程中并不是单纯的沉迷，而是享受与共创的过程。当前媒介技术快速发展，尤其是在以元宇宙为代表的新媒介不断发展的过程中，人们开始从认知时代向体验时代过渡，人们的需求从传统的简单认知转换为感官体验。奖励机制是游戏化传播中必不可少的部分，是用户选择是否投入注意力和持续关注的关键。奖励机制通过设置挑战、完成任务、获取资源等途径，让用户体会到掌握权力的快感并不断沉浸其中，进而激发荣誉感和获得感。在传播实践的过程中，通过奖励机制提高用户黏性，用户得到深层次的体验和情感交互，以增强媒介参与和媒介实践。情感机制是传播与用户建立更深层次连接的重点。在游戏化传播的驱动下，用户通过驱动机制、体验机制和激励机制参与到"游戏场"之中，完成自己的情感投射和情感释放，在"玩乐"的过程中建立起情感认同、文化认同与社会认同，进而建立起更深层次、更久远、更受价值驱动的关系。[25]

3. 游戏化传播是情感驱动的媒介场景构建

传播的游戏化与游戏不同，其内涵是将游戏的元素运用到非游戏场景中来激发用户的参与度、投入度以及忠诚感，改变人固有的行为方式，并借用这种方式实现更好的传播效果。其实传播的游戏化并不仅仅是简单地将媒介改为游戏的方式，而是要在一定程度上满足用户的情感需求，使传播获得类似于游戏的情感体验。同时，游戏化并不一定要具备完整的游戏框架，而只需要有明确的游戏规则和目标即可。

游戏化传播中的"传播"具有双重含义：一是指代短期或长期的传播过程。这种传播过程往往脱离大众媒介，表现为人内与人际传播，比如以科普知识为目的的游戏活动。二是指代传播媒介，也是游戏化传播更为常用的概念，指示了通过媒介承载游戏化设计进而实现游戏化传播功能的路径。[26]

游戏化传播在近年来一直是各行各业关注的重点，尤其是元宇宙时代的兴起使"以人为本"的底层逻辑再次受到关注。媒介发展由"传者本位"向"受者（用户）本位"更迭。游戏化传播这种以人的需求为基点，主张回归到人类原初的感官和谐的传播思维受到了越来越广泛的重视。从马斯洛（Abraham Maslow）的需求层次理论出发，游戏不仅满足了用户个体的社交需要，也满足了自我实现的需要。当游戏化思维发展到传播的积极行为时，游戏化传播扩展了传统的媒介传播方式，更关注传播过程中的主体感受，创新性地构建出了独特的传播景观。[27]

目前，人类与社会的交互关系取决于媒介在其中的连接作用。随着游戏的不断深层介入，游戏化传播思维也在不断渗透。这种交互关系将转变为"个人—游戏—社会"的连接关系，从游戏社会化过渡到社会游戏化。在元宇宙时代，人们从认知时代过渡到体验时代，体验时代的场景构建也为游戏提供了场景基础，游戏化传播也将成为未来传播的基本模式，游戏世界的平行构建也将更加快速。在游戏化传播实践中，游戏中的头像、徽章、排行榜等组件以及多感官通道体验、趣味设计等也会被纳入媒介构成，以加强体验效果和传播效果。

"用户视角""传播快乐""主观沉浸"等与场景应用伴随的媒介使用体验与游戏理论对于个体主观性的强调具备某种内在契合性，因此，游戏理论可以为我们提供理解数字时代网络文化发展的重要理论资源。丰富多彩的网络文化无疑展现出独特的游戏化景观。游戏化已经成为媒介化时代的主导逻辑。媒介发展的"游戏逻辑"将对我们重新理解传播的内涵产生重要启示。

4. 元宇宙与游戏具有高度适配性

元宇宙实际上是媒介发展的历史演进进入到数字文明时代的必然产物。因此，本书认为元宇宙不是一个产品，也不是一个场景，甚至也不是所有技术的集合体，而是数字革命以来全部技术与社会现实发展连接融合的产物。它不是平行于现实世界的一种存在，而是既超越现实世界，又与现实世界相融相生的混合现实。它使人类进入到了更具自由度、更高灵活性、更多体验性、更强功效性的一个超现实世界当中。元宇宙通过低延时、高拟真的媒介技术使人在虚拟世界中产生高真实感和在场感。目前与元宇宙最适配的领域便是游戏。游戏本身就是社会发展的细分领域，它是经济、文化、艺术、社会结构、商业模式的缩影。游戏对于虚拟世界的建构模式可以成为元宇宙的探索之路，具体表现在以下四个方面：

一是技术基础。元宇宙需要低延时、高互动的技术作为科技底座，而游戏依托于互联网技术形成的场景渲染、人机互动等游戏引擎可以为用户提供虚拟体验。游戏通过互联网的不同端口将用户连接起来，通过心流体验增强用户黏性，通过高拟真场景和高品质音效营造具有高真实度的虚拟场景。游戏的互动机制和奖励机制在一定程度上也来自于现实社会。

二是叙事诉求。在游戏的社会之中，高度自由化和高度沉浸式的叙事诉求是游戏的底层逻辑。在游戏中用户追求的是无拘束的生存条件，这也符合元宇宙对于拟真环境的想象。用户通过虚拟数字身份进入到元宇宙的空间，这本身是一种社会自由度的扩大和提高，也是连接人本身与虚拟数字替身之间的纽带。游戏角色拉近了人与现实之间的心理距离，也是人们通过虚拟替身丈量数字虚拟世界的尺度。同时，游戏的拟态环境超越了现实束缚，仿真的议程设置给予了人们思想上和行为上的自由。这种叙事诉求满足了用户收获不同于现实世界的新体验。

三是经济基础。游戏在运行的过程中都有自己独立的经济运行系统、运算方式、交易方式和游戏货币，在元宇宙的平行空间之中，这种经济运行系统依然存在。人们可以通过合作、竞争、买卖赚取自己的商业货币进而满足自身的生存需求。而游戏的一个典型特征是"边玩边赚（Play-to-earn）"，用户既可以交易自己的游戏资源，也可以交易自己赚取的游戏货币，甚至是自己的数字留痕。

四是社交基础。独特的社交属性是游戏的天然优势。这种社交资源来自于现实生活中的亲缘、地缘关系，但更多的是虚拟世界中的趣缘关系。游戏的高互动性和高沉浸感的虚拟传播社交可以满足元宇宙中的社交想象。不同于现实社交和互联网社交，元宇宙追求的是人们对于虚拟世界的探索和身体交互的卷入度。在元宇宙的平行社会之中，人们可以发挥想象打造虚拟身份，不必拘束于现实社会之中的身份、地位、职业等。这可以回避用户对于现实世界中自我的不满。游戏中的社交机制依附于游戏机制，这种社交方式更为灵活。同时，游戏中的渲染技术和人物建模技术目前已经非常成熟。身体互动技术、捕捉技术和实时传播技术会增强用户的具身体验和在场感，形成更为极致的社交体验。

在全媒体传播时代，元宇宙有助于打通传媒业发展的上游与下游，有助于传媒产业技术的不断革新。而游戏化传播思想的嵌入为探索人与人、人与社会之间的连接方式、探索虚拟与现实进一步融合之路、探索媒介融合背景之下万物互联的终极形态提供了新的方向，也会为信息传播、文化革新和社会进步注入新的活力。

元宇宙视域下游戏赋能引发的思考

1. 虚实融合的新方向

元宇宙从本质上说是未来的一种文明形态，它带来了高沉浸、高开放、高时效和高灵活的经济系统。元宇宙不只是一个独立且平行的虚拟世界，它更大的价值在于与真实世界的连接与交互，并赋能人们的生活体验。元宇宙进一步将游戏构造的虚拟世界延伸升维，将游戏化思维应用到虚拟世界的建构当中，创造虚实融合的新方向。

从元宇宙的基础构造上来看，"人、货、场"是元宇宙的基本元素，"创造、连接与共生"是元宇宙的底层逻辑，这和游戏的传播思维不谋而合。这里的"人"是从现实的人到虚拟的人再到数字替身；"货"则是人们在虚拟世界交互生活的过程当中产生的数字痕迹，通过确权成为自己的数字资产和交换筹码；而"场"则是元宇宙构建的社会文明新场域，既包括现实世界的生活空间，又包括虚拟空间的生活场景，还包括人们心理世界的场。与此同时，元宇宙的创造逻辑通过代码的形式帮助定义元宇宙中的"人、货、场"，使其按照一定的规则和形式在虚实之间转换，并通过 AR/VR/XR 等交互技术呈现；元宇宙的连接逻辑在算法为媒的作用之下不仅激活了"人、货、场"之间的关系，也打破了虚拟与现实之间的圈层壁垒，推动元宇宙从"虚实结合"的娱乐场转向"虚实融合"的生活场；元宇宙的共生逻辑则是不断扩大和塑造元宇宙的边界与生态的重要方式。元宇宙通过创造和连接搭建虚实融合的新场景，而共生通过赋能不同的价值链，激活不同主体的主观能动性，通过共生、共享和共创的形式紧密交互，进而形成开放、多源的虚实融合的元宇宙生态系统。

2."心"连接的新方式

元宇宙与游戏最大的共同点便是重视人们的心流体验，这是目前媒介发展过程中无法达到的高度。尽管 VR/AR 等技术不断更新升级，但也仅仅停留在人们五感（视觉、听觉、触觉、味觉、感觉）的交互连接之中。随着元宇宙的技术聚合，高沉浸、人机交互和脑机接口技术的不断成熟，连接范围也拓展到了人们的心理世界，这也是心连接、新体验的新方式。在元宇宙中，人们的五感将被逐一数字化，信息的维度也在逐步增加，使得数字内容不断逼近现实的感官体验，更具有真实沉浸感。同时，人机交互也从间接交互（主要通过按钮、鼠标、键盘等控制机器），到 AR/VR 媒介时代，我们可以通过手势、声音、体感（包括肢体运动、眼球动作和面部表情等）与机器进行更自然的直接交互。随着脑机接口技术的成熟，我们甚至可以直接用脑电波控制机器。总体而言，我们的体验会越来越好，也会越来越趋近真实。

在现实世界中积累知识、技术和想象力，在构造元宇宙的同时，也会反作用于人的心智世界，促进人智构造的变化，乃至激发革命。迄今为止，人类心智的构成要素、结构方式以及运行机制被牢牢地限制在既有的状态和逻辑上，几乎没有创新的自由，更不用说是革命性的突破了。但是，随着人类脑科学、基因技术及相关能力的增强，元宇宙高度发展成为一个新的文明形态之时，人们的心智世界也将成为媒介触达的一个新领域。

3. 社会构造的新逻辑

在互联网时代，我们习惯把互联网的发展分成"上半场"和"下半场"。其中，"上半场"实际上是解决了人、物、信息的初级连接的问题，实现了任何人在任何时间、任何地点与任何人进行资讯传播内容的连接和沟通，即通过人际网络、内容网络、物流网络和物联网络，形成资讯内容的互联互通。互联网还要继续向前发展，数字化的技术革命还要不断推进。那么互联网发展的"下半场"要解决的关键问题是任何人在任何时间、任何地点与任何人做任何事的场景构建。场景构建的突出特点就是连接。它的沟通已经远远超过了资讯内容范围，是对于整个人类实践所涉及的全要素通过协议和规则进行相应的激活、连接和整合。

为任何人在任何时间、地点从事任何实践活动提供一个适合的场景，都能使人们的自由度得到更大提升，使人们做事的效率和体验的丰富性得到巨大扩张，这就是互联网发展"下半场"所要解决的问题，而这个问题的解决其实是相当复杂的。因为当技术成熟时，资讯的连接模式相对来说是比较简单的。然而对于人物、技术和各种各样的物质存在，还要进行全方位和全要素的连接、激活和整合，因为它蕴含的社会改造、社会连接、社会整合的任务是极其复杂而巨大的。

从 Web1.0 到 Web3.0 的时代变迁中，社会构造也在不断变迁。Web1.0 时代的技术重心在机构端，用户看的就是门户网站上的那些资讯，还可以进行无限连接。Web1.0时代从诞生之初就有着强烈的中心化趋势，此时媒介权力由平台创造、所有和分配。到Web2.0时代，当技术下沉到C端用户（消费者），当用户掌握了各种各样的互联网技术时，革命性的改变就发生了。所有基于互联网Web2.0的改变，实际上是由于普通用户开始掌握互联网技术，并由此被赋能和激活，整个社会出现了全新的社会性的改变，所谓的裂变就发生了。赋能、赋权，每个人都是传播者，各种微资源被激活，等等。随着互联网用户的需求不断向高维推进，去中心化的进程开始起步，进入Web2.0时代，人的主体地位开始凸显，此时媒介权力转向用户创造、平台所有、平台分配。当这些微资源、微创新被激活之后，如果没有相当的数据、智能化技术和其他一系列技术的整合，其价值是有限的。大量无效的微能量必须要经过这种巨大的智能化的重新筛选、过滤、重组，才能产生巨大的社会价值和社会功能。当媒介浸透到社会肌理时，社会就进入了深度媒介化阶段。此时社会需要形成最大程度的共同体，社会开始去组织化并再组织化，媒介权力也让渡到用户创造、用户所有、用户参与分配，这就是Web3.0时代。

Web1.0、Web2.0到Web3.0的迭代过程，从内容传输层面上，是互联网连接"信息"到连接"价值"的过程；在媒介交互层面上，是静态获取到游戏化互动、再到沉浸交互的过程；从社会构造的逻辑层面上，是中心化、去中心化到分布式社会再组织化的过程。总的来说，Web3.0是一个广域、广语、广博的，跨区域、跨语言和跨行业的范畴系统。这个系统未来在整个市场主体和社会主体中，更能体现分布式社会中个人用户的平等地位，也更能体现未来社会向前发展的新态势。

技术的进步与发展也推动了社会文明的不断进化。当前，我们正处于从工业文明迈入数字文明的重要交叉口。这一过程不仅带来了数字经济的蓬勃发展，也将推动人类文明迈向新台阶。因此，元宇宙文明将是人类文明新的发展形态。与此同时，我们要深刻把握元宇宙的时代标签与传播学未来发展的重点：

（1）专业媒介和专业媒体人角色的界定：To C 还是 To B？直接为用户生产内容还是作为整个传播生态乃至媒介化社会的建设者、运维者、创新者，成为自组织社会的"基膜"建设者，推动社会发展中"涌现"现象的发生；

（2）个人被激活与自由度的巨大提升以及微粒化社会的来临与社会的再组织化。圈层化生存与社会的破圈整合，认知时代向体验时代转型的过程中对人施加影响的组织模式的升维与变革；

（3）算法与平台升维。其中的两个核心与关键是：以"以人为本"的内在逻辑为"压舱石""定星盘"；结构优化的社会性构建是治理与发展的重中之重。

最后，在数字文明的新时代，技术的发展要不断探索人、社会与技术之间的平衡。元宇宙的发展要牢牢把握"以人为本"的底线思维，要协同于人的发展、应用于人的生活、服务于人的价值实现，走上良性的发展道路，成为人类社会发展的实践者、协同者和保障者。这个新的数字文明时代不仅拥有高度发达的技术，还是平等开放、兼容并包的，更是符合人类命运共同体的价值理念的。

第二章 游戏与元宇宙

第一节　游戏的魅力

游戏，作为人类的原始本能之一，在电子与虚拟技术蓬勃发展的今日，日渐绽放出未曾预料的璀璨光芒。从现实社会中的运动与桌面游戏，到独立探索的单机游戏（Single-Player Game），再到交互性十足的网络游戏（Online Game），作为一种无法取代的文化形式，游戏在满足人们寻求快乐的本能的同时，极大地拓展了人类文明创造性与想象力的版图。时至今日，游戏类型的多元、题材的多样与时空的无限性正为满足更加广泛的用户需求提供契机，也为人类历史、文化与社会互动的纪录与延伸创造了重要的窗口。而今随着社会文化的发展，游戏在人们的日常生活中扮演着愈来愈重要的角色。游戏不仅成为重要的娱乐方式，也成为包含多种艺术形态的文化形式。

游戏本身是一种古老的人类行为，自智人意识觉醒并产生文化之初，便始终伴随着人类的进步和历史的演进。此外，区别于现实生活的游戏场景提供了更加纯粹的拟态环境。无数事实证明，在游戏中，人类的身体潜能、意志潜能和行为潜能都可以得到进一步的提升。但游戏的诸多积极意义并不是一开始就被人类社会所认可的，由于"游戏"本身与产生社会价值的"劳动"形成了对立,"业精于勤,荒于嬉"和"玩物丧志"是我国传统文化中长期保有的观念,直至数字文明时代的到来,游戏的正面价值才越来越多地被人们察觉。[1]数字文明时代是盈余时代,人们不需要将所有的时间投入到劳动中去。精神消费品的盛行使游戏重新被人们所重视。游戏不仅提升了人们的娱乐需求,更成为缓解社会压力和情绪的解压阀。更进一步讲,数字文明时代微粒化和个人化的时代转向,带来了圈层化和趣缘化的社会组织结构。当人类回到具有"游牧旨趣"和"部落化"的生存空间时,[2]游戏的价值便逐渐凸显出来。"人本回归"的游戏精神和游戏元素给予了现代生活方式独特的魅力和价值。

本章从历史和哲学的角度来深刻剖析游戏在人类社会中的独特魅力。游戏之所以在不同的历史时期都在社会文化中扮演着重要角色,是因为游戏本身对人性的关注与回归,游戏的形式代表着人类最质朴和直接的诉求。同时,在广义和狭义的游戏中,人类也在一步步探寻自身能力的边界,这些都是游戏基于社会个体的独特价值。

人类福祉的核心

游戏蕴含着人类福祉的核心要素,其独特魅力源于对人性的关照与回归,尤其在制度化的社会分工时代,游戏可以提供愉悦的奖励与反馈、增进人际关系的表达、强化场景体验感,成为人类现实生活的心灵弥补。游戏提供的实时奖励、人际关系、愉悦体验和美好愿景等要素,激活了人类幸福的核心区域。游戏统合的体验正符合"积极心理学之父"马丁·塞利格曼(Martin Seligman)所提出的 PERMA 理论（见图 2.1），即积极情绪（Positive Emotion）、投入（Engagement）、人际关系（Relationship）、意义（Meaning）和成就（Accomplishment）。[3]

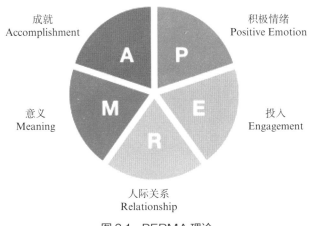

图 2.1 PERMA 理论

1. 愉悦的奖励与明确的反馈

首先，游戏本身是令人愉悦的，其娱乐功能满足了人们精神上的需求。如游戏研究的集大成者赫伊津哈认为，游戏的情绪是欢天喜地、热情高涨的，随情境而定。兴奋或紧张的情绪伴随手舞足蹈的动作，欢声笑语不断，令人心旷神怡。[4] 再如亚里士多德认为，游戏与高尚的、好的行为一样，其自身就是目的，我们选择每种事物都是为了某种别的东西，只有幸福除外，因为它本身就是那个目的。[5] 其次，游戏中的人是愉悦和自由的。如康德所言，游戏摆脱了实用的与利害的目的，并"从一切的强制中解放出来"。[6] 所谓"从一切的强制中解放出来"，是说除了自身目的之外，游戏不从属于其他功利的、道德的目的，玩家在游戏当中可以体验到更纯粹的自由和愉悦。最后，游戏为玩家提供了一种克服困难后的成就感。在最广泛的"任务—完成"的游戏模式中，玩家通过各种努力，克服障碍，完成任务后能够获得极高的满足感。比如，在国产游戏《剑侠情缘》中，玩家通过挑战不同难度的关卡，打败敌人，最终成功地将自己的挚友救出；在《神秘海域》系列游戏中，玩家通过与敌人高难度的搏斗与博弈，最终解锁美妙绝伦、栩栩如生的游戏自然景观；在《英雄联盟》《刀塔2》等网络竞技游戏中，玩家需要通过自己的技巧以及与其他玩家的通力配合，来取得团队的胜利。虽然不同类型的游戏有不同"赢"的方式，但其共同点是在"赢"的过程中，游戏都提供了一种令人愉悦的奖励。

　　游戏与现实生活很大的不同在于，游戏可以提供一种明确的反馈机制。游戏作为一种互动媒体，其建立的即时性的"刺激—反馈"模式，能让玩家在一系列精心营造的声、光、影效果中获得沉浸感和愉悦感。这种"刺激—反馈"模式包含外显性反馈与成长性反馈。"外显性反馈"主要指在游戏过程中通过文字、音效、动画和额外奖励等方式激励玩家的游戏机制。比如，玩家在消消乐游戏中连续消除多片区域时，系统会提供"Great"（太棒了）、"Perfect"（完美）、"Unbelievable"（难以置信）等音效奖励以及战利品奖励；在体育游戏中，系统会对玩家每一次移动和操作给出评分，这都是通过外在的刺激来实时奖励玩家在游戏中卓越的表现。"成长性反馈"指构成玩家累积成就的游戏机制。如在冒险类游戏中，玩家通过击败"怪物"的方式获得经验值、属性、装备和等级的增长，这种累积和成长机制是明确且可察觉的，玩家在游戏中的每一次经历都可以为总体成就添砖加瓦。再如在模拟经营类游戏中，玩家的每一次努力都可以通过资金的积累、管辖区域的扩张和资源的占有等方式明确地反馈给玩家。

游戏中愉悦的奖励与明确的反馈机制高度贴合了 PERMA 理论中"成就"和"积极情绪"两大要素。游戏与生俱来的奖励和反馈机制有利于人们获得成就感与积极乐观的情绪,高度符合人们对于"持续性幸福"的追求。

2. 强化关系表达

麦克卢汉在《理解媒介》中明确指出,正如我们的口语一样,一切游戏都是交际的媒介。[7]诚然,人是社会性的动物,交际是人类最本质的诉求之一,而游戏提供了一种区别于现实生活的、独特的交际场域,在这个场域中人们可以建立新的连接以及重构连接的方式。

首先,游戏的环境与场景为人们建立了新的连接。游戏是一个玩家主动参与的过程,参与游戏就意味着默认接受游戏的规则。介于这种"一致的规则"体系,拥有不同身份背景和社会资历的人们在游戏中往往以平等的"玩家身份"出现。比如,在我们儿时玩的游戏"老鹰捉小鸡"中,不论是儿童还是老师,只要参与到游戏当中便意味着要按照游戏的规则来玩耍。在这个过程中,天真的儿童可以成为强势的"老鹰角色",而平常更为强势的老师则可能成为弱势的"小鸡",这样的角色转换即是一种新的关系的建立。此外,游戏打破了原有的社会分层和结构,形成新的线上社会分层。[8]比如《魔兽世界》《剑网3》《天涯明月刀》等大型多人角色扮演游戏都拥有完整的权力系统和社交系统,玩家通过游戏内系统形成多种多样的社会关系,如师徒、同门、帮派、密友等。此外,游戏内的公会、联盟系统还会分化出更细致的权力结构,如盟主、帮主、会长等不同角色在游戏中拥有不同的权力等级和线上社会资本。

其次，游戏的环境强化了人际关系的表达。现实中人际关系的变化往往依赖于契机，即"某些事情的发生"，而游戏设置的明确目标恰恰是在不断制造"事情的发生"，为人际关系的改变提供了契机。如在《魔兽世界》等游戏中，高密度的任务推动了人际关系的高密度表达，不同的群体之间的聊天、合作、交易、战斗等行为，不断加深着不同的关系表达。再如主机游戏（Console Game）《分手厨房》，其游戏机制要求两名游戏玩家高强度配合，必须通力协作才能完成游戏目标，而这种高强度的协作要求即是在深化我们日常生活中关系表达的强度。在游戏中，竞争与合作的强度与密度都较现实生活有明显的提升，与此对应的是情绪的表达也会出现相应的变化。不论是喜悦或厌恶，情绪的强度都会随着关系表达的强度而有所放大。

游戏对关系表达的强化贴合了PERMA理论中"人际关系"的要素。游戏为人际交往提供了新的场域，允许人们建立新的关系，并在持续的游戏中强化情感与连接。换句话说，与现实生活的平淡相比，游戏提供了更多建立关系、表达关系的契机，满足了人们内在的人际交往需求。

3. 场景化的体验感

场景是游戏的核心要素，是所有愉悦体验和关系表达的基底。游戏的引人入胜之处便在于为玩家提供了一种区别于现实的虚拟场景，人们可以在游戏的过程中短暂地进入另一个独立的世界。游戏发展的历史是围绕场景展开的，从想象中的场景到计算机营造的仿真场景，游戏发展的逻辑即是游戏场景不断向现实场景靠拢的过程。如古代的围棋等游戏是在棋盘上模拟推演战争的过程,而现代化的兵棋推演则是在模拟游戏的基础上进行的,场景仿真度的提升是游戏发展的核心路径之一。仿真度越高的场景越能激发玩家的代入感和投入度。随着游戏中可感知的元素不断增加,玩家可以获得越来越多的沉浸感和心流体验,也会越深入地融入游戏构建的场景中。

例如,腾讯游戏《天涯明月刀》营造出的高仿真场景为玩家带来令人耳目一新的沉浸式体验,极大地提升了玩家在游戏中的代入感和心流体验。《天涯明月刀》是基于 Quicksliver 引擎开发的大型多人角色扮演游戏,不仅为玩家提供了高度仿真的视觉效果,还通过多处的细节处理高度还原了古代中国的文化风貌。在游戏中,光影效果不仅会随时间发生变化,还会与天气、季节等因素相交互,营造出高度逼真的拟态环境。此外,NPC 的地域口音、人物服饰的图案设计、古代建筑的雕饰,以及不同方向的海浪声效,都从不同的角度实现了对现实的仿真与还原。逼真的场景体验强化了玩家的参与感与投入度,甚至有些玩家成为"风景党",专门通过游戏来体验和观赏游戏中的自然景观与文化风貌。例如,《使命召唤》系列通过强大的物理引擎实现了对战场环境的高度模拟,包括战场嘈杂的环境、人物的动作捕捉、不同武器的后坐力与弹道速度、子弹的下坠等,为玩家营造了高度真实的战争场景,让玩家以一名普通士兵的视角体验战争的残酷。再如,近两年推出的《赛博朋克2077》通过高度仿真的城市系统、丰富的可交互元素、真实的光影效果和多元的声效反馈为玩家营造出一个自成体系的未来世界图景。

逼真的场景感不是衡量一个游戏成功与否的唯一标准,但却是游戏发展与进化的底层逻辑。场景感的提升意味着玩家的带入感和心流体验的提升，使玩家更深入地融入游戏构建的拟态环境中，也更有利于玩家发挥自身的潜能和创造力。场景化的体验感高度贴合 PERMA 理论中的"投入"元素，高度的沉浸感使玩家更加专注、更加积极地参与到游戏中来，从而进行更深层次的价值实现和价值创造。

4. 对现实生活的超越

历史上许多哲学家和思想家都将游戏与现实中生产性的工作分开来看，认为游戏是对现实生活的超越。如亚里士多德将游戏与严肃进行区分，认为游戏是与工作对立存在的，游戏的优点在于能够帮助我们更好地工作；齐美尔认为游戏是现代性体验的审美外化，它创造了个体与生活的距离，因此，游戏是对日常生活刻板模式的超越；[9] 赫伊津哈也曾说道，游戏是一种完全自由的、自愿的活动，游戏自觉地站在"普通"生活之外，因为它"不严肃"，但同时又强烈地、彻底地吸收玩家；[10] 而最经典的论述莫过于麦克卢汉的观点，他认为游戏是心灵生活的戏剧模式，提供了一种超乎社会机器垄断暴政的解脱，传达日常生活的回声，使我们与常规惯例中的物质压力拉开距离。[11]

从历代贤哲和思想家对游戏的思考中我们不难发现，游戏作为一种非生产性的活动，不仅与现实生产性的工作对立，而且是对现实生活的超越。一个时代的游戏能体现出这个时代的人的美好愿景与追求这种愿景的方式。作为最古老的人类活动，游戏始终承载着人类的心灵愿景和幻想。这些愿景和幻想是个体意识中宇宙模型的摹本，也是人类终极价值的体现。人们通过游戏展开美好的幻想，在游戏中追求超越现实生活的自由。正如席勒所言，只有当人在充分意义上是人的时候，他才游戏，只有当人游戏的时候，他才是完整的人。[12] 游戏是人们实现人生意义的重要方式，因为人们只有在游戏的时候方能展开对宇宙图景的拓展。正如齐美尔所言，在游戏中，个体超越了日常生活的平淡与烦琐，实现了内心自由的审美。[13]

游戏使人们实现了对现实生活的超越，是一种对自由、纯粹的审美的追求，亦是完善心灵图景、实现人生终极价值的重要方式。游戏对现实生活的超越高度贴合 PERMA 理论中的"意义"要素。换句话说，人们在游戏活动中实现对自我和人生意义的探寻，以及对心灵愿景的追求，都体现出游戏对于人类福祉的独特意义。

人类原始本能的映射

"游戏行为是人类原始本能的映射"是游戏研究者们回应游戏"成瘾说"的重要论点之一。游戏研究者们认为，游戏不仅存在于人类当中，在许多哺乳类动物里也存在着大量的游戏行为。所以，游戏是所有哺乳类动物，特别是灵长类动物学习生存的第一步。合理适度的游戏使人类在模拟环境下挑战和克服障碍，可以帮助人类开发智力、锻炼思维和反应能力、训练技能、培养规则意识等，这就是游戏"本能说"的由来。游戏"本能说"的观点十分广泛。游戏研究者们认为，现代游戏的基本方式，实际上是对人类原始行为和本能的某种映射和追溯。比如游戏中的"打怪"元素、玩家对战利品的收集，是对人类原始行为中的狩猎和采集活动的映射，而游戏的对抗形式和获胜标准则体现出原始本能中的"战斗"与"侵略"活动。虽然游戏的种类千变万化，技术迭代迅速，但其核心玩法始终非常稳定。一代代游戏都在不断回溯与映射着人类进化之初所形成的原始本能，即那些刻在人类基因里,溶于血液中对于狩猎、养成、采集和战斗的原始渴望。

此外,其他哲学家的观点也可以为"本能说"的合理性作证。如席勒认为,人类在生活中要受到精神与物质的双重束缚,在这些束缚中就失去了理想和自由。[14] 于是人们利用剩余的精神创造一个自由的世界,它就是游戏。这种创造活动,产生于人类的本能。后来,英国哲学家赫伯特·斯宾塞(Herbert Spencer)对席勒的观点进行了补充。他认为,人类在完成了维持和延续生命的主要任务之后,还有剩余的精力存在。这种剩余的精力的发泄,就是游戏。[15] 游戏本身并没有功利目的,游戏的过程就是游戏的目的。再后来,德国生物学家卡尔·谷鲁斯(Karl Gross)对斯宾塞的剩余能量说和席勒的本能说进行了修正。谷鲁斯认为,游戏不是没有目的的活动,并非与实际生活没有关联。游戏是为了面对未来生活的一种准备活动。[16] 例如,小猫抓线团是在练习抓老鼠,小孩给布娃娃喂饭是在练习当父母,玩打仗游戏是在练习战斗。

其实从公元前2600年起,游戏就是人类经验的一部分,出现在所有文化中,像《乌尔王族局戏》(*Royal Game of Ur*)、《塞尼特》(*Senet*)及《播棋》(*Mancala*)都是历史悠久的游戏。游戏"本能说"表达了游戏是伴随人类启蒙、发展和进化的古老行为。从古至今的游戏都代表着人性与人的本能,是一种如柏拉图所说的"人身上有某些天然的东西"。[17] 游戏在数字媒介时代逐渐走向聚光灯下,这不仅是物质盈余的结果,更是在物质盈余之后人们对自我价值追求的结果。可以预见,未来的游戏产品形态会以更加多元化的方式提高玩家自主学习与创造的能力,鼓励玩家在虚拟与现实的游戏之间中获得切实的发展与成就感。

第二章 游戏与元宇宙

潜能的激活

如游戏"本能说"所述,游戏是哺乳动物尤其是灵长类哺乳动物进化和启蒙的重要方式,因为游戏可以使原始人类在模拟环境下挑战和克服障碍,可以帮助人类开发智力、锻炼思维和反应能力、训练技能、培养规则意识。换句话说,游戏在历史上本身就是拓展人类潜力和能力边界的重要途径。具体而言,游戏对人类潜能的激活主要体现在两个部分:身体潜能的激活与意志潜能的激活。

首先是身体潜能的激活。目前许多功能性游戏已经成为心理疾病和脑功能疾病的有效疗法。毫无疑问,对于被病痛折磨到黯淡无光的人来说,能够轻松愉快地进行无痛苦治疗乃至治愈疾病的游戏无疑是他们的生命之光。游戏现在已不仅仅以医学辅助的形式出现,而是逐渐形成一种程式规范、严格的治疗方法,即游戏数字疗法。游戏数字疗法是以游戏为表观形式,其核心必须具有临床验证有效的"活性成分"。如同药片一样,游戏疗法有临床适应症和规定的"剂量",即游戏时间限制。游戏数字疗法必须经过标准临床试验验证有疗效,成为药品器械审评机构评估和批准的医疗级软件产品。如2020年6月15日,美国食品药品监督管理局(FDA)批准了由处方数字医学公司 Akili Interactive 开发的 *EndeavorRx* 游戏,其被用于儿童多动症(ADHD)的治疗。这也是第一款有临床随机试验数据支持、并正式获批用于医疗处方的电子游戏。[18] 游戏数字疗法的应用场景主要集中在中枢神经疾病(CNS)领域,包括老人的帕金森病、阿尔茨海默病,成人的抑郁症、焦虑症,儿童的自闭症、多动症等。

其次是意志潜能的激活。游戏提供的区别于现实生活的场景可以成功缓解现实生活中的压力,人们在游戏的过程中实现对自我意志潜能的挑战。古希腊历史学家希罗多德(Herodotus)在《历史》一书中提到,公元前 1200 年,吕底亚全国发生了严重的灾荒。起初的一段时期,吕底亚人十分耐心地忍受这种痛苦,但是当他们看到灾荒持续下去毫无减轻的迹象时,他们便开始筹划对策来对付这种灾害。不同的人想出了不同的办法,骰子、羊拐子、球戏以及其他所有各种各样的游戏全被发明出来了,他们便用这些发明来缓和灾荒。他们采用了一天玩游戏,一天吃饭的方式来克服灾荒。在这样的循环往复之中,他们度过了长达 18 年的灾荒。意志潜能亦是一种精神潜能,比如在现实生活中我们保持高度专注的时间往往是有限的,但在游戏当中,很多人都可以表现出持续的高度专注。因为如前文所述,游戏的场景将现实生活中最兴奋、最精彩的部分抽离出来,可以对玩家的神经进行持续性的刺激。大脑在这个过程中分泌的多巴胺可以帮助人们对所做的事情保持高强度的专注,从而不断帮助人们突破意志和精神潜力的边界。

第二节 作为媒介的游戏

麦克卢汉在《理解媒介》中指出,不同形态的媒介延展了人类不同的感官系统,如广播是以耳朵为主导的听觉系统的延伸,电视是以眼睛为主导的视觉系统的延伸。在这个意义层面上,游戏作为一种媒介,统合了以往所有的媒介形态,是一种感官上的整体升维。游戏作为一种科技和艺术结合的全新文化样式具有革命性的进步。文化和科技融合,可以丰富文化表现力,提高文化感染力,提升文化传播力。

随着计算机图形学、立体 3D 环绕、高分辨率图像显示、空间音频、感官交互、5G 传输等技术的不断精进，人类对物理世界和物理运动的仿真能力达到新高度，从而能实现更深度的"沉浸"。按照麦克卢汉的观点，游戏是一种高度统合的全要素媒介，作为媒介形态的游戏是对人本身的全方位延伸。

游戏：媒介的升维

1. 全要素媒介

游戏作为一种全要素媒介，不仅意味着全要素的感官统合，也意味着全要素的效能统合，高度符合新时代我们对"四全媒体"所抱有的期待。2019 年 1 月，习近平总书记在中共中央政治局第十二次集体学习时强调"全媒体不断发展，出现了全程媒体、全息媒体、全员媒体、全效媒体，信息无处不在、无所不及、无人不用，导致舆论生态、媒体格局、传播方式发生深刻变化"。"四全媒体"论是对全新传播格局的总结，是全媒体建设发展的细化纲领，也是对全媒体时代媒介融合趋势的精辟概括，对这一全新传播格局的解读需要以系统的理论框架为支撑。[19] 以下分别介绍这四种媒体形式的具体含义。

全程媒体：全程媒体是指在新闻报道中，媒体可以同步跟进、记录、播报新闻生产的全过程，实现"直播态"的信息采集、编审和发布。现代数字游戏，尤其是大型网络游戏，其技术形态是高度贴合"全程媒体"的要求的。首先，大型网络游戏的服务器可以不间断地运行和记录游戏过程，实现对玩家游戏行为的全程记录。此外，玩家的所有游戏行为都会以代码的形式全程被保存在游戏的数据库当中，且这些行为可以在游戏中进行无损的演绎，完美地还原玩家的每一次移动和行为。作为一种承载信息的媒介，游戏不仅可以记录玩家的游戏行为，还可以对玩家产生的数据、发表的言论和行动轨迹进行深度的分析，以探寻玩家在游戏过程中的心路历程并预测玩家的未来行为。由于游戏对于玩家行为的全程记录和可追溯的特性，在未来，游戏有希望成为人类数字遗产的重要组成部分。玩家在游戏中投入的努力、热情和感情都可以通过情景再现的方式重新还原，拓展了媒介承载人们记忆的模式。

全息媒体：全息媒体是指在媒介技术尺度上打破物理世界与数字化领域之间的隔阂，在媒介产品的呈现形式上，做到立体式、环绕式、还原式的传播。众所周知，作为新型媒介技术的 AR、VR 最早也是最成熟的应用领域就是游戏领域，所以从技术层面上来讲，游戏又是天然的"全息媒体"。元宇宙作为未来媒介形态的终极想象，构成其技术基底的 5G 技术、AR/VR/MR/XR 技术、虚拟引擎技术和云计算等技术都是在游戏中进行应用和迭代的。目前没有任何一种媒介可以超越游戏实现"全息媒体"中立体式、环绕式、还原式传播的要求。具体来说，如目前已经较为普及的 AR 游戏 *Pokémon Go*，通过传感器和穿戴设备实现虚拟与现实的互联，打破物理世界与数字化领域之间的隔阂。玩家在游戏中通过 AR 技术实现了数字领域和物理世界的互联。玩家本身与虚拟角色、现实图景实现了全息化的连接。在未来，随着感官交互技术和人工智能物联网技术的成熟，游戏将会实现更多元素的互联，营造出一种虚拟与现实结合的全息化数字景观。

全员媒体：全员媒体是指信息生产的参与者不再局限于新闻专业生产人员，所有的受众都自觉地参与到新闻的生产与传播工作中，联合作业，协同创新，成为媒体的操盘手、新闻传播的参与者，信息生产进入社会化时代。[20] 游戏的内核之一就是玩家自愿、平等地参与到游戏当中来，一旦进入到游戏的规则当中，每个玩家都会成为游戏的一部分。所以游戏也是高度贴合"全员媒体"的概念的，因为当任何人都可以平等地参与到游戏中来的时候，每个人都可以在游戏中发挥主观能动性，实现游戏环境的共创。这种共创包含了景观生产和文化生产，尤其是在当前流行的作品游戏和大型网络游戏当中，大众生产和协同创新逐渐成为游戏世界中的全新景观。如《天涯明月刀》允许玩家在游戏中自主设计住宅的风格和样式，玩家可以调动主观能动性来改造游戏景观。在游戏中，不同地图中的住宅区域，逐渐成为游戏中的独特景观，玩家在此过程中也参与了对游戏世界的创造。此外，游戏的特性决定了，只要游戏规则允许，玩家的游戏行为是自由和不受限制的。在此基础上，玩家可以通过游戏中的行为表达创造出多元的文化图景，实现了信息的"社会化生产"。这些文化甚至可以成为全球通用的跨文化游戏语言，甚至打破游戏圈层成为全球流行文化的组成部分。

全效媒体：全效媒体是一个综合性概念，指在发展新兴媒介技术、探寻全新媒体组织架构时，要合理组合利用现有资源，达到传输效率、传播效果、传播效能三位一体的最优化。[21] 首先，游戏作为统合多模态感官系统的全新媒介，其在表达方式和感官调动方面实现了对以往媒介产品的升维，文字、图像、声音和动态画面在游戏中有机结合，呈现出多层次的感官效果。现代数字游戏的高仿真体验和实时交互实现了传输效率、传输效果和传输效能的全面强化。其次，玩家在游戏中产生的信息和行为数据可以被深度整合与分析，形成对玩家身份的立体化建构，通过相应算法实现更好、更精准的传播效果。最后，网络游戏的实名制规则可以实现对玩家游戏内外关系资源的整合，在未来有助于提升深层次的圈层传播和群体传播的效能。

2. 技术演进中的游戏

从技术演进的角度可以将游戏的发展划分为三个阶段：早期游戏、现代游戏和未来游戏，分别对应场景的幻想（场景抽象）、场景的提供和场景的创造（见图2.2）。游戏的技术基础与媒介的技术演进逻辑类似，从早期游戏到未来游戏，经历了从石器、草纸到计算机、互联网，最终到人工智能、XR的技术演进路线。在社会需求层面，早期游戏主要起到了愉悦身心和模拟竞争的作用，现代游戏则以释放社会压力、表达关系和感受新奇体验为主，未来的游戏则是起到定义生活方式、释放潜能和价值实现的作用。从玩家主体的地位变化来看，早期游戏中的玩家只能游玩，现代游戏中的玩家既可以在游戏中游玩也可以在游戏中创造，而在未来的游戏中，除了游玩与创造之外，玩家更是游戏产权的拥有者，其本身就是游戏的一部分。最后，从规则层面来看，早期游戏中的玩家仅仅是服从游戏的规则，现代游戏则是在服从游戏规则的基础上，对游戏的规则进行完善与改进。在未来的游戏中，规则由自组织玩家的共识生成，玩家本身可以通过协商来定义游戏的规则。游戏发展的技术史也是可供性不断提升的过程，玩家在游戏中可支配的资源与可互动的元素不断增强，人与游戏环境之间也蕴含着更多的可能性。

场景	场景想象	场景提供	场景创造
	早期游戏	**现代游戏**	**未来游戏**
技术基础	草纸 石器 铁器 沙土	计算机 互联网 虚拟引擎 显示终端	5G/6G 人工智能 实时渲染 XR仿真交互 体感终端
社会需求	愉悦身心 竞争模拟	释放压力 关系表达 新奇体验	新型劳动 潜能释放 价值实现
玩家	游玩	游玩 创造	游玩 创造 产权拥有
规则	服从	服从 改进	自组织定义规则

可供性 →

图 2.2

3. 游戏对媒介功能的延展

传统的媒介功能如哈罗德·拉斯韦尔（Harold Lasswell）在《社会传播的结构与功能》和查尔斯·赖特（Charles Wright）在《大众传播：功能的探讨》中的论述，被分为四个主要的功能，即监视功能、联系功能、社会文化的传承功能和娱乐功能。

监视功能：监视是媒介的第一功能，它向受众提供并告知新闻。媒介发挥这种功能通常表现为向人们发出危险警报，因此威尔伯·施拉姆（Wibur Schramn）把它比喻为"雷达功能"。监视功能还包括媒介提供那些与经济、公众和社会生活密切相关的重要新闻，如股市行情、交通路况、天气预报等。不过，媒介发挥的监视功能也可能引起反面效应，如过度强调危险和威胁，便可能导致社会的恐慌。游戏对媒介监视功能的延展，主要体现在游戏不以单纯的新闻告知的形式实现媒介的"雷达功能"，而是提供高仿真度的社会环境和组织形式，来映射隐藏在人们游戏行为中的社会心理问题和危机。如在《魔兽世界》等大型网络游戏中的游戏公会制度就是未来虚拟空间社会组织形态的雏形。[22] 游戏可以通过对玩家行为和言论的监测来分析玩家群体的心理特征，从而以全新的方式实现媒介的监视功能。

联系功能：联系是媒介的第二功能，是对周围环境信息的选择和解释。媒介常常会批评并指示人们应如何对周围发生的事件做出反应。因此，发挥联系功能的就是媒介中的社论和宣传性的内容。并且，联系功能通过对偏差行为的曝光来强化社会规范，帮助全社会达成共识，提升突出的个人的社会地位，并监督政府行为。与大众媒体的传播模式不同，游戏，尤其是未来的游戏，将不再通过议程设置这种"一对多"的方式来实现强化社会规范和达成共识的目标，而是打破固有的社会权力结构，通过趣缘建立新的连接，深度浸染个体之间的共识。作为媒介的游戏是对社会连接方式的突破，也是对等级制的传播权力结构的解构。根据麦克卢汉的观点，数字文明时代的游戏使人们重新回到了部落式和游牧式的人际传播模式。媒介在游戏中将不再以建立价值联系的方式来规范社会行为，而是通过建立趣缘圈层联系的方式来强化不同圈层的共识。游戏作为媒介在联系功能上的拓展，也必将催生多元且彼此独立的群体意识。

社会文化的传承功能：文化传承功能指媒介将信息、价值观和规范一代代地在社会成员中传递下去。通过这种方式，传承文化的功能使社会在扩展共同经验的基础上更加紧密地凝聚起来。媒介发挥传承文化的功能，使个人在开始接受正规的学校教育之前以及学校教育结束以后都能通过持续的社会化过程融入社会之中。游戏被称为融小说、绘画、音乐、电影等传统艺术形式于一炉的"第九艺术"，是由声音、图像、文本、社交、代码和算法的神奇组合构成的创意文化产品。技术为游戏塑形,而文化为游戏注魂。换句话说,游戏本身就是高度立体的文化载体,不仅可以靠画面、声音、故事剧情传递文化信息,还可以在互联交流中发酵这些文化信息,使文化的传播变成一种主动探索的过程。传统艺术和文化在游戏中得到了沉浸式强化。此外,游戏本身就是一种叙事,现代游戏更是社会文化的原产地。游戏提供了可追溯集体记忆的场域和情感共鸣的空间。总的来说,游戏对媒介社会文化功能的延展体现在,游戏以优秀传统文化为依托,以现代意识烛照传统、熔铸新思,赋予传统文化新的时代内涵和现代表达形式。

娱乐功能:在当代社会,媒介的娱乐功能表现得越来越突出。娱乐功能的目的在于调节身心,给人们提供喘息的机会和轻松的时间。赖特认为,娱乐功能是媒介功能中最为重要的一项功能,也是最为受众所赏识的功能。[23] 然而,也有人认为,媒介鼓励人们逃避现实,毁坏了艺术,降低了大众品位,妨碍了人们对真正艺术的欣赏。娱乐和乐趣是游戏精神最核心的部分。游戏作为一种媒介,本身就是一种娱乐形式。娱乐是陶冶情操和提升审美的方式。长久以来,游戏一直在哲学上与艺术和审美建立着强联系。游戏和审美、艺术一样,都是人们发自内心对美好的追求,并且这种追求是非功利性的。如齐美尔认为"游戏是现代性体验的审美外化";再如康德认为,全部审美活动从始至终都是自由游戏的本质,它的每一步、每一个方向都应该是自由的、活跃的和不受限制的。康德还强调,通过游戏,人与自然的分裂、感性与理性的分裂得以弥合。游戏对于媒介娱乐功能的延展体现在游戏并不像传统媒介的娱乐那样"毁坏了艺术,降低了大众品位,妨碍了人们对真正艺术的欣赏",而是发自内心对于审美和艺术的追求,是对美好更纯粹、更自由的追求。

除了延展传统大众媒介的功能边界外,游戏还具有许多独特的媒介功能,包括经验转换功能、跨文化传播功能和架构心灵愿景的功能。

经验转换功能:游戏是一种经验的"转换器"。我们曾经在一种情景下感觉到的或看见的东西,突然之间以一种新型材料的形式展现在我们眼前。同样,游戏也将熟悉的经验转化成新颖的形式。首先,游戏是人为营造的一种经验和意义交换的场域。游戏与现实生活中勾连的部分,在游戏行为中进行着某些普遍经验的生成和流转。技术的迭代将"战场的经验"从黑白棋子带到了基于计算机的兵棋推演,而不变的是游戏本身对经验的转换功能。其次,游戏可以使隐藏在现实经验中暗淡和朦胧的部分重新绽放出光芒。尤其是现代高仿真的作品游戏,给我们提供了一个认知世界的全新视角。这些认知是"现实经验"的一部分,但往往隐藏在平淡的生活中无法被挖掘。

跨文化传播功能:游戏作为一种拟态媒介,具有相对独立的文化背景和语言体系,是跨文化传播中十分优秀的媒介。游戏可以将世界各地不同文化的玩家聚集到一起,通过游戏世界呈现、游戏角色设定和游戏文化背景将不同文化的玩家建构在同一个游戏文化体系中。玩家的多元文化背景在游戏中碰撞,产生跨文化传播的火花。游戏的玩法是人类共同的语言,文化差异在游戏统一的规则和丰富的玩法中被消解,游戏在这个过程中起到了消除文化隔阂的功能。不同国家的文化在游戏中相互交流、渗透,形成独特的跨文化传播场景。如《刀塔2》的TI国际邀请赛和《英雄联盟》的全球总决赛每年都会成为全球玩家共同的文化盛宴。此外，游戏在近年来逐渐成为"文化软实力"的象征，在我国文化走向世界的过程中，游戏是一种具备全球化天赋的传播媒介。如在 2007 年左右，《剑侠情缘》《完美世界》《梦幻西游》等国产游戏在东南亚市场的传播成功地将充满中国文化特色的武侠、三国和西游元素引入到更多元的文化体系中。

实现心灵愿景的功能：人们通过游戏的形式实现内在的终极价值。麦克卢汉将这种游戏称为一种"宇宙的模型"（Model of the Universe），是架起人们"心灵自由"的桥梁。[24] 赫伊津哈认为，人类创造神话和寓言的过程，是一个通过游戏的方式实现心灵愿景的过程。[25] 比如希腊的奥林匹克运动会就是直接扮演这种竞赛的游戏，或者说直接扮演太阳神进行争斗的游戏。竞技者绕圆形跑道奔跑时，头上扎着黄带，则是在模仿太阳神驾车一日一周所经过的圆形黄道带。游戏承载的幻想和愿景是个体意识中宇宙模型的摹本，也是人类终极价值的体现。换句话说，任何一个时代的游戏都是人们采用可调配的资源去实现心灵愿景的方式。从这个意义上讲，作为媒介，游戏承载着实现人们的心灵愿景以及引领人们向上确立未来价值目标的功能。

4. 游戏的传播偏向

加拿大政治经济学家哈罗德·伊尼斯（Harold Innis）在其著名作品《传播的偏向》中提出了媒介和传播的偏向理论。伊尼斯从历史哲学维度去理解媒介的属性以及媒介在各种文明中对社会的重要作用。他认为，传播媒介的性质往往会在文明中产生一种偏向。这种偏向或有利于知识在时间上的纵向传播，或有利于知识在空间上的横向传播。如书面传播更加适合知识在时间上的纵向传播，因为该媒介笨重而不耐久，不适合运输；口头传播更加适合知识在空间中的横向传播，因为该媒介轻巧而便于运输。伊尼斯还从技术哲学的角度论证了媒介与文明演进的关系。他认为传播媒介的使用会导致新文明的产生。学者对文明的了解，很大程度上有赖于文明所用的媒介的性质，也就是说，一种媒介经过长期使用之后，可能会在一定程度上决定传播的知识的特征，或者说，一种新媒介的长处，将导致一种新文明的产生。我国学者李沁在《沉浸传播：第三媒介时代的传播范式》和《泛在时代的"传播的偏向"及其文明特征》中延展了伊尼斯的媒介偏向说。她认为数字文明时代催生了沉浸传播（Immersive Communication）的模式，在沉浸传播中，媒介和传播的偏向既不偏向于空间，也不偏向于时间，而是偏向于"沉浸人"。[26] 因为当信息的时与空都变得无时不在、无处不在时，移动网络社会就不再是"撕裂时空"，而是"融合时空"。消失的边界，不仅发生在各个媒介之间，更发生在时间与空间之间，是一种完全沉浸其中的传播。人类的一切时空都是传播发生的时间和空间。而沉浸传播的概念，正是描述了泛在时代"融合时空"的全新信息传播方式，"沉浸传播是以人为中心、以连接了所有媒介形态的人类大环境为媒介而实现的无时不在、无处不在、无所不能的传播。它是使一个人完全专注、也完全专注于个人的动态定制的传播过程。"在沉浸传播中，"沉浸人"作为传播中心的人，既是被动的信息接收者，也是主动的信息发送者。在沉浸传播中，信息不再是传播的中心，人是中心，周围的一切都可以主动或被动地与人进行信息交流，传达需求。

游戏作为沉浸传播中典型的媒介形式，是媒介和传播"偏向于人"的集中体现。首先，游戏作为全要素媒介，统合了人的各种感官系统。现代游戏对于真实场景的构造即是在感官层面还原人们感知世界的方式，作为媒介的游戏通过高度沉浸的心流体验，营造出更加偏向人们真实感受的虚拟世界，故游戏是一种在传播形式上偏向于人的媒介。其次，如前文所述，游戏的本质代表着人类福祉的核心。游戏的魅力源自于人性和人性的回归。游玩本身在哲学意义上是一种自由的审美，是一种对内心美好追求的向往，所以作为媒介的游戏在传播内容上是一种偏向于人们心灵愿景的媒介。最后，玩家创造和大众生产是现代游戏的独特景观。未来的游戏是一个由玩家充分发挥主观能动性所共创的场域。玩家本身既是游戏内容的生产者，也是游戏内容的消费者，作为媒介的游戏在传播的主体上也是更加偏向于人的媒介。此外，在后大众媒介时代，媒介不再只是向外延伸，而是同时向内拉取。媒介既是一种客观的延伸，也是一种主观的建构。游戏高度个人取向的特性，决定了作为传播主体的玩家，会呈现出一个不断自我建构的过程，也是不断偏向人本身的过程。综上所述，游戏是一个在传播形式、传播内容和传播主体上都不断偏向人的媒介。这种偏向决定了未来的文明不再是对领土的争夺，而是对人的争夺。

现代游戏的价值

有研究者为游戏与人类认知结构的对应进行了阶梯式画像（见图 2.3）。在这个金字塔结构中，最顶端是信仰与价值观；第二层是智慧、认知、审美，以及知识和常识；最底层则是游戏基于特定设计的构造对人们现实或超现实生活场景的关联和映射。一款好的游戏，一是要看其文化性功用（对于人类文化遗产的映射）；二是要看其社会性功用(对于人的社会关系和文明规则的认知);第三则要看其是否营造了足够的浸入感以吸引人们愉悦地参与其中(对于人的现实缺憾的代偿作用)。[27]

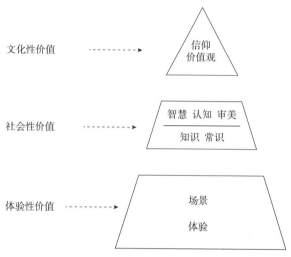

图 2.3 游戏与人类认知结构的对应的阶梯式画像

1. 体验性价值

游戏作为物质盈余时代的精神消费产品,为人们补充了现实生活的意义。不论游戏的类型如何变化,游戏场景始终是游戏的核心,而创造场景是为了体验,游戏的最基础价值即是基于特定设计的构造对人们现实或超现实生活场景进行关联和映射。在远古的游戏中,人们通过沙盘、棋子来演绎现实中的实体元素。在现代的游戏中,虚拟引擎和实时渲染营造了足够的沉浸感和真实感,为人们营造出可以感知的实体元素。不同时代的游戏都在用人们可以支配的方法来营造一种仿真的体验性价值。一方面,如赫伊津哈所言,游戏自觉地站在"普通"生活之外。另一方面,如齐美尔所言,游戏又是现实生活的补充，是对日常生活刻板模式的超越。整体来看，玩家在游戏中可以获得区别于现实，但又映射现实生活的奇妙体验，对于人们的现实缺憾起到了代偿作用，这是现代游戏最底层的价值。

2. 社会性价值

好的游戏是纾缓社会压力和情绪的解压阀。从目前的实际情况看，社会传播领域也应当强调和强化具有娱乐功能的内容生产。须知，娱乐类内容对社会情感与代偿满足、维护社会稳定具有重要作用。美国传播学者保罗·拉扎斯菲尔德（Paul Lazarsfeld）和罗伯特·金·默顿（Robert King Merton）曾将传媒的社会功能归结为：社会地位赋予功能、社会规范强制功能和社会麻痹功能。时政类新闻由于其内容的敏感性与特殊性，承担着前两者的属性，但不能承担社会麻痹功能，只有软性的娱乐、体育等非时政类新闻的内容才能实现这一功能。如果对娱乐等软性内容使用得当，就可以转变其负面的功能社会属性。娱乐等软性内容在一定程度上能够实现转移话题、安抚社会情感与心理代偿的作用。娱乐内容的戏谑、幽默和嘲讽宣泄了人们的压力和不满情绪，化解了社会戾气，减少了人们将冲突付诸现实的可能性。应该说，新闻和娱乐均为传播的社会功能中的"重器"。新闻履行社会的守望功能；娱乐则是铸造人的心灵家园——有社会学者说，娱乐和游戏所映照的是人们对于一个社会的生活理想，是直抵人心深处的营养品。娱乐，哪怕是纯娱乐，在今天的社会历史条件下也扮演着重要的社会角色：纾缓社会压力和情绪的"代偿性满足"的"减压阀""按摩器"。在当下，我们切不能忘记娱乐和游戏所具有的这一重要功能。[28]

3. 文化性价值

优秀的游戏映射社会心理的变迁，体现出对于人类文化遗产的映射。赫伊津哈认为，文化在游戏中诞生、成长。游戏比文化更悠久且可以渗透到一切生活领域中。任何文明都脱离不了游戏。文明来自社会的母体，它在游戏中诞生，并且以游戏的面目出现。游戏因素在整个社会文化进程中都非常活跃，在文化演变的过程中，前进也好，倒退也好，游戏要素渐渐退居幕后。其绝大部分融入宗教领域，余下结晶为学识（民间传说、诗歌、哲学）或者形形色色的社会生活。在现实的游戏中，正如孙佳山指出的："网络游戏在艺术上，更深刻地将作者的艺术创作思维与网络游戏用户的艺术欣赏思维连接起来，极大地延伸和拓展了人类意识，尤其是在时空已经被高度压缩的后现代社会，网络游戏更是直接影响并参与塑造了当代社会的情感结构，定义了全新的认识世界的渠道和方式。"文化软实力也通常由信仰与价值观的感召、情感感召、理性说服、价值创造等要素构成。《魔兽世界》已经通过自身完整的文化生态架构建立起了强大的文化吸引力和文化价值观吸引力，诸如开启"安其拉之门"的任务等史诗性的叙事框架，构建起了坚实的信仰与价值观的感召力和情感感召力。

被曲解的游戏

1. 传统文化的固有观念

游戏的诸多积极意义并不是一开始就为人类社会所认可的，"玩物丧志"的观念使人们对于娱乐和游戏一直心存深深的戒惧，生怕因此而自毁前程。游戏在儒家文化下具有原罪，即游戏和玩乐、不务正业相关联。我们对现实的认知和解释"依赖于我们与同代人对外部世界意义所达成的共同认识",亦即"意义的社会约定"。在这种文化背景下,游戏终难以成为主流,也得不到舆论的支持。数字文明时代到来后,这一情形才得以扭转。

2. 新兴技术的恐慌

对于电子游戏这样的新技术产生恐慌是世界范围内共有的现象。布莱恩·麦凯南(Brian McKernan)的研究表明,在 20 世纪 80 年代,《纽约时报》也经常将视频游戏视为可怕的威胁,他们认为视频游戏取代了诸如追求科学知识或阅读有意义的文献之类更有价值的努力,危害了美国的后代。[29] 所以不论在国内还是国外,在网络游戏进入人们生活的早期,这种富有想象力的玩耍方式都引发了一种恐惧,而这种恐惧会持续弥漫在父母的担忧和媒介的回应之中。人们对于电子游戏进入历史舞台时的恐慌一如历史上教会对印刷术的恐慌一样。黄旦认为,每当一种新媒介产生,就会激起已有媒介以及整个社会的恐慌。[30] 新媒介横生出不同媒介对峙或者并峙的传播格局,扰乱了已有的社会关系结构和日常生活,让人措手不及、难以适应。麦凯南更是提出,任何一种新兴娱乐媒介都面临着一个难以接受的时期,这些曲折的认知甚至适用于后来被确认为高艺术形式的实践。随着电子游戏逐渐融入人们的生活,这样的误解也被逐渐消除,电子游戏也逐渐成为现代青年群体最主要的娱乐方式之一。

3. 早期市场环境

在电子游戏进入中国之初,由于缺乏配套的管理法规,市场导向的游戏行业呈现出诸多弊端,色情、暴力等内容充斥于市场之中,给游戏产品打上了"低俗文化产品"的标签。随着中国游戏产业的专业化和规模化,以及不断完善的监管机制,游戏产业逐渐迸发出强大的发展潜力。此外,游戏对相关产业的带动能力非常强。游戏产业的发展可以带动包括计算机软硬件、通信技术、材料、美术、出版、服务等行业的共同发展。如2002年网络游戏年收入为9.1亿元,但它给相关产业带来了上百亿元的直接收入:当年中国电信业务由网络游戏产生的直接收入高达68.3亿元,是网络游戏自身市场规模的7.5倍。[31] 在经济效益转化为社会效益的过程中,网络游戏的形象也逐渐改变。在20年的发展过程中,随着网络游戏对线下和线上经济的持续贡献,网络游戏逐渐被越来越多的人看到和重视,其积极的一面也会随着这种重视逐渐浮现在大众的视野之内。

4. 玩家话语权的缺失

玩家是游戏的主体,是一切游戏得以进行的唯一驱动力。但在电子游戏进入社会生活之初,第一代游戏玩家往往是年轻群体,甚至是未成年人。在当时的社会环境当中,这一群体无法掌握定义电子游戏的话语权,即无法让社会听到玩家的声音。社会话语权往往掌握在并不接触游戏的群体手中,因为未知而带来的恐惧和网络游戏初期浮现出的负面影响,使得初期关于网络游戏的谩骂铺天盖地,网络游戏被视为"电子海洛因"和"洪水猛兽"。[32] 未成年人曾经是在一个相对封闭、可预见的、受监督的信息和话语领域里养成文化习性的。而随着80年代出生的第一代网络游戏玩家逐渐成长,他们开始为这个行业带来更多的理解和关注,以"游戏原住民"这一身份,重新审视网络游戏这一至今充满争议的议题。第一代网络游戏玩家伴随网络游戏一起成长,并逐渐融入社会的中层结构,掌握了更多的话语权,重塑着网络游戏概念的建构。

第三节 游戏的分类

游戏可以按照不同的要素形成不同的分类。几种常见的分类要素包括游戏的连接方式、平台端口、游戏强度、功能性、玩法与内容等(见图2.4)。

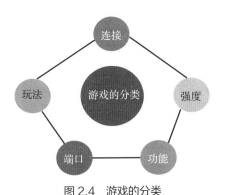

图2.4 游戏的分类

不同要素的分类内容如下(见表2.1):

表2.1 游戏分类要素的类别

分类要素	游戏类别
连接方式	单机游戏、局域网游戏、网络游戏
平台端口	主机游戏、街机游戏、客户端游戏、手游、网页游戏、掌机游戏
游戏强度	硬核游戏、休闲游戏
功能性	功能游戏、非功能性游戏
玩法与内容	角色扮演游戏、即时战略游戏、体育游戏、模拟经营游戏、第一人称射击游戏、冒险类游戏、格斗类游戏

游戏与元宇宙

连接方式

连接方式在本质上是玩家在游戏中的互动方式,也就是玩家之间建立连接的方式。具体可以分为单机游戏、局域网游戏(LAN Game)和网络游戏。其中,单机游戏中的玩家并不会与其他玩家建立联系,局域网游戏是与局域网内部固定数量的玩家建立连接,而网络游戏则是通过开放的互联网与更广泛的玩家进行互联。

1. 单机游戏

单机游戏也称单人游戏,是相对于网络游戏而言的。一般指游戏的主要玩法只需要一台电脑或者其他电子设备就能完成的电子游戏,不能进行互联网对战。但随着网络的普及,为适应防盗版、后续内容下载服务、多人联机对战的目的,更多单机游戏也开始需要局域网联机支持。单机游戏也包括一机多人、IP直连和局域网对战三种"多人游戏"方式。随着互联网对战功能的普遍应用,单机游戏逐渐加入了网络元素和多人模式。

单机游戏通常以买断制为营利方式,通常以数字下载和实体游戏为发行方式,有些单机游戏基于flash插件等(如《死亡独轮车》)。如今高品质的大型单机游戏被称为"3A大作",与大型多人在线游戏不同,大型单机游戏更注重开放世界模式与玩家的沉浸感。如今,主机游戏平台不用考虑配置等问题,并且有许多独占的大作,因此在游戏机平台中,单机游戏与联机游戏比客户端游戏(Client Game)与浏览器游戏更发达。

2. 局域网游戏

局域网游戏是指通过内部局域网（Local Area Network）进行游玩的游戏。局域网游戏通常在固定的范围内连接一定数量的玩家，如网吧中的《反恐精英》《魔兽争霸》《星际争霸》《红色警戒》等游戏的联机对战。局域网游戏的最大特点就是速度快，且连接非常稳定，非常适合竞技属性的游戏。

3. 网络游戏

国外对网络游戏较为权威的定义为美国学者欧内斯特·亚当斯（Ernest Adams）在《游戏设计基础》中所论述的：一种通过某种形式的计算机网络玩的电子游戏，可以是简单的基于文本的环境，也可以是包含复杂图形，同时由许多玩家组成的虚拟世界的游戏。网络游戏是一种技术，而不是类型，是一种将玩家连接在一起而不是特定游戏模式的机制。可以看出，网络游戏的范围宽广，它被看作一种技术，而不是被连接类型所限制的信息产品。这个定义不仅可以覆盖传统认知上的以互联网为传输媒介的游戏，也包含了通过局域网连接的多人在线游戏。

中国学术界长期采纳百度百科所提供的网络游戏定义："以互联网为传输媒介，以游戏运营商服务器和用户计算机为处理终端，以游戏客户端软件为信息交互窗口的，旨在实现娱乐、休闲、交流和取得虚拟成就的，具有可持续性的个体性多人在线游戏。"此定义出现的时间较早，属于互联网行业在网络游戏发展初期的认识。

网络游戏进入中国已历经 20 年光景，其意义的构成和重点亦发生了诸多变化，如近年来手游的兴起大大改变了网络游戏的内部构成。《2018年中国网络游戏行业市场前景研究报告》提出了关于网络游戏的新定义：通过互联网、移动通信网等信息网络提供的游戏产品和服务，玩家可以通过控制游戏中人物角色或者场景与其他用户进行互动，实现娱乐、沟通和交流等目的。

平台端口

1. 主机游戏

主机游戏又名电视游戏，通常是指使用电视屏幕为显示器，在电视上执行家用主机功能的游戏。其中，主机是指专门进行游戏的游戏机，虽然这类游戏机的核心架构类似电脑，但是删除了与游戏无关的功能，使其专注于提供游戏体验。另外，游戏厂商还会专门为主机的机型量身制作游戏。目前世界三大主机游戏平台是微软的Xbox、索尼的PlayStation和任天堂的Switch。

2. 街机游戏

街机游戏（Arcade Game）是指在公共场所运营的经营性游戏，是电脑游戏诞生之前最主要的游戏类型。街机游戏起源于美国酒吧、餐馆、娱乐场所中流行的商业投币式娱乐机械。广义的投币式街机最早可追溯到20世纪20年代，类型包括弹珠台、投币式电动机械游戏、抓取式娃娃机、返券式游乐机等。狭义的街机特指以计算机程序形式，在投币式框体里营运的商业电子游戏。在街机上运行的游戏叫街机游戏。营运街机的专门场所，在中国曾繁荣于20世纪80年代至90年代，一般被称为游戏厅、电子游艺厅、机厅或机房、币厅或镚儿厅。

3. 客户端游戏

客户端游戏指玩家需要在网上下载游戏软件并安装在自己电脑上才能运行的网络游戏。此类游戏一般由游戏的开发商、运营商和用户三部分组成。客户端游戏是移动端游戏普及之前网络游戏的绝对主体，涵盖了大型多人在线角色扮演游戏（Massively Multiplayer Online Role-Playing Game，简称 MMORPG）、模拟经营游戏（Simulation Game，简称 SLG）、第一人称射击游戏（First Personal Shooting Game，简称 FPS）、即时战略游戏（Real-Time Strategy Game，简称 RTS）、多人在线战术竞技游戏等游戏类型。其中，大部分玩家熟知的有美国著名游戏公司暴雪娱乐研发的大型多人在线角色扮演游戏《魔兽世界》，美国维尔福软件公司开发研制的多人在线战术竞技游戏《刀塔2》，韩国蓝洞游戏公司研发的第一人称射击游戏《绝地求生》，中国网易游戏研发的大型多人在线角色扮演游戏《梦幻西游》等。

4. 手游

手游指以互联网为传输媒介，以游戏运营商服务器和用户手持设备为处理终端，以游戏移动客户端软件为信息交互窗口，旨在实现娱乐、休闲、交流和取得虚拟成就的，具有可持续性的个体性多人在线游戏。代表性游戏有《王者荣耀》《阴阳师》《和平精英》等。

5. 网页游戏

网页游戏（Web Game）又称 Web 游戏或无端网游，简称页游。网页游戏是基于 Web 浏览器的网络在线多人互动游戏，无须下载客户端，不存在机器配置不够的问题，以启动、关闭和切换极其方便著称。网页游戏主要包括《三国杀》《斗地主》等棋牌类游戏和经典《传奇》类"打怪升级"游戏。

6. 掌机游戏

掌机游戏（Handheld Game）又称便携式游戏或手持游戏，指在小型便携式独立电子游戏机上运行的游戏，内置屏幕、游戏控制和扬声器。最早的掌机游戏可以追溯到1979年的Milton Bradley Microvision推出的单色游戏，它也是第一个使用可互换墨盒的手持游戏机。游戏史上比较著名的游戏掌机有任天堂的Game Boy、3DS、Switch和索尼的PlayStation Portable等。

游戏强度

1. 硬核游戏

硬核游戏（Hardcore Game）是指那些由于深入的故事讲述或战斗而需要长时间会话的游戏。这些游戏不能轻易暂停。硬核游戏包括大型多人在线角色扮演游戏、第一人称射击游戏和多人在线战术竞技游戏。硬核游戏往往是难度极大的游戏，需要玩家非常专注。此外，硬核游戏本身的玩法通常有一定的难度门槛，要求玩家具备一定水平的操作能力才能正常享受游戏的乐趣，其困难在于上手或风格设定过于独特，所以硬核游戏的受众群体往往比较小众。

2. 休闲游戏

休闲游戏（Casual Game）是面向不同大众市场受众的视频游戏，

与硬核游戏相比，它们通常具有更简单的规则、更短的会话和更少的学习技能。在视频游戏的历史中，已经开发并发布了无数休闲游戏以及硬核游戏。在20世纪90年代和21世纪初期，许多开发商和发行商将自己打造成休闲游戏公司，专门为个人计算机和Web浏览器发行游戏。休闲游戏受欢迎的原因如下：首先，大多数休闲游戏具有有趣、简单的游戏方式，易于理解。其次，休闲游戏通常拥有简单的用户界面，可通过手机点击、滑动界面或一键式鼠标界面进行操作。最后，休闲游戏大多拥有简洁的会话窗口，因此可以在工作休息期间，在公共交通工具上或在任何地方排队等候时玩游戏。总体而言，休闲游戏的风格更偏向大众化，操作更简便，难度较低，以益智和休闲为主要特色，相对于门槛较高的硬核游戏，休闲游戏拥有更广泛的玩家基础。

功能性

1. 功能游戏

功能游戏也被称为严肃游戏，是指以解决现实社会和行业问题为主要目的的游戏，同时具有跨界性、多元性和场景化三大特征，并在学习知识、激发创意、拓展教学、模拟管理、训练技能、调整行为、养成良好品质等方面具有明显作用的游戏品类。功能游戏以教授知识技巧、提供专业训练和模拟为主要内容。它在传统游戏重视娱乐性的基础上，更加强调游戏的功能性。功能游戏自20世纪80年代诞生以来，已经广泛应用于军事、医学、工业、教育、科研、培训等诸多领域。

2. 非功能性游戏

非功能性游戏是我们最熟知的娱乐型游戏，是以单纯的玩乐为目的的游戏类型，在普遍的意义上它几乎等同于游戏本身。非功能性游戏不以教育、培训或提升为目的的，而是一种纯粹的以乐趣、成就或休闲为目的的游戏。

玩法与内容

1. 角色扮演游戏

在角色扮演游戏中，玩家负责扮演角色在一个写实或虚构的世界中活动。玩家负责扮演一个或多个角色，并在一个结构化规则下通过一些行动令所扮演的角色发展。玩家在这个过程中的成功与失败取决于一个规则或行动方针的形式系统（Formal System）。角色扮演视频游戏（或称计算机角色扮演游戏，Computer Role-Playing Game，简称 CRPG）是一种视频游戏类型，玩家控制角色（或多方成员）沉浸在某个定义明确的世界中，通常通过记录统计数据进行某种形式的性格发展。与纸笔游戏的其他主要相似之处包括开放的故事讲述和叙事元素、玩家角色发展、复杂性以及重玩价值和沉浸感。电子媒体消除了游戏管理员的必要性，并提高了战斗解决速度。角色扮演游戏已经从简单的基于文本的控制台窗口游戏演变为视觉丰富的 3D 体验。

角色扮演视频游戏使用的术语、设置和游戏机制与早期的桌面角色扮演游戏（如《龙与地下城》）大部分相同。玩家控制一个或多个游戏角色，并通过完成一系列任务或完成一个中心故事情节来获得胜利。玩家探索游戏世界，同时解决谜题并参与战斗。该类型的一个关键特征是角色的力量和能力都会增长，而角色通常是由玩家设计的。RPG 很少挑战玩家的身体协调或反应时间，动作角色扮演游戏除外。

角色扮演视频游戏通常依赖于高度发达的故事和背景，分为许多任务。玩家通过发出命令来控制一个或多个角色，这些命令由角色执行，其有效性由该角色的数字属性决定。通常这些属性会随着角色每升一级而增加，而角色的等级也会随着玩家积累一定的经验而上升。与其他视频游戏类型相比，角色扮演视频游戏通常还尝试提供更复杂、动态的角色交互。这通常涉及对计算机控制的非玩家角色的人工智能和脚本行为的额外关注。

2. 即时战略游戏

即时战略游戏是策略游戏（Strategy Game）的一种。游戏是即时进行的，而不是策略游戏多见的回合制。玩家在游戏中经常会扮演将军，进行调兵遣将等宏观操作。即时战略游戏的形态经过了漫长的演变，按照如今的标准，是很难确定其前身的。这个游戏类型在英国与北美走过了各自的发展道路，最终融合成一个共同的形态。总的来说，游戏开始时都会有基础的资源供游戏者或电脑进行更多资源的开发，组建不限于战斗的单位，按照游戏的条件判定胜利或失败。在有的游戏中，游戏者会获得游戏结束时刻的资源、游戏单位的统计，以一种或多种方式展现给游戏者，以便下次有更好的游戏体验。

3. 体育游戏

体育游戏（Sports Games）又称运动类游戏，是一种让玩家模拟参与专业的体育运动项目的电视游戏或电脑游戏。该游戏类别的内容多数以较为人所知的体育赛事（例如美国职业篮球联赛，世界杯足球赛）为蓝本。多数受欢迎的体育运动会收录成为游戏，包括篮球、网球、高尔夫球、足球、美式橄榄球、拳击、赛车等。玩家在大部分体育类游戏中以运动员的形式参与游戏。

运动类游戏就是通过控制或管理游戏中的运动员或队伍进行模拟现实的体育比赛。由于体育运动本身的公平性和对抗性，运动类游戏已经被列入了 WCG 电子竞技的比赛项目。所以玩运动类游戏就要像真的在赛场一样，要遵守体育规则，任何不公平或者缺乏拼搏精神的游戏行为都是违背游戏初衷的。运动游戏的题材非常丰富，除了各类体育竞技和赛车模拟，还有滑板、轮滑、跑酷等极限运动。一般而言，运动游戏的仿真度都很高。

4. 模拟经营游戏

模拟经营游戏（Simulation Games）是模拟游戏的一种。由玩家扮演管理者的角色，对游戏中虚拟的现实世界进行经营管理。管理的对象可以是城市，可以是国家，可以是世界，可以是公司，可以是其他团体。模拟经营游戏一般以模拟现实社会的模式，人物的想法等都是根据规则随机定制的。许多模拟经营游戏以"大亨（Tycoon）"一词作为结尾。常见游戏的目标是彻底控制游戏中可控制的所有资源，实现垄断，或者发展到一定规模。由于在经济上仿真模拟真实世界，这类游戏往往可以被用于经济学教育，允许学生在现实生活中遇到曾经体验和测试过的情况，允许学生实验和测试假设，比被动地从课堂上学习知识更"真实"。这类游戏也被广泛使用于培训员工、学习如何管理、研究经济模型，甚至被用于经济模拟实验和研究消费者的行为。

5. 第一人称射击游戏

第一人称射击游戏是以玩家的主观视角来进行射击的游戏。玩家不再像别的游戏一样操纵屏幕中的虚拟人物来进行游戏,而是身临其境地体验游戏带来的视觉冲击,这就大大增强了游戏的主动性和真实感。早期第一人称类游戏带给玩家的一般都是屏幕光线的刺激和简单快捷的游戏节奏。

最早的第一人称射击游戏可以追溯至 1973 年发行的 *Maze War*。1992 年发售的《德军总部 3D》(*Wolfenstein 3D*)确定了这一类游戏的基本玩法,之后的第一人称射击游戏都是以此作品为原型来进行设计的。之后,在 1993 年发售的《毁灭战士》(*Doom Clone*)则是第一人称射击游戏史上非常知名的一款作品,其影响力曾使得后来多年间第一人称射击游戏被统称为"类《毁灭战士》"类型的游戏。1998 年由威尔乌开发的《半条命》(*Half-Life*)让第一人称射击游戏不再局限于射击体验,使游戏在流程中更加着重于剧情与解谜成分。1999 年,《半条命》的模组《反恐精英》面世,这是第一人称射击游戏史上的一部里程碑式作品。1997 年,在任天堂 64 上发售的《007:黄金眼》(*GoldenEye 007*)是第一部登录家用机的第一人称射击游戏,而后来的"光环系列"在游戏品质和营利方面的表现让家用机成为适合第一人称射击游戏的平台。

第一人称射击游戏分为封闭型和沙盒型。封闭型是指游戏的地图较为简单。地图四周经常会由高墙封闭起来。地图往往由几条固定的大路构成。地图中的各类物品的排列往往也很简单。其主要特征是地图规模较小,玩家一般在一定的区域范围内竞技。沙盒型指玩家可以较为自由地在地图中游戏,地图中没有固定的路线,地图也较大,更富有战术的空间与观赏性,一般带有剧情线索。玩家通过完成指定任务到达下一个关卡。

6. 冒险类游戏

冒险类游戏(Adventure Game)通常是玩家控制角色进行虚拟冒险的游戏。其故事情节往往是以完成某个任务或解开一个谜题的形式出现。它并没有提供战术策略上的与敌方对抗的操纵过程,取而代之的是由玩家控制角色而产生一个交互性的故事。冒险游戏中的玩家在由探索和解谜驱动的互动故事中扮演主角。该类型对故事的关注使其能够大量借鉴其他基于叙事的媒体、文学和电影,涵盖各种文学类型。许多冒险游戏(文本和图形)都是为单机游戏设计的,因为这种对故事和角色的强调使得多人游戏设计变得困难。

"冒险类游戏"一词起源于 20 世纪 70 年代的文字电脑游戏《巨洞冒险》(*Colossal Cave Adventure*)。它开创了一种被许多开发者模仿的游戏风格,并成为独立的类型。视频游戏类型由其游戏玩法定义,不同的是,文学类型由其解决的主题定义,即冒险活动。该类型的基本元素包括讲故事、探索和解谜。20 世纪 70 年代和 80 年代初期开发的初始冒险游戏是基于文本的,使用文本解析器将玩家的输入翻译成命令。随着个人电脑变得更强大,图形冒险游戏格式开始流行,最初是用图形增强玩家的文本命令,但很快转向点击界面。计算机的进一步发展导致冒险类游戏使用实时或预渲染的 3D 场景,或从第一人称或第三人称视角拍摄的全动态视频,具有更加身临其境的效果。

7. 格斗类游戏

格斗类游戏（Fight Technology Game，简称FTG），是动作游戏的一种。玩家分为两个或多个阵营相互作战，使用格斗技巧击败对手来获取胜利。这类游戏具有明显的动作游戏特征，也是动作游戏中的重要分支。格斗类游戏通常会设置精巧的人物与招式，以达到公平竞争的原则。操作和微操作是格斗游戏中的重要组成部分，所以，与策略型游戏相比，格斗类游戏通常十分考验玩家微观的游戏技巧（手速、反应、连招配合等）。

第四节　游戏与元宇宙的场景变量

技术层面

1. 感官交互技术：XR/AR/VR

VR/AR作为元宇宙的底层感知技术，目前已经在游戏领域有了相当成熟的应用，游戏行业也是VR/AR技术应用最广泛和最前沿的领域。据IDC等机构统计，2020年全球VR/AR市场规模约为900亿元，其中VR市场规模620亿元，AR市场规模280亿元。中国信通院预测全球虚拟（增强）现实产业规模2020—2024的五年中，年均增长率约为54%，其中VR增速约45%，AR增速约66%。2024年二者市场规模接近，均达到2 400亿元。安信证券发布的《2022元宇宙报告》指出，下一代计算平台的产业轮动周期已然开启，在新硬件主义的研究思路下，2021年及以后，VR/AR产业的硬件、软件、内容和应用等均会面临重构。

XR 技术是 VR、AR、MR 等视觉交互技术的集合，为元宇宙的交互提供核心技术支持，元宇宙中"人、物、环境"之间的交互都离不开 XR 技术。具体而言，XR 主要提供沉浸式体验，目标是全面接管人类的视觉、听觉、触觉等，并通过动作捕捉实现元宇宙中的信息输入和输出（见图 2.5）。在体感实现上，交互仿真技术在视觉和听觉的体验上走得最快，嗅觉、触觉和意念体验只是略有起步。总的来说，XR 是打造元宇宙沉浸式体验的关键技术，借助 XR 技术可以实现元宇宙与物理世界的无缝转换，XR 内容让用户置身内容之中，从而获得沉浸式体验。元宇宙与游戏都强调在虚拟世界中人们的感知能力，而 AR/VR/XR 即是对接这种感知能力的关键技术。

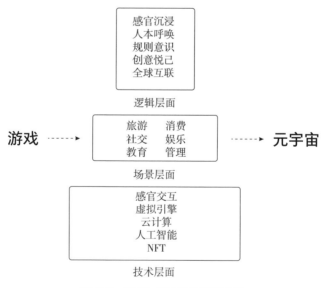

图 2.5　游戏与元宇宙的场景变量

2. 虚拟引擎

（1）Unity

Unity 是实时 3D 互动内容创作和运营平台，也是目前应用最广的虚拟引擎。包括游戏开发、美术、建筑、汽车设计、影视在内的所有创作者，都可以借助 Unity 将创意变成现实。Unity 平台提供一整套完善的软件解决方案，可用于创作、运营和变现任何实时互动的 2D 和 3D 内容，支持包括手机、平板电脑、PC、游戏主机、AR 和 VR 设备在内的平台。Unity 是最早一批引入虚拟引擎的企业，具有明显的先发优势。在 VR 方面，Unity 推出用于 VR 的高清渲染管线和用于 VR 的通用渲染管线。适用于 VR 的高清渲染管线面向高端 PC，能够在不牺牲性能的前提下提供较强的视觉效果；面向 VR 的通用渲染管线是一种经过优化的单通道前向渲染循环，可以在移动硬件上实现最优性能。无论是 PCVR 还是一体机，Unity 均提供相应的工具，助力创作者实现最高级别的图形保真度，并针对性能进行优化。在 AR 方面，Unity 推出专为 AR 开发的构建框架，创作者仅需一次开发即可将内容部署在多个 AR 设备。2020 年，Unity 推出混合和增强现实工作室（MARS），大大减少了自定义编码。同时 Unity 还推出即时 AR 功能，助力开发者创建更轻量且可立即加载的即时 AR 内容和体验。

（2）Unreal Engine（虚幻引擎）

虚幻引擎是一款由 Epic Games 开发的游戏引擎，如今被广泛应用于开发各种类型的 3D 游戏，也成为 Epic Games 的核心业务。虚幻引擎专注高质量游戏渲染，其中 Nanite 与 Lumen 两项全新功能彰显出虚幻引擎在高端渲染领域的优势。Nanite 虚拟几何体能够极大丰富多边形建模细节,由数以亿计的多边形组成的影视级美术作品可以被直接导入虚幻引擎,无须像传统游戏建模一样拓扑、烘焙贴图、设置 LOD(全称 Levels of Detail,意为多细节层次)。使用虚幻引擎的代表游戏作品有《堡垒之夜》(*Fortnite*)《绝地求生》《彩虹六号:维加斯 2》等。

(3)Frostbite Engine(寒霜引擎)

寒霜引擎是瑞典 EA Digital Illusions CE AB(DICE)游戏工作室为著名电子游戏产品《战地》(*Battlefield*)系列设计的一款 3D 游戏引擎。该引擎从 2006 年起开始研发,第一款使用寒霜引擎的游戏在 2008 年问世。寒霜引擎的特色是可以运作庞大而又有着丰富细节的游戏地图,同时可以利用较低的系统资源渲染地面、建筑、杂物的全破坏效果。使用寒霜引擎可以轻松地运行大规模的、所有物体都可被破坏的游戏。寒霜引擎系列将主要应用于 21 世纪初期 DICE 开发的游戏,特别是《战地》系列游戏。DICE 为寒霜引擎做了一定的宣传工作,但直至 21 世纪 20 年代初,DICE 仍未授权其他公司使用该引擎制作游戏。使用寒霜引擎的代表作品有《荣誉勋章》《战地 3》《极品飞车 16:亡命狂飙》等。

(4)RAGE(雷霆引擎)

雷霆引擎(Rockstar 高级游戏引擎,Rockstar Advanced Game Engine,简称 RAGE)是由电视游戏开发方 Rockstar 的 RAGE 技术组出资开发的一款游戏引擎,适于在 PC、PS3、Wii 和 Xbox 360 平台上的游戏开发。RAGE 引擎是由原来的天使制作组开发的天使游戏引擎发展而来的,已被用在了同时期六个平台的《岸湾午夜俱乐部》系列以及其他 Rockstar 的游戏作品。Rockstar 将几个第三方中介元件整合进了 RAGE，如独占的 Euphoria 角色渲染引擎和开放源码的 Bullet 物理引擎。在 RAGE 引擎出现以前，Rockstar 大多使用普通游戏的 RenderWare 引擎来开发各个游戏作品，包括跨 PS2、Xbox 和 PC 平台的《侠盗猎车手》部分作品。应用了 RAGE 引擎的游戏主要有《黑色洛城》《荒野大镖客：救赎 2》《马克思佩恩 3》等。

3. 云计算

云计算（Cloud Computing）规模化发展，是实现新型数字生态的基础要素。作为新型基础设施的重要组成部分，云计算市场空间将越来越大。随着技术创新和产业发展步伐不断加快，服务模式更加多元化，云计算的应用广度和深度将持续拓展，将在推动经济发展质量变革、效率变革、动力变革等方面发挥重要作用。中国信通院发布的《云计算白皮书（2022 年）》显示，我国云计算市场持续高速增长。2021 年中国云计算总体处于快速发展阶段，市场规模达 3 229 亿元，较 2020 年增长 54.4%。其中，公有云市场继续高歌猛进，规模增长 70.8%，达到 2 181 亿元，有望成为未来几年中国云计算市场增长的主要动力；与此同时，私有云市场突破千亿大关，同比增长 28.7%，达到 1 048 亿元。云服务正在向算力服务演进，助力算力经济高质量发展。算力作为数字文明时代的核心生产力，正在成为加速行业数字化及经济社会发展的重要引擎。

游戏产业对云计算技术的应用主要体现在云游戏当中。云游戏是以云计算为基础的游戏方式。在云游戏的运行模式下，所有游戏都在服务器端运行，并将渲染完毕后的游戏画面压缩后通过网络传送给用户。在客户端，用户的游戏设备不需要任何高端处理器和显卡，只需要基本的视频解压能力就可以了。游戏产业通过云计算的方式，使共享的软硬件资源和信息可以按需提供给计算机和其他设备。同时，云游戏也被称为有需求的游戏，是基于云计算的新技术。有需求的游戏就是只要想，就能得到，这是一个可以用来提高游戏性能的服务。在云游戏模型中，所有的游戏逻辑和渲染都在服务器端运行，然后再从服务器把压缩的视频传给用户，这样玩家就不需要一台CPU（中央处理器）和GPU（图形处理器）相当好的计算机了，唯一的要求就是一个基本的视频解压软件和可靠的网络。云游戏摆脱了对硬件的依赖。对服务器来说，仅仅需要提高服务器性能而不需要研发新主机；对用户来说，可以得到更高的画质而不用购买高性能的计算机。也就是说，可以花一小笔钱租一个更好的计算机来玩各种游戏，就像用机顶盒看电视一样。这意味着可以在计算机硬件，特别是GPU上省下一大笔钱。

4. 人工智能

人工智能在游戏中的繁衍、生存、寻路等方面的建设已经表现出了非常大的潜力，玩家每一次都会与更新、更强的NPC进行较量。在探索如何赋予NPC更高智能的道路上，还存在一种更先进的基于强化学习的算法。这种超前算法可以用于构建NPC的大脑。在给予指令后，NPC能够在不同的环境、条件和规则下进行自我思考和学习，再辅以情感、语言、动作等外在表现算法，有望成为一个较为立体和完备的虚拟物种。与之配套的算法如GPT-3技术，是由人工智能非营利性组织Open AI、谷歌、Facebook开发的一种学习人类语言的大型计算机模型，能够利用深度学习算法，针对数千本书和互联网中的大量文本进行训练，将单词和短语串在一起，最终能够模仿人类书写文本，达到较高的逼真程度。此外，还有由艾伦人工智能研究所、北卡罗来纳大学、Open AI 等单位开发的多技能人工智能，即一种同时获得人类智能的感官和语言的"多模态"系统，能解决更加复杂的问题，让计算机能够与人类进行真正意义上的交流和协作，实现游戏社交环境的高度仿真。

元宇宙的定义包含虚拟化身的概念。人类进入元宇宙后需要暂时抛开现实中的身份，通过虚拟化身进行一系列体验、社交和生产活动。除了高度逼真的 3D 形象等外在建设外，化身还需要有与真人相似的语气、情绪和情感，能够实时地通过语言、表情、动作等把喜怒哀乐表现出来。比如在英伟达 Omniverse 中，Audio2Face 可以利用基于人工智能深度神经网络感知能力的会话式人工智能系统，感知一段文字中的情绪，并将这段文字转化为丰富的面部表情，再自动基于人工智能实时渲染系统叠加到化身身上。甚至还能让化身在元宇宙时空模型的影响下，出现慢慢衰老的特征，比如毛发会自动由黑变白等。

5. NFT

NFT（Non-Fungible Token，非同质化通证）对元宇宙的构建主要分为两个方向：一是以 NFT 为主导的元宇宙资产体系的构建，可以将万事万物以 NFT 资产的形式映射到加密元宇宙中；二是区块链游戏（简称链游）所打造的更具沉浸式体验的加密游戏元宇宙，也跟古典元宇宙的实践保持着相同的步伐，是当前加密行业中呼声最高的细分方向。加密 NFT 本身也在区块链游戏中占据核心位置且拥有资产属性，游戏类 NFT 资产大多需要进入链游当中产生实用价值。这两个方向既独立又统一。

链游可以让游戏与经济系统相结合，从而产生娱乐之外的沉浸感。在古典元宇宙所倡导的游戏中，玩家更多地关注娱乐性的沉浸感，在游戏引擎的渲染和 VR 设备的带动下，享受极致的视听感觉。在加密元宇宙中，玩家更关注数字化身带来的身份认同感、虚拟资产的价值与链游经济系统的运行。玩家可以通过游戏赚钱，形成社会纽带，并参与更开放的协作和创作。全球的玩家聚集在一个永不停机的去中心化游戏世界中，强大的经济纽带不断激励着所有角色各司其职，不断激发更优质内容的出现，从而形成正反馈效应。这一切只是因为游戏发生在区块链上。一个去中心化控制的游戏世界本身就是一种游戏，而此刻加密元宇宙更赋予了游戏一种"经济之翼"，将金融和经济系统完美地插入游戏世界，使得游戏脱离了本身的娱乐性，兼具了很多社会和民生属性。

场景层面

1. 旅游 / 探索场景

现代主机游戏和大型多人在线游戏都会营造出一个开放的世界观和地图。玩家可以在游戏中随心所欲地探索。游戏对世界观构建的注重与未来元宇宙所构建的开放的自由世界形成衔接。如《塞尔达传说·旷野之息》即是当前在开放世界观上做得相当优秀的作品，其可探索性、多互动性、可改造性为广大的游戏玩家提供了一个区别于现实纷杂生活的宁静之地，自由探索和冒险成了玩家们最看重的核心价值。当前成功的作品游戏所呈现的世界观和可探索虚拟空间正是未来元宇宙整体样貌的雏形。未来的元宇宙旅游与探索都可以在当前具有完整世界观的游戏中求得灵感。

2. 社交场景

游戏本身就是交互的媒介，尤其是大型多人在线游戏更是一种大型的社交场域，其往往通过内置的社交网络，使玩家可以实时交互，既可以通过文字沟通，也可以通过语音或者视频沟通。玩家在游戏中通过虚拟角色的扮演与其他玩家进行沟通、竞争与合作，也是一种对未来数字虚拟人社交的演绎。当前网络游戏中的社交网络系统就是未来元宇宙的交互方式的雏形。玩家可以在虚拟的空间中运用各种手段实现意义的生产和流动。

3. 教育 / 培训场景

目前的许多功能游戏已经具备了培训和教育的功能。人们可以在游戏中提升自己的某一项能力或拓展某一项潜力。当前成功的功能游戏或严肃游戏为将来元宇宙的教育场景和培训场景提供了极具借鉴意义的参考。未来的教育和培训场景可以当前功能游戏的结构和表达方式为基础，构建出未来教育培训的新形态。

4. 市场 / 消费场景

许多大型网络游戏都有自己的经济系统，甚至有自己的货币和经济法规。换句话说，游戏中建立了和现实世界相似的经济系统，未来用户的虚拟权益可以在当前游戏的经济系统中进行演绎和测试，用户创造的虚拟资产也可以在游戏中流通，为未来元宇宙中大众生产提供了参考。

此外，当前游戏中的消费形式也可以为元宇宙的消费场景提供借鉴。

5. 娱乐场景

娱乐和乐趣是游戏精神最核心的部分。游戏作为一种媒介，本身就是一种娱乐形式。尤其在许多角色扮演类游戏中，模拟人们日常生活中的娱乐元素就是一种非常常见的游戏行为。诗歌、文学、舞蹈、音乐等元素都可以嵌入到游戏中，在有些游戏中甚至还有其他游戏，可以说游戏本身就是一个高度娱乐化的媒介形态。未来元宇宙对娱乐场景的想象和构建都可以从当前的很多游戏中找到灵感。

6. 社会管理场景

以《魔兽世界》为代表的许多多人在线游戏内部都有完整的组织形式。公会、帮派、联盟等游戏中特有的组织形式都为未来元宇宙的组织结构和管理形式提供了借鉴。与网络游戏一样，未来的元宇宙生活是以趣缘导向的圈层化、游牧化形式，与当前网络游戏中的公会、帮派、部落等组织具有高度的相似性。

逻辑层面

逻辑层面指的是元宇宙和游戏在精神内核上的对接，包括对感官沉浸的诉诸、对人性的呼唤、对个体能动性与创意的追求与全球互联。

1. 感官的沉浸与反馈

仿真度高低并不是评价一个游戏成功与否的唯一指标，但却是最重要的指标之一。未来游戏的发展方向也将是对现实世界无限的仿真与模拟。元宇宙也是一样。作为未来的媒介形态，元宇宙本身就意味着"宇宙中的宇宙"。元宇宙的终极形态也是向人们认知中的世界形态无限贴近的过程。游戏与元宇宙的发展逻辑中的共同驱力都是对真实世界的仿真。换句话说，游戏的建构与元宇宙的建构一样，都是在虚拟空间中建立一个无限趋近于现实世界的世界。在这个意义上，游戏迭代的逻辑和元宇宙演进的逻辑是高度贴合的。

2. 人性的呼唤

从古至今，不论游戏的类型和技术形态如何变化，游戏的魅力始终在于对人性的呼唤和回归。如席勒所言，游戏是人摆脱动物状态达到人性的一种主要标志，游戏是一种追求自由的形式，使人摆脱道德与欲望的束缚。从席勒的游戏观我们不难看出，游戏与人本身的诉求具有高度相同的特质，游戏中的人可以保持高度的精神自由。元宇宙作为数字文明时代的终极想象，以人为本、对扁平化分布的个体的关注是其核心的逻辑。所以，元宇宙的核心逻辑与游戏精神高度一致，都是对人本性的呼唤。

3. 创意悦己

当前许多网络游戏都是由玩家共同构建的，玩家创造是现代游戏的独特景观。未来的游戏是一个由玩家充分发挥主观能动性所共创的场域。玩家本身既是游戏内容的生产者，也是游戏内容的消费者，作为媒介的游戏在传播的主体上也是更加偏向于人的媒介。世界各地的玩家都在游戏中的自主创造领域获得了极大的乐趣。而大众生产和主动创造也是未来元宇宙生活的基本形态。用户不仅可以实现对信息的读取、改写，更可以实现对信息的生产和产权拥有。由用户生产的和创造的数字藏品也是元宇宙的独特景观。

4. 全球互联

游戏允许世界范围内的玩家自由地参与到游戏中来，是一个全球化的媒介。游戏作为一种软媒介，具有相对独立的文化背景和语言体系，是跨文化传播中十分优秀的媒介。游戏可以将世界各地不同文化的玩家聚集到一起，通过游戏世界呈现、游戏角色设定和游戏文化背景将不同文化的玩家建构在同一个游戏文化体系中。玩家的多元文化背景在游戏中碰撞，产生跨文化传播的火花。游戏的玩法是人类共同的语言。文化差异在游戏统一的规则和丰富的玩法中被消解。游戏在这个过程中起到了消除文化隔阂的功能。不同国家的文化在游戏中相互交流、渗透，形成独特的跨文化传播场景。全球互联的游戏精神正与元宇宙的精神内核相贴合。

第五节　元宇宙游戏的新价值

个体层面

1. 自我认知

如伯纳德·苏茨（Bernard Suits）所言，游戏是一种玩家自觉克服不必要困难的活动。[33] 从这个意义上讲，游戏又是对现实生活的一种超越，因为这种"不必要的困难"有时是现实生活中所无法触及的。比如游戏剧情往往善于营造出"生死抉择"的时刻来提升游戏的趣味性和可玩性，而这些时刻是现实生活中难以遇到的情境，使玩家可以探索不同情境和场景中的自己。换句话说，未来的元宇宙游戏可以为玩家提供一种现实生活中不曾拥有的做出选择的机会，而这些机会往往更有助于人们加深对自我和他人的认知。这些认知是"现实经验"中的一部分，但往往隐藏在平淡的生活中无法被挖掘。在未来的元宇宙游戏中，玩家会在无限的可能性中不断探寻自身心理和行为的边界。

2. 社会关系的重构

社会关系的重构体现出元宇宙游戏中玩家与他人关系的变迁。虚拟世界和现实世界一样，玩家所在的社会关系网络中的位置决定了当前可以调动资源的能力，即社会资本。比如，现实中拥有丰富社会资源的人可能在游戏中处于游戏社会结构的底端，而现实中处于底层的社会群体则可能在虚拟世界的人际网络中呼风唤雨。有研究显示，现有如《魔兽世界》等游戏中的公会、帮派、联盟已经形成了具有社会学意义的社会资本形式，即便其只是较为初级的形式，但足以提醒我们，当游戏成为我们未来主要的生活方式时，社会关系的重构也会随之来临。未来的元宇宙游戏将会赋予玩家双重甚至多重的身份和社会角色，更进一步讲，元宇宙游戏提供了一种重构社会结构的契机，重新定义了玩家自身与他人的关系。随着未来社会关系的重构，很多我们认为人类社会固有的行为，如侵略、外交、结姻等，可能都会以全新的样态革新我们对人类社会的认知。

3. 感知世界的新渠道

未来元宇宙游戏可以营造出一个开放的世界观和地图。玩家可以在游戏中随心所欲地探索。游戏对世界观构建的注重与未来元宇宙所构建的开放的自由世界形成衔接。"横看成岭侧成峰，远近高低各不同"——这一中国传统智慧，将在未来的游戏中被赋予新的内涵。元宇宙游戏高仿真和高自由度的特点可以为玩家提供不同的观察和感知视角，而这些视角往往具有不可估量的价值。总的来说，元宇宙游戏为玩家提供了一个认识世界、感知世界的全新渠道和角度，尤其是那些现实生活中难以被感知的部分，将会在元宇宙游戏中呈现出新的可能。

商业层面

1. 精准营销

玩家在游戏中产生的行为会留下大量的行为数据。未来元宇宙游戏可以通过收集、整理、分析这些数据，为玩家建立一个比现在的社交媒体中更加精准的用户画像。游戏为玩家创造的场景允许玩家在游戏的过程中做出更加真实、纯粹的选择，而这些选择是目前的社交媒体等算法捕捉不到的内容。通过大量真实的、精准的游戏行为数据，元宇宙游戏可能会比用户本身更加了解用户自己。结合未来人工智能技术对用户数据的抓取、整合与分析，元宇宙游戏可能成为未来数字营销最主要的场域。

2. 虚拟体验

未来的元宇宙游戏是感官交互系统高度发达的产物。愈发成熟的 XR/MR 技术会为玩家营造出更加真实、立体的感知空间。玩家可以在元宇宙游戏中获得近乎现实的游戏体验。在这个过程中，许多在现实中不方便体验的产品都可以通过元宇宙游戏的形式为用户营造出高度仿真的试穿、购买体验。比如现实生活中一些高试用成本的产品，如珠宝、汽车、精密仪器等，都可以在元宇宙游戏中进行虚拟体验。这种虚拟体验将会高度优化数字营销的流程，减少决策成本，提高用户的决策效率。

社会层面

1. 模拟未来社会实践模式

在未来的元宇宙生活中，游戏与工作的界限变得逐渐模糊。游戏本身可能成为人们实现人生价值的方式。人生的行为以及行为的意义都可以在虚拟的空间中得到满足。高度盈余的物质生活使人们不再疲于奔命，人类的时间就需要被另一种前所未有的活动所占据。劳动与工作不再成为最主要的人类活动，人类群体的生活方式和文化形态也将呈现出新的景观。当我们出现在一个完全不用劳作的空间中时，原有的关于人类行为的理论与经验可能不再具有足够的解释力，而元宇宙游戏即是探索未来社会形态的绝佳场域。元宇宙游戏高度的仿真形态便可以对未来虚拟空间的社会实践模式进行模拟和分析，有助于人们对未来虚拟空间生活的预测和预警。

2. 革新知识生产模式

未来的元宇宙游戏可以革新当前知识生产的模式。我们现有的知识生产模式受限于当前我们观察世界、感知世界的方法，而在未来的元宇宙游戏中，我们认识世界、观察社会的方式必然会出现革新。面对同样的问题，通过新的视角我们也许会得出完全不同的答案。如当前我们问卷调查中的问题，行为实验中的变量都可以在未来元宇宙游戏高度仿真的世界中进行模拟和考察，将大幅减少信息和真相在调查过程中的折损，革新未来人们研究问题和生产知识的方式。在未来的元宇宙游戏中，人的价值将会更加凸显，关于人的情感、意愿和态度的衡量也会更加细化和精准。元宇宙游戏也许可以使人类对自我的认知提升到一个全新的高度。

3. 为政治参与提供可能

有研究表明，元宇宙游戏加速了政治参与中个人主义的兴起，扩大了青少年群体政治参与的范围，消解了政治接触行为的严肃性，对既有政治主体的利益产生影响。[34] 元宇宙游戏空间打破了现实空间秩序施加于个体的行为限制，这使得个人能够以更加多样、自由，甚至极端的方式进行政治参与。元宇宙游戏中政治参与行为的低门槛将会提高青少年群体对政治事件的关注度和参与度。元宇宙游戏的"空间特性"和"世界属性"影响和塑造了公民的政治参与行为，其所产生的影响并非仅作用于游戏的时空中，而是会促使玩家将"另一个世界的观念与经验"携带到现实生活中，并与现实世界的政治参与和政治进程相交互。当然，未来元宇宙游戏空间并非一片乌托邦式的净土，也并不是对现有政治参与模式的取代，而是基于技术的可供性倒逼公众按照元宇宙的逻辑内核进行政治参与，重塑他们的政治参与形式、行为特征和组织模式。[35] 可以预见的是，游戏的逻辑不仅仅体现在对未来传播法则的渗透，也塑造着未来人类社会的各个要素与环节（见图 2.6）。

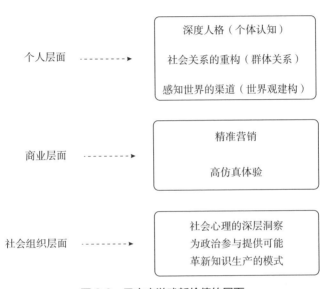

图 2.6　元宇宙游戏新价值的层面

第三章

新可能：功能游戏

数字文明时代的游戏

第一节　功能游戏

从游戏谱系中定位功能游戏

1. 功能游戏的社会性与功能性

功能游戏产生的背景是游戏化。游戏化一词于 2008 年首次出现，侧重于游戏的元素和机制或者游戏过程和严肃情境中的游戏体验。例如，通过积分、关卡、任务等游戏元素引导用户达成目标，游戏化的机制允许用户追求个人目标，并且自由进行选择。游戏化广义上指的是技术、经济、文化和社会的发展，在非游戏情境中使用游戏元素和游戏设计，使现实变得更加游戏化，并能够在更大程度上积累技能（例如，与解决问题、组织、情绪调节、领导能力和同理心相关的技能）；激励效益（例如，内在动机、目标承诺、自我调节和发展长远眼光）；创造力；嬉闹；参与以及整体的积极增长和幸福。游戏化范式性地体现了动机和情感、行为和学习理论中的几项重要原则。这一概念与实际应用导向的功能游戏相关。[1]

功能游戏最初源于严肃游戏。1970 年克拉克·阿布特（Clark

Abt）在《严肃游戏》一书里第一次对此概念进行定义，他认为"严肃游戏采用寓教于乐的游戏形式，让用户在游戏过程中接受信息，并获得个性化、互动性和娱乐性极强的全新学习体验，从而激发学习者的创造力和创新意识。"在国内语境下，严肃游戏难以概括功能游戏的全部内涵与外延，严肃游戏被更名为功能游戏。所谓功能游戏其实就是一种严肃游戏或应用性游戏。与传统娱乐型游戏不同，功能游戏是以解决现实社会和行业问题为主要功能诉求的游戏品类。因此，功能游戏的首要价值不是娱乐性，而是体验性与学习性，以游戏的范式传递正向社会价值，形塑社会情感体验。

功能游戏的外延概念包括严肃游戏、应用游戏（Application Game）、新闻游戏（News Game）和教育游戏（Educational Game）等。新闻游戏指的是"通过趣味化、开放式的叙事模式帮助用户创造信息，获取文本"。有研究者在梳理新闻游戏的定义后，将其概括为两种类型：一种是粗放式的定义，即新闻游戏是与新闻报道有密切联系的一种严肃游戏；另一种定义认为，新闻游戏是将新闻报道与电子游戏相结合，在新闻学的原则之下，即在保证事件真实性的基础上，运用游戏的手段进行媒体传播，目的是为用户提供一个真实事件的虚拟体验。[2]新闻游戏被看作解构新闻的一种方式，通过游戏实现信息解构，丰富用户的媒介使用体验。教育游戏也是游戏化范式应用在教育领域的一种方式。从狭义上看，教育游戏指的是将教育性和游戏性整合在一起，在玩游戏的过程中自然产生教育效果；广义上的教育游戏指的是具有教育素材和游戏性因素的所有教育软件。[3]

纵观游戏的分类，罗杰·凯洛依斯（Roger Caillois）基于人性化的思考，将游戏分为四类，包括基于平等机会的竞争游戏（agôn）、基于不平等机会的运气类游戏（alea）、基于伪装的模拟游戏和基于追求眩晕的感官游戏（ilinx）。后续游戏沿着这四种特性进行交互，逐渐发展为如今丰富多样的电子游戏形式。在游戏发展史上，教育、医疗保健、战争防御、艺术文化、宗教、企业培训与广告的游戏将游戏从单纯的娱乐转向功能性思考，游戏谱系中也出现了严肃游戏这样的术语。

2. 从游戏元素看功能游戏的分类

为了进一步理解游戏，我们需要摆脱横向的、根据游戏类型和特性所进行的分类，转而根据游戏所产生的影响与结果进行分析。一方面，游戏元素兼具娱乐性与功能性。享乐理论认为，娱乐性是驱动游戏使用的重要因素，当前数字娱乐游戏的普及，表明游戏能够带来享乐的积极情感体验。另一方面，随着近年来游戏的学习功能不断被发掘，研究者发现游戏能够产生不同的学习成果，例如基于技能的学习成果（包括技术和运动技能）、认知成果（包括陈述性、程序性和战略知识）和情感成果（信念或态度）。此类游戏强调了游戏的功能性，即游戏具备提升玩家学习能力、认知能力和情感能力的功能。然而，功能游戏并非不具有娱乐性，研究者认为功能游戏的功能性或严肃性来自向玩家传递的特定游戏角色或信息，包括知识、技能和一般体验，并进一步定义功能游戏的三个部分，即体验、娱乐和多媒体（见图3.1）。

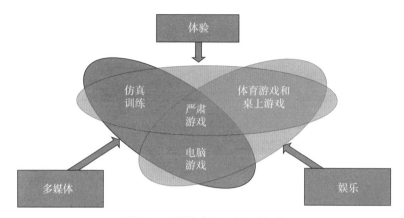

图 3.1 功能游戏的三个组成部分

另一方面,游戏媒介划分了私人空间与公共空间,界定了不同游戏内的关系属性,使得部分游戏诉诸个人(个人性),而另一部分诉诸社会(社会性)。前者开启了个人的私密的空间,强调个人在游戏当中获取的享乐感以及个人的学习成果、认知成果,以及情感成果的提升;后者通常以现实社会实践为背景,开辟了基于公共空间的数字镜像,玩家浸入其中,对公共性事件,如军事、卫生健康、公共管理、义务教育方面的事件能够实现相关技能的掌握并提升认知理解。在游戏的个人性方面,强调个人性与功能性的游戏指的是功能游戏中个人—强功能游戏,例如背单词类记忆游戏、益智类游戏。这类游戏能够帮助玩家学习数学、设计、语言等相关知识。另一部分诉诸个人的游戏更符合人的自由发展趋势,个人根据自我兴趣运用游戏实现自我提升、自我的全面发展,以及内在的情绪调节,如涂色游戏、音乐节奏游戏、舞蹈健身游戏,等等。

第三章 数字文明时代的游戏新可能：功能游戏

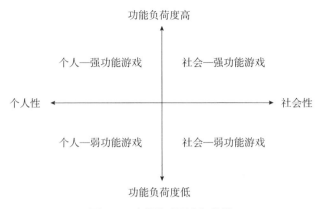

图 3.2 功能游戏界定与分类

功能性与社会性是功能游戏的主要特点（见图 3.2）。有研究认为，严肃游戏和基于游戏的学习并非专注娱乐，而是促进行为改变、提升社会参与度，因而也被视为"全功能游戏"。不过出于游戏化机制，游戏的享乐性与功能性无法割裂开来，功能游戏也强调使用游戏化的范式。既有研究根据功能性与娱乐性程度的不同将其分为强功能游戏和弱功能游戏，但是这一分类无法体现功能游戏兼具功能性和游戏化的特点。因此本书拟采用"功能负荷"这一术语来说明功能游戏的分类和程度。"负荷"是专业术语，可以引申为"资源占用的比例"。功能负荷的程度代表了功能游戏中游戏化与功能性的占比情况。

其中，强功能游戏指的是游戏更强调功能性，能够直接解决现实中的问题。游戏中创造的场景与现实高度接近，能够帮助游戏玩家获得专业知识、提升专业技能。通过强功能游戏得到的技能可以直接用于实践。弱功能游戏在娱乐性和功能性之间较为偏重娱乐性，间接地解决现实中的问题。其功能性较弱，潜移默化地帮助玩家获取知识、陶冶情操。该类游戏搭建的虚拟场景与现实的关联度较低，帮助玩家提升通识知识水平。[4] 强功能游戏是当前功能游戏的主要发展方向，将游戏化的逻辑运用于个人社会化与社会规范学习中，在游戏过程中更多是自上而下的引导教育，玩家基于被动或半被动的心态进入游戏。弱功能游戏是指游戏的娱乐元素大于游戏的功能元素。当前许多功能游戏如《榫接卯和》《我的世界》可以被看作弱功能游戏。玩家基于主动的心态进入游戏，在娱乐化的过程中亦能获得个人的社会化提升和社会文化的习得。

3. 功能游戏的类型与使用分析

本书从功能负荷程度与"个人—社会"的角度区分了功能游戏的四种基本类型。其中，除游戏化的运行机制外，四种游戏诉诸个体的不同需求，因此在使用动因和运行模式方面存在差别。在促进功能游戏功能负荷与娱乐化平衡的研究中，研究者通过分析22款健康类和教育类游戏，提出了促进平衡的标准。游戏的功能负荷包括游戏的特征目标、实现功能目标的游戏方法与游戏的质量三个部分。游戏的特征目标是指游戏始终专注于实现特征化目标，并支持玩家实现这一目标。为了实现这一目标，学习或训练内容必须在游戏过程中占主导位置，游戏元素不应干扰学习或训练过程。游戏目标也应该是明确的，以便玩家可以朝着这一目标努力。尤其是严肃游戏，应该确保玩家始终知道如何完成任务或练习，并且玩家在玩功能游戏时，训练和学习任务不应该成为障碍。换句话说，训练目标应该嵌入游戏玩法中。在玩法方面，游戏中不能有任何与主题相关的错误，例如错误的数学方程式、不正确的历史事件信息或不充分的体育锻炼信息。因为游戏具有特定的反馈机制促进功能性的实现，所以为了提高玩家表现，游戏效果应该是可见的,例如通过进度条。在所有的严肃游戏中,持续的进度反馈是必不可少的。游戏可以通过多模态的反馈,例如视觉、听觉或触觉反馈,来提升游戏的互动性。此外,游戏的有效性、已证实的可持续影响与奖项评级能够帮助玩家进行持续训练。

首先,在游戏的娱乐性方面,包含游戏的享受与媒介呈现。功能游戏应具备良好的体验感、流畅度与控制感,并且支持社交互动。心流理论(Flow Theory)认为,当游戏任务难度和技能水平达到平衡时,玩家最享受其中。因此,游戏的复杂性应该随着玩家的表现而变化。其次,在社交方面,游戏也应满足玩家在其中的情感需求与圈层认同。游戏的组队机制更能激发个人游戏的使用动机。最后,在多媒体形态方面,随着 VR 以及元宇宙技术的发展,游戏更多转向具身体验和沉浸式互动。个人通过数字化身进入游戏中,获得虚拟化的体验。

功能游戏的目标在于整合功能负荷与游戏的交互技术,以实现功能游戏的平衡。功能性与游戏性为分析不同类型的功能游戏及其运行模式提供了标准,以下将从这两个维度介绍四类功能游戏及其特征。

"社会—强功能游戏"偏向于社会规范与社会标准的学习。这类游戏的特征是目标明确,且具有目标实现的强制性,以避免游戏化元素的干扰。在游戏方法方面,此类游戏具有权威的专业内容,玩家可以收到进步反馈和游戏奖励。另外,游戏的培训效果具有连续性。这类游戏的运行机制在于人们自上而下的组织目标驱动,例如,职场培训学习和社会规范学习能促进群体和社会的协调运转。

"社会—弱功能游戏"偏向于个人的社会化以及社会交往与社会文化传承。通过游戏化的方式形成玩家的集体记忆,建构社会文化。

弱功能游戏保证了游戏的交互性和体验感，使得玩家技能与游戏挑战性保持平衡，并提供多样化的玩法保证流量。游戏允许玩家建立情感联系和社交互动，并且服务于特定的社会目标。游戏的运作更多是由社会群体对游戏的心理动机驱动，通过游戏实现虚拟社会联结，丰富个人的情感体验。在特定的事件与场合中，游戏化也成为一种传播仪式，建构了社会文化。例如，《人民日报》客户端推出的互动H5《快看呐！这是我的军装照》便具有弱功能游戏的雏形，实现了良好的传播效果。近年来，VR、AR等新闻游戏也是这类游戏的典型案例，如《心脏守护者》(*HeartSaver*)借助美国医疗保险和医疗补助中心的数据，旨在帮助玩家更好地理解"及时将患者送达医院"对于提高其生存概率的重要意义。以叙利亚难民逃离叙利亚为背景的游戏《叙利亚之旅》(*Syrian Journey*)，开创了对难民话题的互动性叙事。游戏当中的虚拟体验可以形成用户对于真实社会价值的情感体悟。如腾讯游戏追梦计划推出的首批公益产品《见》，旨在通过让玩家体验盲人生活，实现用户在游戏内的共情和游戏外对于盲人群体的关注。

"个人—强功能游戏"更加偏向对个人的教育和学习目标的设立。游戏拟实现的特征目标超越了游戏的体验，例如基于游戏的学习、康复游戏等。在功能性方面，此类游戏依然强调了游戏的特征目标、游戏的训练方法，以及游戏的学习质量。作为一种学习媒介，它能够激活学习者的探索意识，以游戏场景开启专业功能实践。功能游戏也作为一种学习媒介，在教育、商业、医疗、军事、文化、政府等领域发挥着学习的应用价值。不过个人性的强功能游戏更多是以游戏的商业目标驱动来实现，以流量和利益为导向，因此游戏更加强调为用户提供个性化的学习目标。

"个人—弱功能游戏"为个人提供个性化发展和审美趣味发展的虚拟体验。这类游戏更为常见，通过游戏化的训练培养个人的兴趣爱好和良好的生活习惯，以促进个人心理健康。同样依靠流量驱动的"个人—弱功能游戏"突出了游戏的互动思维，能够开启多元场景体验，以虚拟体验实现真实的社会价值。

4. 功能游戏的效果框架

在分析出功能游戏对游戏元素抽绎中强调的功能元素和社会元素后，功能游戏的内涵和外延展现了游戏化机制如何与不同场景结合，形成多种主题。在游戏与社会的相互影响方面，游戏化被视为一种新兴的技术、社会、文化或经济现象。通过这一现象，社会也体现出游戏化的特点。[5] 技术不是一成不变的，它也会因个体的使用而呈现出不同的特点，形成实践中的技术。游戏与技术类似，在分析游戏化带来的社会实践时不可避免地涉及游戏化的个体使用问题，以及游戏化如何促进个人联结为群体，群体行动又是如何指向社会的。这在理论上被称为游戏化的涌现性，即并非有意利用游戏化机制来促进积极效果，而是将游戏化的元素逐渐渗透进社会当中。尤霍·哈马里（Juho Hamari）将其定义为"游戏和游戏互动的日益普及后呈现出的一种渐进的、突现的和无意识的文化和社会变革"。

游戏化是形成功能游戏的重要机制，也是功能游戏发挥作用的主要因素。游戏化机制不仅对个体的认知、情感、态度和行为产生影响，同样也会以构建关系和情感的方式引起群体行动。在宏观社会层面，游戏化机制引导下的社会参与和社会治理是强功能游戏的主要功能。以功能游戏为代表的游戏化研究中，主要方向是将游戏化嵌入到社会行动过程中，促进个人的发展、关系联结、群体聚合与社会行动，并借鉴多种理论模型进行阐释。以下将从游戏化的角度分析功能游戏当前的研究方向，搭建功能游戏的研究框架，并列出可使用的研究范式和工具。

图 3.3 游戏化的组成部分（哈马里，2014）

在游戏化方面，哈马里等人在总体上将其分为三个要素：可供性、心理后果，以及行为后果（见图 3.3）。[6] 可供性指的是构成游戏的游戏元素和机制；心理后果指的是心理体验；行为后果是指使用游戏化系统支持的行为和活动。游戏系统服务和设施的可供性引发了特定的心理后果。这些心理后果进一步影响行为结果，尤其是游戏化范式下支持和激励的行为。值得一提的是，这些游戏化元素和支持性活动都发生在特定的场景中。

对游戏化的分析可以沿上述三个环节展开。由于心理后果和行为后果涉及不同主体，功能游戏的研究框架可以沿着个人、群体与社会这三个维度进行分析（见表 3.1）。

首先，在分析游戏化机制下个人在严肃游戏、功能游戏和教育游戏中的学习结果方面，研究者将其总结为情绪激励结果、行为结果和认知学习成果。[7] 情绪激励结果是从动机理论的角度分析人类行为的原因，认为动机能够导致积极的认知效果。此外，主观体验感的评估和唤醒也是一方面，例如沉浸、幻想、享受和心流等。自我效能感与心流理论通常被应用于分析中，关于动机的学习动机调查（ARCS）

问卷也能用来辅助分析。游戏用户的心理动机可运用认知神经科学的范式来对心理和生理的指标进行精细化测量。在行为结果方面,游戏化机制可应用于不同场景的主题以实现积极行为后果,并且促进行为的改变,例如环保行为等。研究中关于行为的理论主要是以行为意向作为评估行为的重要因素,研究者也可以通过访谈的方式获得更翔实的数据。

表3.1 功能游戏的效果研究框架

分析维度	分析层次	理论基础	研究议题
个人	动机情感驱动因素	自我决定理论 心流理论 ARCS模型（注意力、相关性、信心和满意度）	个体游戏适用前的心理动机分析 个体游戏适用中的认知心理状态评估
	功能游戏的行为结果	理性行动理论 计划行为理论 技术接受模型	个体游戏的使用与满足分析 个体游戏使用后的行为改变分析
	（认知）学习成果	社会学习理论 社会认知理论 建构主义学习理论 认知负荷理论 多媒体学习理论	个体游戏使用后的认知及情绪改变
群体	游戏化引导下的集体行动[8]	情绪调控理论 利他主义理论 集体行动理论 社会动员理论 可供性	促进群体行动的游戏化元素 游戏化中的情绪唤醒研究
社会	游戏化引导下的社会参与、社会治理	自我决定理论 民主协商理论 参与度理论	游戏化元素与社会参与的关系探究 社会治理与游戏逻辑分析

在认知和学习成果方面,游戏对个人的认知能力、思维方式、知

识获取、内容理解和感知技能方面均产生一定影响。社会学习理论和社会认知理论是研究中最常使用的理论，反映了游戏用户学习的机制特征。此外，认知负荷理论和多媒体学习理论从心理的角度进行分析。在研究范式方面，研究者运用心理学研究范式和行为实验来探讨个人在游戏使用中的心理状态和学习之后的成果。

其次，在游戏化与群体行动方面，游戏化的积极效果可应用于组织协同化与群体合作。游戏化在群体层面打破了过往以血缘、业缘为主的科层制社会交往形态，转而形成以趣缘关系形成的群体。在未来媒介的视域下，游戏化可能形成全新的线上交往空间。例如，在《魔兽世界》中，游戏设计使个人有机融入这一组织并且产生认同感。[9] 人类行为在很大程度上被认为是由欲望、外在和内在动机，以及满足需求的愿望驱动的，因此许多领域都针对享乐型信息系统的使用动机进行研究，人们也可以通过在线游戏了解人类合作的来源。在分析合作时，研究者在游戏化的分析框架基础上加入了个人主义和集体主义、需求、动机等因素来考察游戏化如何促进合作。[10] 其中个人主义在游戏化当中表现为个人头像、个人积分、个人徽章和个人进步与成就，而集体主义表现为团队进展、团队挑战、共享资源、团队成就和相互依赖的游戏角色。在促进合作的应用中，研究者需要考虑玩家的不同心理动机和性格，来进行游戏逻辑的匹配。

不过，变迁中的媒介技术提供了混合游戏空间。在传统的游戏化框架中，技术因素和游戏交往中的介质因素也需要纳入考察范围，例如，在虚拟游戏空间的交往中，意义共享远超过信息传递，情绪和情感的因素尤为重要。例如，有研究从利益相关者的角度对游戏化进行分析，发现在组织与其利益相关者之间建立良好和持久关系的过程中,非理性力量往往被忽视。

因此,朝着人性化的趋势来看,人性的因素不仅局限于个人主义和集体主义,个人的心智、性格、人格和媒介使用场景均会产生一定影响。此外,技术所提供的虚拟代理,如社交机器人等也可能会活跃在游戏世界中。玩家出于媒介等同的动机,与其进行交往,实施特定的行为,促成人机合作。

在游戏化与社会参与方面,功能游戏的外延,如教育游戏、新闻游戏、应用游戏、严肃游戏等,涉及社会管理和社会规范领域。研究发现游戏化也被视为促进公民参与的有效机制。游戏可以促进公民学习以及提升公民信任感。在公民参与方面,民主协商理论是核心理论之一。这一理论认为,对政治问题进行民主的、社会的讨论是培养积极参与治理和政治活动的个人知情的首选方法。游戏化能够激励参与并且促进审议,将满足公民社会参与功能的要求,而功能游戏恰好提供了这一平台,从而为公民参与水平低的问题提供补救措施,并协助社区建设。实现这些目标将使政府能够从其对公民参与平台的投资中获得更多收益,增加公民对其社区治理的参与度,并有助于改进政府决策。[11]

功能游戏既有市场爬梳

1. 功能游戏的产业发展历程

功能游戏因其跨界性、多元性和场景性的特点在多个行业布局。跨界性是功能游戏的核心,功能游戏不仅是以娱乐为目的,而是将重心放在学习、治疗、生产、商业等非游戏目的上,实现了寓教于乐。多元性是指玩家从功能游戏中的收益多元化、功能游戏的题材多元化,比如玩家可以通过功能游戏提升自己的社交能力和专业技能等,去了解其他领域的知识;同时为了实现不同游戏的开发,功能游戏也会使用多种多样的题材。场景化是功能游戏的特征之一。功能游戏与现实生活联系较大,因此要和具体的场景深度结合,定制开发。专业性较高的特点也导致游戏开发门槛较高,尤其是在医疗和军事领域,需要大量专业知识与游戏设计匹配的应用。

功能游戏的概念最初出现在美国军方中,用于士兵日常的军事训练,于20世纪70年代萌芽,21世纪初快速发展,主要应用于军事和医疗领域。目前,在全球前20大游戏企业中,55%的企业已经布局了功能游戏。国内的功能游戏经历了三个发展阶段,在2009年后逐渐被认可:第一阶段是2009—2015年,这一时期是功能游戏的概念引入阶段,主要代表事件是第一届严肃游戏创新峰会,部分游戏企业开始在功能游戏方面布局。第二阶段是2015—2019年,功能游戏的发展阶段,一些大型互联网平台公司如腾讯、网易等推出多款功能游戏,涉及少儿编程、文化普及等多个领域。第三个阶段是2019年至今。2020年,腾讯召开了线上年度游戏发布会,调整完善了腾讯的追梦计划。不过囿于技术限制和游戏的公共效益,功能游戏进入缓步前行阶段。现阶段,在全球前20大游戏企业之中,共有50%的企业已经布局了功能游戏,其中近半数的游戏包括教育类的功能游戏。例如,微软公司也与麻省理工学院合作完成一个功能游戏项目Games-to-Teach。该项目涵盖了自然科学、工程学和数学的游戏化软件开发的基本概念框架。Epic Games也与开发过多款严肃游戏的开发商虚拟游戏(Virtual Heroes)合作,共同开发游戏技术。还有一些垂类功能游戏,如公共健康、医疗卫生、商业营销、企业管理和文化领域的功能游戏。

在功能游戏的市场规模方面,数据显示,2015—2019 年中国功能游戏的市场规模从 19.5 亿元增长至 106.6 亿元,预计 2020—2026 年功能游戏行业市场规模将达到 336.2 亿元。

2. 功能游戏的产业链发展现状

在功能游戏的产业链方面,行业上游主要对应信息供应方和游戏研发方,行业中游主要对应游戏研发与运营一体化的企业,行业下游对接游戏玩家。从上游信息供应方来看,主要组成部分为非营利性组织或学术类团体,包括一些游戏研究院,主要研究游戏如何传播文化知识、培养行业人才等。例如,游戏《普通话小镇》的信息供应方主体为语文出版社,《画境长恨歌》的信息供应方为腾讯研究院,《我的世界》的信息供应方为各类高校。游戏研发方多为中、小型研发团队,也包括一些游戏工作室。

从功能游戏的行业中游来看,主要是集研发和运营为一体的游戏企业,比较典型的是腾讯,下设了腾讯研究院、腾讯游戏追梦计划、腾讯游戏学院等多个主体。在行业下游方面,主要是功能游戏玩家,以少儿和学生为主。

综合来看,功能游戏在发挥游戏的正向社会功能的同时,营利的能力目前稍显不足。尚不清晰的商业模式和较高的投入成本以及行业人才的稀缺掣肘着当下功能游戏的破圈发展。首先,绝大多数功能性游戏具备一定的公益性和教育性,使得游戏研发商难与广告商达成协议并大规模投放广告。其次,垂类游戏的目标受众有限,使其局限在特定领域,难以破圈发展。最后,游戏开发和制作成本较高。部分游戏需要专业人士研发，但是业内人才不足。

不过，随着沉浸式社会的到来，VR、AR等技术使得场景性游戏得以落地，显著提高了游戏玩家的使用体验，塑造了多重体验。并且在政策环境的支持下，地方政府的扶持也能够帮助功能游戏发挥其社会性，成为社会学习的一种方式。例如，2019年北京市发布的《关于推动北京游戏产业健康发展的若干意见》中提及，游戏研发要加强正面宣传，突出游戏社会应用价值，强化游戏教育引导功能。

经典功能游戏案例分析

在功能游戏的分类方面，传统上主要按照功能游戏的类型将其分为学习教育类、知识普及类、技能掌握类和科学研究类。为了更好地分析功能游戏的发展和破圈，在此拟按照上述象限图谱整合当前功能游戏的案例，以期总结出影响功能游戏主流化的因素。

在个人—强功能游戏方面，由于娱乐化因素较少，游戏更偏向于个人的学习，包括教育类游戏和个人健康类游戏。这些游戏允许从现实世界的数据中学习和探索。此类游戏的一个例子是 *Foldit*。这是一款益智游戏，让玩家可以了解蛋白质并以创新的蛋白质折叠方式为科学研究做出贡献。在个人健康方面，这类游戏帮助玩家形成健康的生活习惯。运动游戏的一个例子是手游 *Heartlands*，玩家可以在他们选择的区域内走动，佩戴心率监测器并携带具有定位功能的掌上电脑。当玩家四处走动时，掌上电脑的屏幕上会生成一个风景，由此产生的图像代表了球员的心脏表现以及所处位置。

个人—弱功能游戏更加强调游戏的娱乐属性，强调个人的自由发展。例如《我的世界》《迷你世界》等游戏。在《我的世界》中，玩家没有具体要完成的目标，但是仍存在一个没有硬性要求玩家必须完成的进度系统，所以该游戏具有超高的自由度。游戏采用第一人称和第三人称两种视角，核心玩法基本上是围绕着 3D 方块的放置和破坏。游戏的世界主要由 3D 方块构成，方块表面的图案不同，分别代表着不同的材料。玩家可以收集这些方块，并将其放置在想要放置的地方，从而进行各项建设。

社会—强功能游戏包括一些新闻游戏、严肃游戏和医疗健康游戏等。这类游戏与个人游戏的差别在于，功能游戏发挥的功能是指向社会的，旨在促进社会规范的养成和社会行动的产生。

社会—弱功能游戏包括一些文化类的功能游戏，如《纸境奇缘：文字大冒险》《紫禁城祥瑞》《皇帝的一天》等娱乐性较强，但也能够帮助玩家获取知识的游戏。《榫接卯和》这一游戏主要以 3D 形式展示榫卯结构，呈现了传统的榫卯工艺、常用工具和木材等内容。《画境长恨歌》主要以解谜和作画的形式将诗句一一展现，再现中国古典诗词的独特魅力。

在对这四类游戏的分析中，游戏化始终贯穿其中，为了使功能游戏得到一种主流化的应用，对当前的游戏也需要采用上述提及的功能游戏框架进行分析，找到功能游戏的核心驱动因素。在游戏设计策略方面，杰西·谢尔（Jesse Schell）在《游戏设计艺术》中提出了"元素四分法"。他指出游戏是由元素构成的，四分法的含义即游戏由机制、故事、美学和技术四个元素组合而成。谢尔认为，无论设计什么游戏都需要这四种元素。[12]对功能游戏本体的分析也可以沿着这一思路进行，例如有研究将功能游戏设计分为效用层、加工层和感知层来对应游戏用户的认知。

第二节　元宇宙与功能游戏

随着信息技术的发展，尤其是以元宇宙为代表的数字文明时代的到来，人类与外界体验的中介化程度越来越高。在个人与群体及社会之间，游戏作为一种媒介形式越来越多地介入进来，将从前"个人—社会"的简单关系结构改写成"个人—游戏—社会"的复杂关系结构。[13] 换句话说，社会游戏化趋势日益明显，且越来越不可逆。

人类有着很强的游戏天性，赫伊津哈甚至将游戏称为根本性的人类活动。[14] 然而长久以来，游戏因为其天然的享乐机制逐渐与人类功能性的学习、认知活动相分离并走向娱乐化的一端。元宇宙时代是一个深度媒介化的时代，其虚拟—现实混合同步的全新环境致使我们不得不在一种游戏的组织方式下展开社会交往与社会生产。我们享受着游戏化生存的乐趣，但也同时经历着严肃的学习与认知思考的过程，因此学习与游戏这两种看似相悖的机制在元宇宙文明形态下前所未有地交织，使得功能游戏的价值再次被研究者与实践者看到。

伴随游戏平台的日益多样化、游戏介质的日益数字化以及游戏环境的日益复杂化，学者们开始将功能游戏置于元宇宙这一新型数字文明形态下加以讨论，并逐渐将焦点转向功能游戏的属性平衡和社会赋能上，不懈探寻未来功能游戏兼具功能性与游戏性双重使命的发展道路。如上所述，中国的功能游戏领域也已展开大量的理论与实务探索，但从现实发展来看，中国的功能游戏也因无法实现功能性与游戏性的技术平衡、商业平衡以及伦理平衡而走入发展瓶颈，陷入滞塞。

从国际到国内、从理论到实践，立足当今的社会和技术土壤，几乎没有功能游戏能达成功能性与游戏性完美整合的双重使命。"未来功能游戏究竟走向何方"仍然是研究者和实践者同时思考的关键问题。

因而，本节将立足当下、展望未来，试图基于元宇宙的新社会生态与新技术生态探讨未来功能游戏的发展前景，沿"何以产生—何以可能—何以可为"的思路展开论述，主要涉及以下几个方面：（1）何以产生：着重分析传统功能游戏发展中功能性与游戏性失衡的困境，并基于元宇宙社会探讨未来功能游戏的内涵，分析如何实现功能性与游戏性的双属性平衡；（2）何以可能：探讨元宇宙社会下未来功能游戏成为现实的必要条件，立足已有案例分析未来功能游戏的主要组件，并从技术、叙事、行动、开发四机制提出推动实现的要素；（3）何以可为：以元宇宙四维情境为框架，结合案例分析未来功能游戏的应用领域和价值。

功能游戏双重属性之困

功能游戏"既非游戏，也非严肃，而是二者兼而有之"，这体现出功能游戏的双重属性：其一是功能性，即功能游戏需要以解决现实社会和行业问题为主要目的，发挥游戏的正向社会价值；其二是游戏性，即功能游戏必须具有个性化、互动化和娱乐化的游戏可玩体验。

然而现有的传统功能游戏存在一定问题。由于功能性与游戏性之间存在微妙的张力，目前很少有功能游戏能为平衡双重属性找到恰当的支点，现实案例中功能游戏的定义总是模糊的。而元宇宙社会的未来功能游戏则受益于核心技术的发展，能够实现游戏世界和现实世界的可通约性，能作为未来功能游戏形态，在一定程度上缓解传统功能游戏双重属性失衡的状况。

1. 功能性与游戏性的失衡

（1）对功能性的倚重，对游戏性的淡化

在既有功能游戏相关的实践与研究中，一部分呈现出重功能性而轻游戏性的特征，将功能体验作为第一目标而将游戏体验作为第二目标。这一特征在强功能游戏和弱功能游戏中均有体现，但是在强功能游戏中重功能性的特质更为突出。

大部分国内的功能游戏均带有这一特点。例如，中国独立游戏团队 Tag Design 所开发的、以介绍中国传统文化及工艺为主题的功能游戏《榫接卯和》《折扇》，通过三维模型向玩家展示中国独特的榫卯结构、木材、技术以及中国传统折扇制作工艺等。通过物品展示、背景故事描述等游戏设计寓教于乐，向玩家普及中国传统建筑知识和手工艺知识。但目前这两款游戏在游戏体验方面可供优化的点较多，玩家均反映其功能性和展示性较强，但是游戏的沉浸体验和可玩体验一般。除此之外，腾讯游戏筹划的《数字长城》《数字敦煌》《数字中轴》等项目也带有此特征，游戏设计略显简单，游戏视觉与听觉设计不够考究，呈现出主题性过强、教育意味过于直白的特点。

上述现象与中国功能游戏产业的发展现状息息相关。据游戏娱乐媒体 IGN（Imagine Games Network）中国采访显示，由于当前中国功能游戏的产业布局仍不完善，因此其开发具有较强的公益性质和政府主导性质——一种情况是游戏厂商选定了某个社会命题之后，联动相关的机构组织共同完成；另一种情况是政府机构或社会组织想通过功能游戏达成某个明确的目的，于是找到游戏厂商合作。这导致大部分功能游戏是"命题作文"式生产方式，即先选定一个与目标功能更贴近的、常见的游戏玩法作为原型，再把相应的题材和功能性融合进去，调整并完善游戏的玩法设计。经过若干轮测试，获得需求方的认可之后，项目上线。在整个过程中，游戏体验则被安排到次要地位，产品在玩法机制上也很少有创新的空间和自我表达的机会。

重功能性而轻游戏性的功能游戏更偏向"趣味学习"（Playful Learning）范畴，即将教学内容通过多媒体模态的呈现让其生动化、简单化，更接近学习者的生活实践，其本质与多媒体教学差异不大。但总体而言，不论是《榫接卯和》《折扇》，还是腾讯的数字系列，它们对游戏元素及游戏结构的探索并不深入——游戏植入的娱乐机制更像是基于人类天性的玩乐（Play）机制，而非具备特定理论框架，考究游戏动作、游戏工具、游戏目标的游戏（Game）机制。因而，这类实践虽以功能游戏的身份自居，但仍未达到游戏性的要求。

（2）对游戏性的倚重，对功能性的淡化

在实践中，另一部分功能游戏则呈现出重游戏性而轻功能性的特征。将游戏体验作为第一目标而将功能体验作为第二目标的游戏也被称为"弱功能游戏"。

国外一些体育竞技游戏多体现出这一失衡特点。例如，《劲舞革命》（Dance Dance Revolution）通过植入游戏化的机制成功吸引用户锻炼身体，国外一些学校甚至将Dance Dance Revolution加入学校的体育授课体系中，但研究表明，这种游戏与健身浅层的结合只能收获短期效果，无法长期提高玩家的身体锻炼强度或养成健身习惯；[15] Wii Sports和《节奏空间》（Beat Saber）是为减肥设计的视频游戏，然而游戏设计缺乏科学的训练体系，并且忽略了人体的运动训练知识，因而在运动的周期性、精确性以及强度方面均有欠缺，相较私人教练辅导的减肥活动而言，效果差距较大。

此外，还有很多并非作为功能游戏开发的商业游戏会在既有的游戏设计基础上尝试加入正向社会价值的部分。例如，腾讯游戏《王者荣耀》就依托于庞大的学生用户基础及国民数字 IP 的影响力，宣传其将作为功能游戏扮演中国传统文化载体的角色，植入正向功能。比如，《王者荣耀》以历史和神话人物为原型，试图从文化层面和游戏设计层面体现出中国的文化和价值观；并先后推出了"敦煌""越剧""荣耀中国年"等系列主题文创活动，积极与包括佛山醒狮文化在内的多种传统文化联动，坚持其文化新触点的产品定位和社会责任意识。然而，也有不少研究者批评《王者荣耀》的传统文化植入并未在青年群体中产生应有的效果。

重游戏性而轻功能性的功能游戏实际是商业游戏踏上社会效应营销之路的一种体现。严格来说，商业性目标是第一位的，其功能性的宣传是为了商业性目标服务，二者并非处在对等的地位。因而，这类所谓的"功能游戏"的功能性部分可能缺乏教育体系性和知识严谨性，学习过程和体验受损，无法达到功能性的要求。

（3）传统功能游戏发展失衡的原因

究其原因，传统功能游戏发展失衡的主要原因在于：当前是一个基于场景连接的时代，而功能游戏环境作为媒介，未能在场景层面实现游戏世界与现实世界的连接整合，仍着眼于游戏世界与现实世界中相对微观的内容要素、关系要素的对接，致使游戏与现实两个场景存在不可通约性，连接存在隔离。[16]

2. 游戏作为媒介的连接逻辑

游戏作为媒介的发展一共经历了游戏工业化时期、游戏信息化时期及元宇宙游戏时期三个阶段（见图3.4）。回溯这一变迁历程，我们可以将游戏作为媒介的历史归纳为一个不断连接与整合游戏世界与现实世界的过程。由于玩家在场方式的不同，游戏媒介对游戏世界与现实世界的连接及整合程度也不同，继而使游戏在不同发展阶段呈现出对功能性的不同倚重程度。

图 3.4　游戏作为媒介的变迁历程

基于游戏发展历程，并参考唐·伊德的身体理论框架，[17]我们概括出玩家在场方式的阶段性特征，并据此特征将游戏作为媒介的连接逻辑进行了归纳（见表3.2）。

表 3.2　游戏作为媒介的连接逻辑演进

游戏媒介发展历程		游戏工业化时期	游戏信息化时期	元宇宙游戏时期
玩家在场方式		"物质身体"在场	"技术身体"在场	"智能身体"在场
连接层次	信息连接	现实社会信息的生产、交换	虚拟社会信息的生产、交换	虚拟与现实社会信息的生产、实践
	情感连接	社会情感的满足	社会情感的逃避	社会情感的满足
	价值连接	自我价值的缺失	自我价值的满足	自我价值的满足
连接方式		基于现实内容的连接	基于虚拟关系的连接	基于混合场景的连接
游戏的媒介角色		"玩具"（工具）	"社区"（关系）	"环境"（场景）

在游戏工业化时期，游戏媒介主要指通过规模化、商品化生产的众多玩具。在此阶段，玩家以"物质身体"的方式处于现实时空，即通过肉体意义上的身体参与到基于真实生活所创建的游戏中，例如，使用小木枪在家里和兄弟们"战斗"，在卧室里对着布娃娃讲故事。这一阶段的游戏媒介连接的是基于现实社会的众多物品信息、角色信息和规则信息。玩家在其中通过模仿完成一定的社会化体验过程，获得关于合作、勇气、竞争的社会情感满足，但玩家在被实体玩具吸引的过程中很少开启自我对话，并获得对自我价值的反思。因而，这一阶段的游戏更多作为玩具性的工具媒介出现，基于现实内容连接游戏与现实世界。此时，游戏的游戏性与功能性都受制于连接层次而处于较低水平。

在游戏信息化时期，游戏媒介主要指互联网上的大型多人在线游戏。在此阶段，玩家以"技术身体"的方式处于虚拟时空，即以互联网技术建立起的虚拟身份作为网络游戏空间中的"自我"，生活在互联网中介的虚拟时空中。《魔兽世界》等大型网游的玩家就是这种在场方式的写照。在这一阶段，游戏媒介主要连接的是虚拟/线上游戏世界中的信息、资源、关系。玩家通过虚拟身份加入游戏虚拟社群感受游戏刺激和社会规则，一面享受线上友谊和爱情关系的建立，一面深入对虚拟自我的价值建设和资源打造。在这一阶段，游戏作为一种社区形态的关系媒介出现，基于虚拟关系使玩家坠入满足自我价值的快感中，但忽视了一些现实情感的真实性和必要性。此时，游戏的游戏性达到高位水平，但这是以牺牲其功能性为前提实现的。

元宇宙游戏时期，游戏媒介主要指以平行或混合实境、开放交互为特点的游戏。此时玩家将以物质身体与技术身体糅合的新"智能身体"参与游戏,[18]游戏也将成为混合虚拟与现实时空的场景或环境。这一阶段的游戏媒介可以作为场景来连接虚拟与现实世界的资源,即任何人在任何时间、任何地点都能基于场景与任何人实现信息、情感或自我的对话,最大限度地实现两个世界中信息、情感的通约与整合,开启社会情感价值与自我价值协同满足的可能性。此时,游戏将有可能在高位水平上同时释放游戏性和功能性价值。

概括来说,游戏媒介是向着场景化的连接逻辑前进的。未来游戏应不仅是一个复杂的混合场景,同时也应该是基于玩家深层次心理动因和行为模式建立的个性化空间。游戏能基于场景逻辑聚合并提供与玩家适配的资源和服务。

3. 元宇宙社会的未来功能游戏

元宇宙社会的未来功能游戏,即基于媒介场景连接的逻辑,运用多种交互沉浸技术以融通游戏虚实世界的功能游戏。由于元宇宙本身基于游戏化架构的大型文明生态场景特性,其凭借特殊的虚拟—现实、真身—化身、链上—链下协同运作逻辑,能够进一步实现游戏世界与现实世界的可通约性,使功能游戏的游戏部分和功能部分得到平衡。

(1) 元宇宙社会的媒介连接逻辑:场景级的深度连接

罗伯特·斯考伯(Robert Scoble)在《即将到来的场景时代:移动、传感、数据和未来隐私》中预言:"在未来 25 年,场景时代即将到来",并提出构成场景的五大要素:大数据、移动设备、社交媒体、传感器和定位系统。[19]可见场景级别的拓展将成为元宇宙社会的关键,媒介技术将沿人—人、人—物、人—场景的连接逻辑,进一步在场景层面推动实现虚拟—现实、真身—化身、链上与链下的高连接阶段，将虚拟场景与现实场景整合到一种共同的社会框架之下，为功能游戏发展带来新的想象空间。

其一，虚拟—现实的时空连接逻辑。元宇宙对现实空间和时间在虚拟维度进行了多重延伸，提供了一个逼近现实且超越现实的虚拟空间。在这个虚拟空间中的体验、社交、生产、经济等元素可以逼真的体验方式补偿到现实世界。

其二，真身—化身的身份连接逻辑。用户通过化身（分身与假身）在元宇宙中进行沉浸式、即时性、具身性的互操作行为，虚拟化身与现实真身具备对应性，化身的感知体验、情绪态度、行为倾向可同步到真身。

其三，链上—链下的经济连接逻辑。元宇宙中可为用户提供多层次、协作式、开放式的生产工具，包含大量用户生成内容和平台生成内容（Platform Generated Content，简称 PGC），并基于区块链技术搭建认证体系与经济体系，在一定程度上可与现实经济形成联动，形成虚实转化闭环。这三大要素投射到数字资源管理流程中，对于数字资源的多模态融合、标引管理、可视化呈现、交互性操作、认证与交易具备指导意义。

（2）未来功能游戏的"解困"：场景连接赋能双属性平衡

在场景连接的媒介逻辑上，未来功能游戏能一定程度走出失衡困境，达成游戏世界—现实世界深度协同（见图 3.5），具体来说表现在以下三个方面：

其一，游戏动作与学习动作协同。[20]元宇宙中为实现虚拟与现实的交互融合，行动者的一切动作都天然带有游戏交互性的特征。例如，我们需要通过"匹配""选择""点击"来完成社会交往活动，与其他用户互动；或者通过"传送""回避""访问"来完成与场景或物体的互动。换句话说，元宇宙中的一切生存动作都是建立在游戏性的交互机制之上的，因而学习动作也不可避免地必须与游戏动作相融合。不同于传统功能游戏中以"点击""收听""收看"为主的动作结合方式，未来功能游戏中游戏动作与学习动作的协同更加丰富多彩——我们甚至可以通过传感方式将身体的所有功能化作交互动作，通过身体跑动来实现学习目标的追逐，通过身体跳跃来表现学习任务的跳过，等等。总之，一切基于生存所产生的动作在元宇宙中都可以被功能游戏"挪用"。

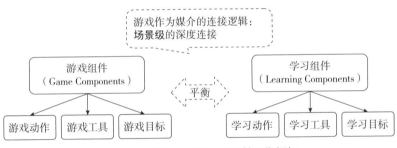

图 3.5　未来功能游戏的双属性平衡框架

其二，游戏工具与学习工具的协同。元宇宙逻辑的特殊性使虚拟游戏世界与现实世界之间的协同程度提高，因此传统被认为丧失现实价值的游戏工具可能在元宇宙中变得更为重要，成为不可忽视的学习工具。例如，传统功能游戏的游戏奖励工具（例如"成就""排行""积分"）往往在现实世界中不具有流通价值，但得益于元宇宙的虚实协同及链上链下协同性，游戏奖励工具有机会直接转换成在元宇宙中具有真正流通价值的货币，在功能游戏中所获得的培训证书和奖状也能够直接转换成在元宇宙中具有普遍认可价值的可迁移证书和奖状。这使得功能游戏的游戏工具和学习工具在更深层次达到和谐平衡，真正走向"Play to Earn"以及"Play to Learn"的功能游戏范畴。

其三，游戏目标与学习目标的协同。游戏目标常常包括"完成任务""收集资源""赢得竞技"，等等，而在元宇宙中这些游戏目标已经成为内嵌在元宇宙社会组织形式中的规则，也就是说，元宇宙的社会分工需要借助游戏化的交互目标来完成。此外，游戏目标由于不具备现实世界学习目标的物理性，因此消除和降低了许多现实世界中物理条件所带来的目标限制。在游戏世界中可以使得现实世界中受限制的学习目标能够得到分工协作与资源配置，发挥协同发展效应。例如，严肃游戏 *Eye Wire* 利用游戏目标的众包达成方式，来完成现实生活中无法由独立团队完成的科研目标。

未来功能游戏的实现条件

元宇宙依托互联网、大数据、5G、区块链、人工智能、VR、AR等低延时、高拟真前沿技术，能最大程度打破游戏世界与现实世界的隔阂，提供同时身处游戏世界与现实世界的具身体验。为解决未来功能游戏何以实现这一问题，下文将基于上文已论及的功能游戏组件，详细阐述未来功能游戏的组件要求和特征，并提出实现机制。

1. 交互沉浸式功能游戏的主要组件

选取目前已有的基于元宇宙场景、运用交互沉浸技术制作的代表性功能游戏，包括《我的世界：教育版》(*Minecraft Education*)、

Reducept、*Block Out*、*Gryphon Rider*、《微软飞行模拟 2020》，分析其主要组件（见表 3.3）。

从案例来看，现有的交互沉浸功能游戏的常用组件及基本架构如表 3.3 所示，游戏组件以探索型的高拟真、沉浸感交互组件为主，在游戏世界为玩家营造媲美现实世界的用户体验；学习组件以高拟真场景的学习组件为主，目的在于调动用户认知、情感、行为全方位感知。

传统基于二维视频媒介的功能游戏在游戏组件方面采用实体操纵（Entity Manipulation）的方式，但是未来功能游戏中的游戏动作均被优化为化身运动的方式，即通过体感外接设备将虚拟化身的自然身体行动转化为游戏内的点击、移动等动作，由此也带动游戏工具需要呈现更多的仿真物品和化身角色；在学习组件方面，传统功能游戏的学习动作较为单一，一般是通过阅读、收听游戏内信息材料来获得认知层面的学习，但未来功能游戏受益于仿真空间建模渲染技术的发展，能够充分调动玩家除视听觉之外的全感官参与来帮助学习，因而学习内容的载体也由具体的物体扩展为整个空间环境，学习目标也从认知学习深化到情感和行为的多重体验学习（见表 3.4）。

概括来说，未来功能游戏可基于元宇宙的技术形式和互动形式，在具身层面为玩家的实践活动同时赋予游戏体验与功能体验，找到游戏性与功能性的平衡。简单来说，元宇宙社会的功能游戏的设计逻辑不再是"把无聊的学习目标变得有趣化"，而是"为玩家的每一次实践赋予游戏性和功能性"。

表 3.3 交互沉浸式功能游戏的主要组件

	游戏名	我的世界：教育版	Reducept	Block Out	Gryphon Rider	微软飞行模拟2020
	游戏简介	玩家在三维空间中开发课堂，进入拟真环境学习	通过VR技术，让玩家扮演红细胞在人体里移动，帮助患者了解疾病的产生与解决方法	基于MR技术，让玩家扮演监狱管理员学习历史中的监狱知识，反思囚禁问题	基于传感器技术，让玩家在游戏中完成康复训练	通过VR让用户学习飞机驾驶技巧
游戏组件	游戏动作	创造、设计、开发、加入	移动、回避、碰撞、驾驶	寻找、收集、闯关、观看/收听故事	奔跑、跳跃	驾驶、回避、碰撞
	游戏工具	方块、建筑、黑板、公文包、NPC、积分	角色扮演	角色扮演、关卡、NPC、进度条、教程、任务	虚拟技能、关卡、3D空间、NPC	地图、飞机、驾驶舱
	游戏目标	建造场景、收集物品、加入团体、管理世界	扮演红细胞在血管移动穿梭	作为监狱管理员搜集失去的记忆	完成跑图任务、跑图竞赛	驾驶飞机
学习组件	学习动作	上课、实验、编程	理解（理解疾病产生机制）、体验（体验疾病产生）	理解（理解历史知识、记忆（背诵、再现历史知识）、体验（全方位中体验历史知识）、反思（反思监狱文化）	锻炼、体验	理解、体验、评估
	学习工具	多媒体、自定义白板、社会交互、得分	可视化	可视化、混合场景、叙事化、解决挑战、文本提示	多媒体、社会交互、得分、传感模拟	可视化、传感模拟
	学习目标	在拟真开放场景中感受探索学习	在可视化场景中记忆、体验健康知识	通过混合场景理解、记忆、反思监狱文化	达成康复性锻炼目标	达成学习飞行技巧的目的

表 3.4　未来功能游戏的主要组件

- 游戏组件

维度	类别	次类别
游戏动作	点击	创造、设计、编辑……
	移动	驾驶、回避、碰撞……
游戏工具	对象	仿真空间、仿真物品、化身角色……
	反馈	虚拟货币、积分、成绩……
	叙事	故事、世界观……
游戏目标	任务	收集物品/信息、通过关卡
	创造	创造世界/社会、开放世界……
	分数	获得高分……

- 学习组件

维度	类别	次类别
学习动作	记忆	寻找、识别、描述、认识、探索、分类……
	应用	使用、操纵、制作、创造……
	分析	反思、比较、推理、解密……
学习工具	可视化	多媒体可视、混合现实可视
	交互	交互呈现、交互问答、交互演示……
学习目标	认知	记忆、理解、应用……
	情感	认同、共情、体验……
	行为	引导行动、改变反应……

2. 未来功能游戏的实现要素

（1）媒介机制：提供拟真交互的场景连接可能

媒介技术需要在场景层实现虚实世界整合。

基础设施层需要提供足够的算力与带宽支持。例如，需要支持

5G的基础设施来增加网络容量并减少网络拥塞和延迟，满足功能游戏带宽和数据传输量的需求；需要高能芯片、边缘计算及智能计算群的支持以满足高拟真的空间与角色模型渲染等需求，实现游戏世界与现实世界的协同共生。

人机交互层需要扩展现实技术和相应数据技术的支持。借助VR、AR、MR等扩展现实技术，识别、捕捉玩家身体动作、表情或手势，体验接近现实的低延时感官反馈；同时，需要相应的数据技术支撑实现拟真交互，例如提供传感器以收集、跟踪和记录玩家在功能游戏中所有可测量的表现数据，进行动态的数字化记录，方便设计者和玩家更客观地了解与把握未来功能游戏的体验成就。

组织连接层则需要区块链、传感器等连接技术支撑。在分布式的游戏组织中实现人—机互联、人—人互联、机—机互联等多种形式的连接方式，让玩家在功能游戏中获得组织归属感、认同感及社会文化取向。

（2）叙事机制：提供无限可能的涌现叙事方式

未来功能游戏强调将严肃内核采用交互叙事的方式呈现。由于具身性在元宇宙中的重要性，叙事除了考虑如何讲故事之外，更重要的是思考如何为玩家搭建"世界观"——从身体角度建立玩家与游戏情节的认知关系，包括游戏角色的创作、游戏环境的铺陈、游戏内容的解读和接受，强调从玩家的神经感知、肌肉变化、身心状态和情绪中完成叙事。

安妮·布鲁斯（Anne Bruce）等人曾提出"涌现叙事"（Emergent Narrative）的交互叙事方式，区别于在叙事开始前就已经安排好叙事轨迹的"嵌入叙事"（Embedded Narrative）方式，强调叙事轨迹是在与玩家的交互中逐步生成的，玩家可以在既定的规则内通过与故事世界的交互演绎出新情节。[21] 未来功能游戏应该巧妙运用涌现叙事中的玩家干预逻辑，以拟真交互技术为切入点、通过玩家的身体感知和互动为玩家的探索行为提供无限可能，使得严肃内容和游戏内容的叙事能超越文本情节固化的局限性，打开叙事文本对玩家游戏性和功能性体验的束缚枷锁，使玩家重新回到人类叙事体验的本源。换句话说，未来功能游戏设计者不再需要设计和提供功能性的情节和任务，只需要在叙事世界观中提供功能性的操作规则和基本原则，玩家能在此之上通过无限可能的探索自发寻找并获得功能性和游戏性体验。

（3）动作机制：提供主动开放的玩家创造空间

未来功能游戏中的玩家行动与交往基于信息展开，但因为元宇宙社会对行动的拟真和替代，其信息交往行为具有直接的实践性；同时，也因处在社会情境之中，其信息交往也具有了生态性；[22] 人们通过数据化的游玩来"不断创造出生产要素中的剩余价值"。[23] 换句话说，未来功能游戏中的任何动作都能在开放可编辑的元宇宙世界中释放价值。因而，未来功能游戏的行动机制不应再囿于既定的游戏框架或学习框架之内，不应再将玩家操纵限定在驾驶、点击、移动等实体操纵的范畴中，更应将行动的主动权交还给玩家。

在个人行动层面，游戏设计者需要为玩家提供具身行动的可能性，将游戏动作视为动态的、整体的人类行为。例如，把玩家的转头、驻足等身体倾向纳入游戏动作的考虑范畴，解放玩家其他的身体器官，使游戏动作不再局限在双手和视听觉感官之上，开放玩家个体的身体创造力。

在群体行动层面，游戏设计者需要为玩家提供 DAO 的可能性，使其具备在虚实空间中创造组织和分工的能力。例如，玩家们可以游戏公会作为组织形式，根据生活方式和个人行动模式自行形成"连结性行动"（Connective Action），[24] 以解决个性化的现实问题——有的玩家连结起分布式的生产者，形成知识生产系统，在元宇宙空间中举行圆桌会议与讲座研讨；有的玩家连结募集分布式的虚拟代币，解决贫困或购买需求；有的玩家甚至连结分布式劳动力，通过元宇宙众包生产的方式完成一些无法靠个人力量实现的现实成就，例如帮助完成科研任务、绘制地图，等等。

（4）开发机制：提供自下而上协作生产的研发空间

传统功能游戏开发流程以自上而下为主，包括立项、开发（技术定型、美术嵌入）、上线运营等环节。在元宇宙社会，玩家则可以将元宇宙技术平台作为游戏开发引擎，通过玩家协作生产的方式研发打造功能游戏。一方面，自下而上的开发机制可帮助功能游戏组建跨领域开发团队，聚合游戏设计者、严肃议题相关专家等多方合作，共同为功能游戏的双属性平衡做出贡献，解决失衡问题；另一方面，自下而上的开发机制还提供了游戏开发与市场改进同步进行的可能性，不仅可以即时了解功能游戏的功能组件是否确而有效，还能了解玩家对游戏组件的体验如何，并在此基础上改进迭代、循环测试。

总之，未来功能游戏需要在拟真的技术、具身的行动、开放的叙事以及自下而上的开发中，逐渐达成功能性与游戏性的双赢。

未来功能游戏的应用价值

元宇宙社会的功能游戏仍然是人类借助未来媒介所做的延伸，包括外部世界的增强延伸和内心世界的扩充延伸两条路径。换句话说,未来功能游戏的核心价值仍然是"向外"拓展人类生活的现实边界,"向内"深化人类内心体验的重组,赋予玩家新的自由度,并实现对世界资源的精细化连接。

元宇宙地图(The Metaverse Roadmap)以外部延伸—内心扩充、增强—模拟为框架,将元宇宙应用情境划分为四种(见图3.6):外部世界延伸维度包括增强现实世界和镜像世界;内心世界扩充维度包括虚拟现实世界和生命日志。[25] 下文将基于四种应用情境分别阐述未来功能游戏的价值和作用。

图 3.6 元宇宙应用情境类型

1. 增强现实情境

增强现实情境指使用技术设备向现实世界投射信息、提供额外信息以增强外部世界的情境,其技术逻辑为利用位置感知系统和界面,对周遭空间中的网络信息进行分层,以扩展个人之外的真实物理世界。增强现实情境的特征在于既具有真实的部分也具有虚拟的部分,且虚拟部分可以被交互或连接至现实世界,行动者可以通过用手指、手掌、手臂或身体移动等方式在真实空间中控制和交互虚拟界面,而利用非传统的计算机界面进行探索和操作数据。

应用于增强现实情境的未来功能游戏可以通过将难以直接观察的抽象内容进行高拟真可视化,将存在高成本或高风险的功能性目标形象化,从而帮助玩家在体验中完成功能性目标。换句话说,未来功能游戏在增强现实情境中将作为体验媒介存在。

* 应用价值:整合异质时空、移动学习、无意识沉浸

在社会性功用方面,未来功能游戏应发挥随境媒介的异质时空整合优势。随境学习媒介可以通过在现实情境中增加媒介化元素,为现实时空附加能进入不同时空的端口,从而达到增强现实的目的。这能够帮助玩家在随境的媒介体验中获得与现实时空有关的延展体验和知识,加深与周围环境的联系,整合异质时空。

在文化性功用方面,未来功能游戏应发挥随境媒介的移动学习功能。移动学习(Move-learning)指通过移动设备促进学习的方式,可以为用户提供不受特定地点或时间限制的学习环境。[26] 而作为随境媒介的未来功能游戏进一步提升了移动学习体验,通过随境嵌入、可见可触的方式增加移动学习过程的沉浸感,使玩家能够在随境学习中产生诸如虚拟契合、真实契合、虚拟疏离、真实疏离等复杂体验,在现实世界和虚拟世界之间重新整合先验知识、学习需求与学习偏好等习惯。

在用户体验方面,未来功能游戏应发挥随境媒介的无意识沉浸功能。未来功能游戏玩家将拥有更逼真的沉浸体验,使玩家置身现实世界中但又拥有虚拟交互的深度参与,极大加强玩家的控制感。当知识

以隐性的方式融入随境游戏中时，"有意参与"的传统路径则由无意识沉浸感改写为"无意注意"这种加深认知的手段，即以往自主、有目的的参与过程在不知不觉中变成玩家对游戏承载内容的无意识体验过程。

代表案例：BEACONING

BEACONING是一个助力玩家自行开发随境功能游戏的平台，其游戏目标是"通过情境化、随境式的游戏学习方式打破教育障碍"。BEACONING为用户配置了功能性创作工具（见图3.7）和游戏情节编辑器，用户可以通过功能性创作工具创建和编辑严肃内容叙事，游戏情节编辑器则为用户提供了一些经典的游戏机制模板，用户可以把功能性任务分配给游戏情节，从而输出游戏。

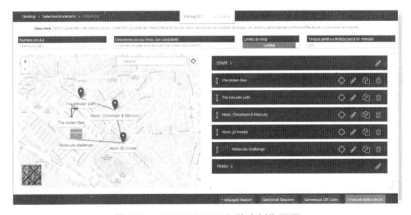

图3.7　BEACONING游戏制作页面

（来源于BEACONING官网[①]）

---

① https://beaconing.eu/.

该平台最著名的应用案例是葡萄牙波尔图大学植物园以自然环境认知为主题、利用 *BEACONING* 设计的随境功能游戏。该游戏为了让人们认识和了解波尔图大学植物园,让玩家扮演冒险者完成故事挑战,并将植物园工作人员安排成游戏中的 NPC,通过交互获得花园材料,完成冒险(见图 3.8 和图 3.9)。

图 3.8　基于现实场景的游戏路线

图 3.9　基于现实场景的游戏设计

从功能游戏的主要组件来说，游戏目标是收集花园材料，游戏工具包括NPC、探索及冒险情节和花园材料，游戏动作主要包括具身交互的拾捡、查看。学习目标是认识波尔图大学植物园，学习工具包括植物园具体场景、植物园动植物和植物园工作人员等，学习动作即查看信息和解谜。

2.镜像世界情境

镜像世界指通过虚拟世界创造一个与现实世界相同的空间，向用户提供新的信息或活动。与虚拟世界涉及与地球相似或截然不同的交替现实不同，镜像世界则模拟了人们周围的世界，其构建涉及复杂的虚拟地图、建模和注释工具、地理空间和其他传感器，以及位置感知和其他生命记录（历史记录）技术。

应用于镜像世界情境的未来功能游戏可以通过"数字实验室"或"虚拟教育空间"的形式为玩家提供大规模、低延时、具有临场感和沉浸感的场景，帮助玩家打破时空障碍学习、模拟和练习技能。此时，未来功能游戏将作为学习媒介发挥作用。

* 应用价值：社会操演、实践化经验、赋予控制感

在社会性功用方面，镜像世界发挥体验媒介的社会操演功能。社会操演，即通过预演和排练性的实践来认知社会运作规则。镜像世界中真实社会被数字化成一个可编辑、可读写的数字世界，充当了现实世界观察工具的角色，未来功能游戏能让玩家在一个现实世界拟真态中进入社会组织、机构，体验社会生活，个人可以在增加容错率和降低失败成本的镜像世界中进行实验、排练组织、练习技能，等等，进

而将可复制的经验再用于现实社会。

在文化性功用方面，镜像世界发挥体验媒介的实践化经验优势。在传统视听功能游戏框架下，玩家需要通过游戏媒介提供的认知框架和规则、体系去被动完成学习过程与文化性体验；但在镜像世界中，未来功能游戏能为玩家提供高拟真的镜像场景，个人的思考和学习不再只依靠思维，而是可以外化为模拟真实世界的实践。个人通过不断地尝试、反馈与优化来完成社会化和学习过程，进而建立社会关系和社会结构。[27]

在用户体验方面，镜像世界发挥体验媒介的可编辑现实功能。在作为体验媒介的未来功能游戏中，玩家可以通过功能游戏直接参与并直接控制周围环境与人员，将个人对世界的编辑控制感发挥到极致，具备反向编辑社会现实的能力。

代表案例：Foldit

Foldit 是由华盛顿大学蛋白质结构专家大卫·贝克（David Baker）领导的团队开发的众包功能游戏平台。该游戏平台通过数字化技术创建高拟真的蛋白质氨基酸链条实验环境，玩家可以在其中展开有关蛋白质结构和蛋白质折叠的数字实验（见图 3.10）。受限于蛋白质结构的复杂性，在现实环境中进行蛋白质结构折叠的实验成本巨大，因而 Foldit 通过众包形式将研究问题转化为玩家的积极参与，每位玩家成功折叠出一种匹配病毒纤突结构的蛋白质，游戏平台就会赋分，积分越多，排名越高，代表研究成果更多，提高了玩家尤其是科学家玩家的热情。目前，通过 Foldit 成功研究出的蛋白质结构已经被用于艾滋病和新型冠状病毒肺炎的治疗，也有数以万计的科学家通过该平台的数字实验方式在国际刊物上发表研究成果。

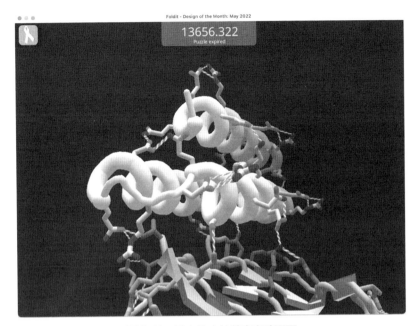

图 3.10　*Foldit* 中的数字实验页面

(来源于 *Foldit* 官网[①])

3. 虚拟世界情境

虚拟世界是一种模拟内心世界的元宇宙。其工作原理基于视觉技术，使用户能够看到三维立体图像。其形态往往体现为在互联网的三维空间中，多个用户同时访问并通过创建一个化身来表达用户的自我并参与其中。VR 技术包括复杂的三维图形、化身与即时通信工具。用户以沉浸的方式融入三维、多媒体、多人模拟的虚拟现实世界中，每个参与者可与其他参与者进行实时交互。

---

① https://fold.it/

应用于虚拟世界情境的未来功能游戏能够将玩家的数字交往活动转化为数字化身的探索行动与建设行动。玩家可以在其中参与并打造虚拟世界样态，建造超越现实的社会关系、社会组织，乃至社会系统，并得到超越现实的社会化生活体验。因而，未来功能游戏被作为生态媒介来使用。

* 应用价值：社会再组织化、包容无障碍、赋予自由度

在社会性功用方面，未来功能游戏发挥生态媒介的社会再组织化功能。未来功能游戏作为一种虚拟的媒介空间，可以自发产生社会关系和社会结构，如游戏公会，并基于新的关系与结构再生产。由此，玩家的聚集和互动不再具有地缘关系的特质，而成为以各种关系为导向的流动的组合，这有助于促进凝聚、加强关系、消弭边界、对抗社会排斥和贫困等。

在文化性功用方面，未来功能游戏可发挥生态媒介的包容无障碍作用。由于未来功能游戏能改写既有社会规则，重新组织的社会结构将有利于抹平现实社会的既有痼疾，如贫富差距、身体残疾等，在文化建设方面未来功能游戏能鼓励更平权、更去中心化的社会组织产生，使得所有玩家能够平等进入游戏媒介之中，为解决社会公共议题提供新思路。

在用户体验方面，未来功能游戏可发挥生态媒介中个体高自由度的优势。在虚拟世界中，功能游戏作为生态媒介能赋予玩家更高的自由度，例如"成为更好的人"，补偿现实世界中人的现实缺憾；或者"建设更好的社会"，通过个人的可编辑实践打造理想社会形态等。个体高自由度一方面能赋予玩家全感官的沉浸投入体验，另一方面还能

充分调动个体参与的积极性与创造性，鼓励玩家对媒介环境的建设做出贡献。

代表案例：《我的世界：教育版》

《我的世界：教育版》是《我的世界》特别为教育领域设计的虚拟世界功能游戏，由 Mojang Studios 和 Xbox Game Studios 在 2016 年共同开发，使游戏更易在课堂中使用。《我的世界：教育版》不仅可以通过模块搭建形成虚拟教学场景，在其中完成教学活动，更重要的是可以作为虚拟学习环境，允许玩家在其中自建组织和关系，展开不同目的的教学和学习行动。目前，《我的世界：教育版》已经衍生了无数基于不同教育目的的小组织模块，包括特定人群培训类（诸如教师培训）；特定技能培训（阅读技巧、面试技巧）；特殊教育（自闭症训练、多动症训练）等多种模块（见图 3.11）。玩家可以自行在多种模块中切换、体验，形成新的资源积累和社会关系。

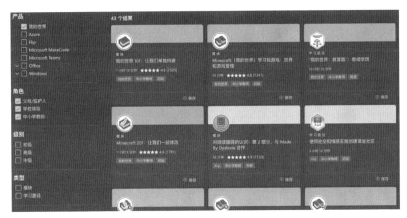

图 3.11 《我的世界：教育版》的玩家自建模块

4. 生活日志情境

生活日志作为内心世界的一种扩充，最早由美国科学研究与发展办公室主任范内瓦·布什（Vannevar Bush）在1945年为《大西洋月刊》撰写的一篇名为《我们可能会想到的》的文章中提出。作者设想了一种人们以任何形式记录生活的景象，照相机和录音机可以用来永久地记录和扩展个人的生活。作为元宇宙情境的生活日志，即个人利用扩展现实技术并通过非线性叙事来记录自己的生活数据、积累自己的实践经验、创造自己的故事。这类似于在元宇宙中建立自己的个人空间，在各种硬件与软件算法不断的优化下，用户可以轻松分享自己的生活日志，也可以任意访问他人的生活日志。

应用于生活日志情境的未来功能游戏将更多面向个人内心世界，聚焦于个人的功能学习，因而更多地作为一种私人媒介来发挥作用。

* **应用价值：去中心化、个性化、瞬时反馈**

在社会性功用方面，生活日志情境发挥私人媒介的去中心化优势。在生活日志情境中，未来功能游戏可以最大限度地为个人服务，定制个人游戏叙事方式、个人游戏操作方式，乃至个人即时追踪方式，其记录的数据是分布式、差异化的。从社会层面来说，这些个人数据有助于汇编形成一种自下而上的公众使用叙事，不仅可以帮助相关研究者了解功能游戏在个人层面上的具体功效，还有助于在社会上形成功能游戏去中心化的使用模式。

在文化性功用和用户体验方面，生活日志情境发挥私人媒介的个性化学习功能。如上所述，未来功能游戏可以通过个性化的设计方式，为用户提供学习帮助。在生活日志情境中，功能游戏可以通过用户私人使用数据的算法匹配，定制专属其认知模式的功能游戏机制，使其游戏作用方式能突破既有平均式的作用方式，深入个人动机、匹配个人行为、发挥个性作用。

在用户体验方面，生活日志情境发挥私人媒介的瞬时反馈优势。未来功能游戏在生活日志的记录情境中，能最大程度依据用户的个人特点提供评估意见、设计适应玩法、及时做出设计调整。这种可以根据玩家反馈随时改变游戏策略的方式能够更高效地纠正玩家的细节性错误，或是提供针对性补足，起到良好的纠偏作用。

代表案例：*Kitchen and Cooking*

Kitchen and Cooking 是欧盟项目 VERVE 开发的针对轻度认知障碍患者和阿尔茨海默症患者的治疗性功能游戏，通过生活日志的跟踪实践干预认知。该游戏以烹饪情景为背景，玩家可以通过可穿戴设备在视觉中执行认知任务，这些认知任务包括识别场景和食谱，每种情况下玩家都需要选择正确的食材、计划烹饪方式，涉及对玩家识别、记忆持续注意力等认知活动和执行配合活动的锻炼。同时，游戏可以通过传感器设备记录玩家的游戏时间、每个游戏活动（包括认知、实践等）以及正确率。通过个性化的游戏记录让游戏在个人层面发挥功效，通过潜移默化的方式和个性化的游戏调整，游戏作为"个人媒介"完成认知干预等功能性任务。

未来功能游戏的展望与反思

元宇宙技术发展带来的变革正从外部自然拓展至变革人类自身的

内部自然上,并实现游戏媒介的"技术驯化",使其从陌生的、存在危险的媒介转变成融入社会文化和日常生活之中的"驯化之物"。总结来说,虚拟身份、社交关系、极致在场感、极致开放性等特征从技术形态、内容生态方面给功能游戏带来助力,但同时我们也应对这一未来功能游戏形态作审慎思考。

1. 元宇宙助力功能游戏变革

(1)元宇宙塑造功能游戏技术形态

首先,打造功能游戏的虚实融合技术底座。在软件层,通过系统软件[操作系统、界面设计(UI)]与工具软件[软件开发工具包(SDK)、开发引擎、建模工具、渲染工具]建立功能游戏所需的 XR 软件系统及相应的生物数据采集系统;在硬件层,为功能游戏配合相应的核心器件、感知交互、终端形态等配套外设。

其次,通过技术贯通游戏世界与现实世界。利用 5G、6G 等通信技术;云计算、边缘计算等运算技术;XR、全息投影、脑机接口等交互技术;区块链等认证技术;打造游戏世界与现实世界相结合的场景,为功能游戏玩家提供经验和工具,创造在两个世界间流通的便利条件。

(2)元宇宙丰富功能游戏内容生态

功能游戏的核心部分并非技术而是内容,而元宇宙带来的技术基建对功能游戏内容生态提供了新助力。

首先,丰富功能游戏的应用领域,深入城市地理和科学研究等范畴。现有的功能游戏大多应用于教育、医疗领域,未来功能游戏有可能借助贯通游戏世界与现实世界的特性更多深入城市地理、科学研究等多样化范畴，例如在增强现实的城市功能游戏中解决城市管理和规划问题，在众包式的科学研究功能游戏中进行低成本数字实验、解决前沿问题。

其次，丰富功能游戏的生产机制，增加UGC可能性。在未来功能游戏生态中，开放创造和涌现叙事的机制将激励内容创作者在丰富的虚拟场景中自主研发功能游戏，降低功能游戏的制作成本；同时，这些UGC功能游戏也能通过一套与其相匹配的算法进行智能分发，帮助功能游戏实现更大的社会效益和经济效益。

2. 未来功能游戏的应用要点

（1）融合"工具理性"与"价值理性"，防范过度游戏化与技术化风险

"工具理性"逻辑即注重将新技术纳入现实问题治理过程以提升治理绩效，也就是将功能游戏视作解决现实问题的手段或工具。秉持这种思路，未来功能游戏很容易陷入过度技术化的发展路径，囿于技术指标化、工具化和功利化发展，反而忽视或弱化了功能游戏的功能导向，无法释放正向价值。

因此，未来功能游戏应该融合"工具理性"与"价值理性"，不仅关注元宇宙技术的手段和方法对现实问题解决的赋能，更应该看到解决现实问题的内在逻辑和伦理范畴。一方面，我们需要审慎思考元宇宙相关技术的使用界限与使用必要性，警惕将一切现实问题进行游戏化处理、技术化处理的风险；另一方面，我们需要基于未来功能游戏创新现实问题解决路径，不断探索与创新游戏范式赋能现实社会的机制，逐渐搭建游戏正向价值应用的科学性、规范性和合理性框架。

（2）共建开放包容的治理规则，防范玩家开放性、创造性破坏

未来功能游戏能够将游戏体验提升到与真实世界感官体验与反应几乎相同的层面，最大化玩家在游戏中的在场感和行动自由度。这也给功能游戏的运行和维护带来挑战，由于游戏中参与者的身份多元化，很难设定具体的硬性治理规则，否则可能剥夺玩家的拟真化游戏体验、抑制其开放性创造输出。游戏设计者需要加强基础规则的治理监管，遏制功能游戏中负面价值的出现，防止玩家对游戏进行创造性破坏。

因此，未来功能游戏可以借鉴互联网治理和国际贸易的治理机制，让玩家、政府工作人员、学术专家、民间社会人士围绕功能游戏的价值观和道德原则进行协议设计与实施监督，在相对开放创造的未来功能游戏场域建立起一个包容、合法的游戏，防止玩家对游戏进行创造性破坏的同时，提高未来功能游戏的行业标准与道德标准，将新技术的红利推向全人类社会。

第四章 ◆ 元宇宙背后的未来图景

元宇宙的本质是社会的深度媒介化，是数字文明与智能技术的未来集成。在元宇宙作用下，未来社会与文明进展将呈现怎样的图景？这是本章将要讨论的问题。从游戏出发，本章分为四节，分别论述元宇宙时代的游戏产业发展、作为内驱力的众包模式、作为构造数字文明核心范式的深度游戏化，以及游戏与元宇宙的监管与风险。本章力求对元宇宙呈现的未来图景做一个框架性的描绘。

第一节　元宇宙时代的游戏产业发展

全球游戏产业

2022年，全球游戏产业规模将达2 220亿美元。目前而言，移动游戏是游戏市场用户支出增长的主要驱动力，在2022年其全球领先优势将扩大到家用主机的3.3倍。随着新冠肺炎疫情推动游戏机销量激增，新发布的Xbox Series X/S和PlayStation 5游戏机的更广泛供应也将在2022年进一步刺激游戏消费增长。

全球游戏市场中值得关注的是主机游戏和移动体验的融合，即游戏消费越来越呈现出移动便携的趋势。当下移动设备能够提供媲美主机的图像和游戏体验，以及跨平台竞争和社交游戏功能。而移动设备也为各种游戏子类别提供了重要的渠道。在移动设备上，游戏真正实现了大众化。而这种趋势也说明了未来基于可穿戴移动终端的元宇宙游戏产业具有相当大的潜力（见图4.1）。

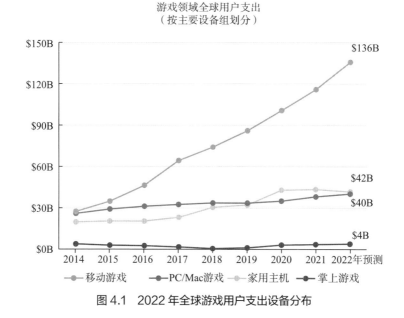

图4.1 2022年全球游戏用户支出设备分布

国内游戏产业

中国游戏产业研究院发布的《2021年中国游戏产业报告》显示，中国游戏市场实际销售收入稳步提升，但相较五年前增速有所放缓，已然进入某种"瓶颈期",亟须新突破以提供销售增长新动能(见图 4.2)。

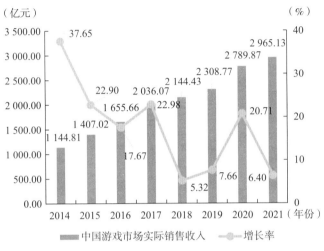

图 4.2 中国游戏市场实际销售收入及增长率

新突破一方面可寄托于游戏技术层面。技术与游戏共生发展,互相促进,技术提升游戏的开发效率与产品体验,游戏产业的繁荣又加速了技术的迭代更新,因此,游戏技术是游戏产业发展的重要动能。目前我国游戏产业已经逐渐将一些前沿科技注入游戏产业,如云游戏打破了行业内的应用边界,为游戏移动化发展注入新的活力。VR 产业正在突破关键技术,在推动 VR、AR 游戏发展的同时促成了元宇宙概念的兴起。作为当下的热门话题,元宇宙概念引发了众多产业和资本的广泛关注,我国部分游戏企业开始对元宇宙进行布局,市场预期总体良好。除此之外,我们也需要注意到,当下我国游戏自研技术同样处于发展瓶颈期,在游戏引擎等关键游戏技术方面尚存在一定短板。

新突破另一方面可寄托于内容形态的拓展层面。目前"游戏+"的多元融合加速了内容产品的横向拓展，延伸了游戏的社会功能，同时也为游戏赋能提供了新的实践平台。越来越多的游戏企业以功能性游戏为抓手，深耕游戏产品的社会价值，加快游戏产业的衍生品开发与制作，推动游戏同教育、文旅、医疗、公益、科普等多种元素的融合发展，加快主题游戏的产品开发，加速游戏产业价值的横向拓展，使其成为相关行业发展的一股新生力量。

元宇宙游戏产业

应用	2020	2021	2022	2023	2024	2025	2026	2027	2028	2029	2030	复合年均增长率（2024—2023）
游戏	–	–	–	–	4,585.1	7,655.6	11,839.6	17,495.3	24,568.9	32,353.3	40,213.9	43.6%
网上购物	–	–	–	–	1,356.6	2,266.9	3.521.3	5,219.4	7,350.1	9,727.6	12,166.2	44.1%
内容创作	–	–	–	–	1,057.4	1,739.2	2,670.1	3.906.4	5,419.4	6,906.4	8,466.1	41.4%
社交媒体	–	–	–	–	1,691.7	2,879.2	4,531.1	6,837.5	9,805.5	13,144.5	16,673.6	46.4%
其他	–	–	–	–	2.560.4	4,434.6	7,135.8	10.965.8	16,004.8	21,741.2	28,077.7	49.1%
合计	–	–	–	–	11,251.2	18,975.6	29,697.9	44,424.4	63,148.7	83,873.1	105,597.5	45.2%

Source: company Websites, Annual Reports, Secondary Research, Press Releases, Paid Databases, Expert Interviews, White Papers, Journals, Case Studies, and MRFR Analysis

图4.3 2020—2030年全球元宇宙应用市场预测（百万美元）

目前元宇宙游戏的概念尚不明晰，在学界和业界存在诸多争议。主流的学术和分析机构也并未对元宇宙游戏做出专门的划分。尽管如此，元宇宙相关研究者和分析师仍倾向将如《堡垒之夜》、《罗布乐思》(*Roblox*)、《我的世界》等几款头部开放世界游戏作为元宇宙游戏的代表，并认为这些游戏具有成为未来元宇宙基础架构的巨大潜力。

就元宇宙游戏产业而言，市场研究机构市场研究未来（Market Research Future）在元宇宙市场报告中也指出，预计在2024年，元宇宙游戏应用市场规模将达到45.851亿美元，这一数值在2030年将迅速攀升至402.139亿美元，可见资本对元宇宙游戏市场整体预期较高（见图4.3）。这是由于元宇宙游戏产品能够为在线参与者和玩家提供更具沉浸感的体验，这是未来游戏产品竞争的核心要素。此外，元宇宙游戏行业有望提供更全面的开放经济范式，革新当前片面竞争的资本主义驱动模式，支持更活跃、更包容的游戏，实现基于游戏的经济生态系统。

第二节 众包：元宇宙游戏发展的内驱力

众包的定义与主要特征

2006年，科技记者杰夫·豪（Jeff Howe）创造了"众包（Crowd Sourcing）"这一概念，即将一份工作外包给群众，常常表现为在互联网上邀请一大群人合作解决大型的项目。维基百科就是一个典型的例子。这一在线百科全书，由超过1 000万名不拿薪水且多为匿名的作者和编辑合作撰写。众包是以集体的形式，更快、更好、更廉价地完成单个组织不可能完成的任务。[1]总体而言，众包模式体现出三种特征，分别为组织方搭台、情绪激发与共同愿景。

1. 组织方搭台：提供可持续的游戏规则和价值闭环

参与用户可以在组织方设计的基本框架中自由实践，在完成既定任务的同时，形成广泛的自组织现象，激活先前分散无序的社会力量，通过自组织的形式实现先前通过单一组织或个体无法实现的任务或目标。用户也可以在这个过程中获得知识，形成认同，满足社交和自我价值实现的需求。

2. 情绪回馈：超越物质的情绪激励手段

积极情绪是参与众包任务的核心奖励。人类天生就具备通过积极活动、积极成果、积极关系获得奖励的生理机能，这是一种可以无限再生的激励资源，足以为大型群体项目做动员。在参与式经济中，我们争夺的不是"眼球"或"头脑份额"，而是脑力循环和心情份额。这就是为什么在这种新经济模式中，提供更好、更具竞争力的报酬，不会使任务或产品变得成功。成功只能依靠更好、更具竞争力的动员，这种动员通过激励我们朝着集体目标做得更多、做得更久，来增加我们个人和集体的参与带宽。[2]

3. 共同愿景：大型公共社区的共构精神

一个宏大的、公益性的共同愿景也是众包模式的显著特征，即玩家应当能够看到更宏大的图景，既有迎接越来越艰巨挑战的可能，也有朝着更宏伟的目标而努力的机会。游戏必须精心设计，让玩家得到奖励的唯一途径就是真心参与。因为在任何一款游戏当中，凡是能带来最大奖励的事情，玩家都会去做。关键在于，内容和体验要具有内在奖励性，而不是为所做的事情提供报酬，否则人们很快就会感到无聊琐碎、不得要领。

游戏机制中的众包模式

众包是大型多人在线游戏中的重要功能实现形式,涉及的游戏内容包括团队协同完成某项攻坚任务、组建可持续运行的社区、构建游戏经济交易系统或文化项目等。

1. 游戏社群体系建构中的众包模式

社群在游戏中往往被称为战队、家族、部落、公会等,是许多大型多人在线游戏的基础功能。近年来,游戏式的动员和组织已经渗透到网络集体事件之中,并引发巨大的传播效应。比如 2016 年 1 月爱国网友自发到海外各大媒体、传播爱国青年声音的"帝吧出征",其所代表的社群便是以游戏形式来进行架构的,从参与者的留言可以看出,整个行动过程模仿着青年一代所熟悉的战略游戏,如"报告祖国人民!火箭军后方集结完毕!全方位火力覆盖倒计时准备!""熊怪大军驾到""请求支援!!!",等等。[3]

"帝吧"[①] 本身是一个 BBS 形式的网络社区,成员结构较为松散,但在此次"帝吧出征"行动中通过构建游戏规则实现了社区内部的凝聚和协调,以达成具体的行动目的。然而"帝吧出征"衍生的诸多文化现象和情绪传播则是由众多参与者自发形成的,比如创建表情包,以及构造相关爆吧文本等,实际上形成了社群建构的众包模式,在这一模式下,"帝吧"网友建构了独有的社群内部关系和社群价值观,更加深了社群成员自身对社群的认同。由此可见,众包模式在游戏社

---

① 帝吧,指的是李毅吧,是目前人气最旺盛的百度贴吧之一。——编者注

群构建中能起到十分重要的作用。

2. 游戏经济体系建构中的众包模式

游戏经济体系的构建与游戏内的生产与交易环节密不可分，因此在讨论游戏经济体系构建前，我们不妨先回顾游戏内的生产形式和交易形式。在此我们以搜狐畅游公司推出的3D武侠游戏《天龙八部》为例。

《天龙八部》游戏内的生产要素有两种：劳动和劳动工具。凡是为了一定的目的在活动，都可以认为是劳动。在网络游戏中，劳动指练级、采集、锻造等。而劳动工具则是在劳动过程中，玩家具备劳动的能力，在网络游戏中，指玩家的等级、装备、技能等。交易是互动交易，包括玩家之间的交易和玩家与游戏商城的交易。在交易的过程中，充当一般等价物的货币则在交易中起到等价交易的作用，玩家拥有货币的多少，通常可以决定玩家拥有多少购买力。在网络游戏中，游戏内商城会以固定的价格向玩家交易虚拟道具，游戏内拍卖行、玩家交易市场或第三方交易平台则是以弹性的价格进行交易。例如，在一段时间内玩家采集的某种锻造用的材料较少，就可能引起价格的上涨。游戏世界里商品的使用价值决定交换行为的活跃性。

《天龙八部》游戏的交易行为在游戏后期尤其活跃。此时玩家的等级成长已经到了最后的阶段，角色成长重心已经转移到装备属性提升和宠物能力提升上，就必须购买商城道具。系统提供了"元宝"（人民币购买）和游戏币直接兑换的渠道。此时，玩家出现了分化：一部分玩家直接购买商城道具，以方便自身能力快速提高；一部分玩家投入大量的时间来获取游戏币，来换取其他玩家出售的商城道具。在这个过程中，大量玩家自发的交易行为实质上补全了游戏内部经济循环的逻辑链条，使得游戏内的资源能够自由流通。总体上看，网络游戏经济系统由供给和玩家需求构成。玩家通过在游戏中的行为换取供给，并通过对供给的消耗来改变角色的生存和发展状态。[4]这一行为则在客观上形成自组织的众包模式，实现了游戏内经济系统的补全。

3. 游戏文化体系建构中的众包模式

与游戏的经济体系构建类似，游戏文化体系建构常常也会用到众包模式，以全球领先的即时战术竞技游戏《反恐精英：全球攻势》（Counter-Strike: Global Offensive，以下简称为 CS: GO）为例。CS: GO 官方在 2021 年 8 月举办了"如梦如画"艺术比赛活动，活动奖金高达 170 万美元。所有 CS: GO 的玩家均可参与其中，自主设计游戏中枪械的外观并投稿，若创意被 CS: GO 官方采纳，就会获得丰厚的奖金。

活动开始后，CS: GO 官方团队收到来自全球艺术家的 15 000 多件作品。经过整整 5 个月的选拔，"如梦如画"大赛将获奖作品数由原来的 10 件增至 17 件，总奖金从原来的 100 万美元增至 170 万美元，用以犒赏优秀的"玩家设计师"（见图 4.4）。

图 4.4　2021 年 CS：GO "如梦如画"活动图

"如梦如画"活动只是 CS: GO 众包模式的一个缩影，通过这种众包式的文化生产，游戏公司可以收获来自世界各地的卓越创意。这些创意往往带有浓郁的地域色彩和文化表征，这使得 CS: GO 的枪械不再仅仅具有功能价值，而是更具有艺术价值，因此其在各种交易市场中能够始终保持较高的售价。此外，玩家在活动中收获了参与感与认同感，形成了鼓舞人心的文化氛围，这也是 CS: GO 长盛不衰的重要原因。

众包模式下的数字游戏劳工

众包模式实现了大型多人在线游戏的诸多基础功能，并形成维系玩家情感的游戏社群，使得游戏组织、经济系统和文化生产得以可持续运行。尽管如此，众包模式也存在一定的弊病，其中最值得关注的便是数字"游戏劳工"（Playbor）问题。

游戏劳工是指在虚拟游戏中受到雇佣或自我雇佣的玩家。[5] 这一概念并非游戏诞生之初便存在，而是在游戏逐渐发展的过程中慢慢突显。在虚拟游戏诞生之初，其目的是拒绝按部就班地工作，有明显的休闲互动倾向。到 21 世纪，情况逐渐发生变化，更大规模、更复杂的虚拟游戏出现，"游戏劳工"成了一种新兴职业。信息时代的虚拟游戏已经被资本牢牢捕获，成为数字化工作的场所，如今线上直播行业的最大营收版块就来源于游戏直播。这些虚拟游戏及其周边产业在过去几年间蓬勃发展，"玩"游戏的内涵变得复杂，甚至出现反转——游戏开始由关乎快乐变为关乎利润。[6] 在移动游戏中，玩家的游戏行为构建了游戏的主体内容，通过时间成本换取游戏中的虚拟货币或等级提升。这种数字资本将玩家的生命时间转变为劳动时间，形成了以时间消耗为主要生产过程的非物质劳动。

这一过程主要具有两项特征。首先，玩家生产的个人游戏体验成为游戏商品价值的重要来源，被技术和资本异化为生产系统的一部分。非物质劳动模糊了生产和消费、工作时间与闲暇时间的界限，游戏以给予"自由"与"娱乐"的名义索要人们的精力、时间和情感，娱乐兴趣与网络劳动工作的界限趋于模糊，空闲时间中的娱乐活动成为数字经济中的生产实践。其次，移动游戏中融入了与玩家快乐和悲伤类似的情感指涉，呈现出人体组织中的生命现状与思维模式，体现为非物质劳动的另一种形式"情感劳动"。透过看似共赢的虚假表象，移动游戏产业实现了对于青少年劳动成果的占有以及对劳动者的剥削，推进游戏产业的资本生产与增值过程。游戏玩家自愿进入游戏体系中付出劳动，因此被异化的不仅是劳动过程，也是自我生产的过程，它包括人类创造力的商品化，即自我商品化过程。数字技术能够克服时空障碍，使得有偿的和无酬的劳动时间发生直接的融合，催生了"免费的时间从属于消费的'劳动'"的转化过程。[7]

因此，如何去平衡玩家与游戏平台的不对等关系，如何去构造更平等的游戏众创模式是未来游戏与元宇宙产业实践的重要命题。

第三节 深度游戏化

游戏化的概念是"在非游戏情境中使用游戏元素和游戏设计"，[8]游戏化使得寻常的生产生活实践得以获得游戏般的乐趣，其本质是对现有社会规则的一种修饰。但正如游戏学者米克·维萨（Mikko

Vesa）所言，"对于某些人来说，游戏化只是寻找功利主义效力的一种策略，而对于其他人来说，游戏化是关于游戏设计思维潜力的解放。"[9] 游戏在用户体验、用户黏性、传播机制方面的超凡魅力在元宇宙时代具有巨大潜力。进入元宇宙时代，游戏将不再仅仅作为一种具象媒介，而将作为一种社会媒介化构造的核心范式，以游戏特有的要素和规则构造人类数字化生存的巨量场景并维系数字文明时代的社会生态。

游戏化的概念与机制

游戏化是游戏研究的一个经典概念。凯文·韦巴赫（Kevin Werbach）认为游戏化概念可以分解为三个概念——游戏元素（game elements）、游戏设计技术和非游戏情境，[10] 即在非游戏情境中使用游戏独有的元素以及设计技术。

就游戏化的类型而言，凯文在其著作《游戏化思维》中将游戏化分为三类，分别是内部游戏化、外部游戏化和行为改变游戏化。

内部游戏化有时也被称为企业游戏化，具有两个显著特征：一是参与者是公司的一部分。参与者彼此之间也拥有可以相互交流的基础。然而，他们有着共同的参考系（reference points），比如分享同样的企业文化，都有对进步的渴望，以及组织内部成员的身份等。二是强大的心流体验。动态的游戏化激励机制必须与公司现有的管理和奖励机制挂钩。内部游戏化可以运用于企业核心业务，但必须有新的激励措施，比如参与者可能会获得员工奖励或者学习其他新技能的机会。外部游戏化通常与客户或者潜在客户有关，目的是获得更好的营销效果，改善企业与客户之间的关系，提高客户参与度及其对产品的认同感和忠诚度，并最终增加企业的利润。行为改变游戏化旨在帮助用户形成更好的习惯，如合理饮食，或者让学生在获取知识的同时获得学习的乐趣，抑或建立理财体系，帮助人们获得更多的退休储蓄。通常，这些新的习惯会带来理想的社会效果：减少肥胖人数、降低医疗费用、提高教育质量、帮助个人或机构做出更明智的财务决策。这些行为改变的游戏化，通常由非营利组织或政府机构予以推广，但是它们依然可以创造出良好的效果。这三种游戏化的类型也代表了功能游戏设计的三种主要应用方向。

尽管游戏化的类型不同，但具体的设计原则较为相似。美国著名未来学家简·麦戈尼格尔在其著作《游戏改变世界》中指出游戏具有四项本质特征，分别是目标、规则、反馈系统与自愿参与。[11] 目标指的是玩家努力达成的具体结果。它吸引了玩家的注意力，不断调整他们的参与度。目标为玩家提供了"目的性"（Sense of Purpose）。规则是指为玩家如何实现目标做出限制，它消除或限制了达成目标最明显的方式，推动玩家去探索此前未知的可能空间。规则可以释放玩家的创造力，培养玩家的策略性思维。反馈系统（Feedback System）告诉玩家距离实现目标还有多远。它通过点数、级别、得分、进度条等形式来反映。反馈系统最基本也最简单的形式，就是让玩家认识到一个客观结果：到……的时候，游戏就结束了。对玩家而言，实时反馈是一种承诺：目标绝对是可以达到的，它给了人们继续玩下去的动力。自愿参与（Voluntary Participation），要求所有玩游戏的人都了解并愿意接受目标、规则和反馈，这建立了多人游戏的共同基础。任意参与和离去的自由，则是为了保证玩家把游戏中蓄意设计的高压挑战工作视为安全且愉快的活动。

游戏化概念使得功能游戏和严肃游戏迅速成为教育业、管理业、文化产业等行业革新的重要变量，并在诸多新的项目中得以实践。伴随着游戏化实践的加深，游戏化概念也在进行变革，游戏化背后的真正潜力逐渐被学界所关注。正如塞巴斯蒂安·德特丁（Sebastian Deterding）指出，今天的游戏化站在一个十字路口，一面是选择架构，另一面是人文设计。在选择架构中，游戏是用于控制微型指示行为的理想微设备，这是一种管理面板，可以使用类似游戏的激励措施来触发人们预先计划的行为模式。反对选择架构的方法是一种更具人文主义的游戏设计传统，在其中，游戏可以带来积极的可供性（Positive Affordance），从而获得丰富的有意义的体验。塞巴斯蒂安认为，相比于选择架构，人文设计方法可能更强大，可以实现实际的变革性的变化，[12] 而人文设计，正是深度游戏化概念的内核。

深度游戏化的概念与机制

最早提出深度游戏化（Deep Gamification）概念的是安德烈亚斯·利伯罗斯（Andreas Lieberoth）。在安德烈亚斯之后，诸多学者对这一概念进行了讨论。佩德罗·桑托斯（Pedro Santos）进一步完善了深度游戏化概念，并指出相较于浅层的游戏化，深度游戏化将改变实践的核心过程。[13] 海因里希·索布克（Heinrich Söbke）认为游戏化可以被定义为在真实世界中使用了游戏设计元素，那么深度游戏化则指向现实世界的进程被游戏化所改变，并对用户的动机和参与产生更大的影响。[14, 15] 由此可见，目前学界所探讨的深度游戏化概念主要是指游戏与非游戏化情境更加深度的糅合态。

契克森米哈赖发现，我们的日常生活中极度缺乏"心流"，但在游戏和游戏类活动中却到处都有它的身影。游戏化是在心理维度上迭代技术并创新规则，使人们能够克服困难，实现更加自由和幸福的社会实践。进入元宇宙时代，用户得以进入高度拟真的虚拟环境，其个体行为与社会实践在数字化和大数据计算的驱动下，能够超越以往功能游戏所呈现出的碎片化的游戏化设计，为游戏化开辟了全新的语义空间，也为未来媒介时代和数字文明提供了一种心理层面的超越性进化尺度。因此，深度游戏化概念在元宇宙时代应有如下意涵：在数字与媒介化进程中，现实社会投射并内嵌入游戏世界，并根据游戏要素机制进行体系重构，最终趋于虚实互融互生的过程。

根据这一定义，深度游戏化将体现出如下基本特征。首先，深度游戏化是游戏化的一种延伸，是以游戏的魅力机制重构全部社会实践的过程。换句话说，深度游戏化使得人类在大多数社会场景中能够获取更多积极情感，降低整个社会的组织动员成本。这个过程使得人类的未来社会实践更趋向于人类的自然天性，极大降低人类获得积极情感所需的行动阈值，彰显出媒介对于人全部要素连接加深加厚的趋向。这一特性同样是微粒化社会构造中用户权利的回归，是盈余时代媒介竞合的核心逻辑。

其次，深度游戏化实现人们个性化需求的满足，凝聚以长尾形式存在的广泛的趣缘关系，革命性地提升人类社会弱关系的连接效率与效果。工业文明时代以前所未有的高效模式实现社会商品的复制式生产，满足了人类各个方面的共性需求，而人们的边缘需求满足则仍有非常高的门槛。深度游戏化以游戏逻辑与场景实现人们边缘需求的对接与满足，并在实践场景的涌现机制中对社会的趣缘关系实现链接和凝聚。

最后，深度游戏化将游戏特性深深嵌入数字化社会的构造与规则中，为元宇宙时代的数字社会构造提供蓝本，并实现数字文明实践的逻辑闭环。目前，元宇宙的雏形无一不是基于大型多人在线游戏。这是由于游戏具有完整的实践要素、实践规则、价值体系等，能够支持人类社会文明的基础实践的逻辑闭环。换句话说，游戏具有整一性。在工业文明迈向数字文明的进程中，技术强力的中介使得人类有机会重构社会规则，使其超越肉身、真实物理对现代社会规则的限制，构造数字文明时代全新的社会体系，而游戏的整一性则为这种构造提供了基本蓝本。由此可见，人类社会的数字文明形态极有可能表现为一个体量巨大的超级游戏。

总的来说，深度游戏化有望超越具象的游戏媒体和作为规则修饰的游戏化，成为媒介化社会和数字文明构造的核心范式，系统地作用于整个社会体系。据此，后文将从社会组织、社会生产和社会生活的深度游戏化三种视角，分别论述深度游戏化在社会各个方面产生作用的潜力，并尝试建构深度游戏化作用下元宇宙背后的未来图景。

社会组织的深度游戏化

1. 社会形态变迁的底层逻辑：弱关系的量变与质变

在数字媒介技术中介下，社会进入深度媒介化阶段。具体表现为：科层制社会进一步裂解为微粒化社会，趣缘关系和弱关系替代血缘和业缘关系成为社会动员的核心力量，社会的基本单位也由组织降解为个人。[16] 在扁平网络状的社会结构中，个体的力量被前所未有地释放出来，并能通过无数个体力量的激发和凝结产生巨大的社会影响力，这种关系赋权形成一种全新的权力范式。这也构成了深度游戏化作用于社会组织的重要背景。

在弱关系逐渐成为社会核心关系的过程中，深度游戏化使得弱关系进一步发生质变，实现其更加强大的凝聚和实践作用。原因有二。其一，深度游戏化促使弱关系的离身和共享。以移动互联网为代表的 Web2.0 时代实现了信息及信息主导的经济文化实践的数字化，未来元宇宙时代的核心将是人类形体与行为的数字化，与之而来的是人类全部社会生活的数字化。通过形体、行为、信息的数字化，使得算法与人工智能能够在离身的条件下实现人类文明更深度、更有效的链接，比如各类游戏中的观战机制实现了用户行为的数字化和弱关系群体内部的共享，构建了一种离身的亲密关系。

其二，深度游戏化为弱关系提供了更广泛意义的社会实践场景。需要注意的是，在移动互联网时代，弱关系尽管得到彰显，但业已成型的弱关系并不能太多作用于社会实践。这是由于网络中的弱关系更多体现为离身的弱链接，或许在信息扩散和信息说服层面具有一定的效果，但受限于网络实践，弱群体并不能形成更多群体行为，进而产生社会力量和社会影响。能够发挥作用的弱链接也往往只存在于同城交流中，在现实中仍然难以实现。弱关系发挥作用往往需要转化为强关系，发挥社会力量的仍然以血缘和业缘群体为主。元宇宙时代的深度游戏化为弱关系实践提供了数字化的场景，弱群体得以在虚拟数字空间中实现更高层次的协作和凝结，真正彰显出弱关系的强大能量，实现超越肉身和地缘限制的广泛和深度链接，形成巨大的社会力量。

2. 自我驱动的去中心化社区：DAO

在弱关系逻辑的支持下，DAO 有望成为元宇宙时代具有代表性的社会组织方式。DAO 是由一群具有共同目标或想法的人和实体构成，内部强调分工协作，提倡共建、共治和共享价值的网络世界。作为分工协作的实体组织，DAO 与公司的概念较为相近，比如都有组织形态，都为个人提供创造财富的机会，都为社会创造价值。但 DAO 和公司存在本质上的区别，作为一种基于区块链的分布式自治组织，可以说 DAO 类组织具有如下四个基本特征：

（1）分布式组织架构。进入互联网时代，各类组织正在由科层式向分布式变革，表现为多中心、分散控制等状态。区块链技术更进一步加剧了这种变化，形成一种彻底分布式组织架构，所有参与协作的利益相关方都是平等的。区块链组织可以选择以公有链、私有链或者联盟链的方式建立，组织中参与者因持有发行的通证而成为利益相关者，任何参与者在组织中的权利和责任是相同的。这种组织形态扩展了企业内涵的边界，更为灵活、动态，组织内部信息沟通和反馈更为顺畅，组织权利和资源分配更为合理、高效，从而具有更高的生产率。

（2）加密信任与共识机制。去信任化是指区块链组织中的多个参与方无须相互信任就能够完成各种类型的交易和协作。因此，区块链组织运行以透明软件、公开代码和智能合约为基础，加密算法确保以非常高的精度记录和披露经济交易，不会被任何人攻破和篡改，无须任何可信的第三方参与。此外，共识机制是建立在加密信任基础上的管理机制，是更高层次的信任机制。它确保了区块链组织运行的可信性和稳定性，即使是比特币的创始人中本聪（Satoshi Nakamoto），在区块链组织决策中也并不比其他"矿工"（利用比特币矿机，参与挖掘比特币的人）有更多的投票权。

（3）并行生产。区块链组织的分布式特征决定了组织价值生产和价值创造是一个并行生产（Peer Production）的过程。并行生产是指通过组织汇集分散的投入和努力来有效地完成特定任务，而不是只依赖于部分组织参与者。并行生产的特征之一就是没有科层组织结构来协调生产，也没有严格的制度来控制生产，组织参与者完全独立地开展工作，通过加密算法和共识机制来达成一致，从而实现价值生产和价值创造。例如，比特币网络中的记账权是由参与网络中的各个节点共同参与竞争获得的，分布式账簿由各节点参与者来独立完成记录和发布。这一特征赋予组织参与者更大的灵活性，参与者可自愿加入或退出某个项目，有助于参与者发挥自身才能，激发价值创造潜能。

（4）社区互动。区块链组织是构建在区块链技术上的一种组织形态，区块链是区块链组织运行的基础，在日常运转中需要不断维护和升级。由于具有公开、透明、平等、分布式的理念和特征，区块链的维护不能交由某一特定人群或组织去完成，而是由一个动态的社区来自愿分享和完成。因此，区块链需要各参与者共同维护运营，所有参与者之间需要相互协调，致力于一个共同的目标——平台正常运行。例如，以太坊（Ethereum）的开发者之间需要共同维护以太坊基础设施的构建，为上层应用开发提供技术支持。在遇到分歧时，所有成员需要共同参与解决。[17]

基于如上四种特征，DAO突破了传统企业的弊疾，成为具有鲜明去中心化色彩的社会中层组织结构，并有望成为深度游戏化构造的宏大架构中的核心社会组织形式。就功能而言，DAO在中观层面上凝聚了分散化的被赋权的个体，使之在某种规则框架下得到再组织化，并能持续地赋能"圈层"——未来社会组织基本单位的运转、维持和迭代。

3. 多元力量共构下的社会形态：人机共生与自组织涌现

以游戏为代表的 DAO 媒介使社会在中观层面上形成了集社会交往、社会生产、自我价值实现等多重功能的社会场域，并成为个体在微粒化社会、数字文明中的基本存在空间。在不计其数的 DAO 交织互动下，数字文明时代的社会结构将呈现出两个主要特征，即人机共生与自组织涌现。

（1）人机共生

在元宇宙中，"人与人、人与物以及物与物之间原有的互联互通界线将被重新整合"，所有的"人"和"物"都将共处于一个技术所建构的有机数字生态系统之中。在人与物的关系中，最为直接的"物"即机器，也就是人机传播中的媒体技术。5G 技术的万物互联，进一步将人与人、人与机器、人与世界的互联上升到生理级、心理级的互联互通，其疆界的进一步拓展、要素的进一步丰富、结构的进一步生态化，将促成人机传播关系的革命性重构。

具体来说，人机共生可以体现在连接和决策两个层面：一方面是连接行为，即人对于传播技术的依赖性。马克斯·韦伯（Max Weber）说过，人是建立在自我编织的意义和关系之网中的动物。"此在的本质也即是共在"，在人与人、人与物之间的关系之中，人的意义也被建立。而随着技术的发展，假使物的庞大超越了关系的意义，人与物之间由技术系统来定义的关系超越了人与人之间的关系，那么传播者就将更加依赖于技术而非其他人。马丁·海德格尔（Martin Heidegger）所谓的技术的"座架"促逼着人把一切存在物当作技术的持存物来定制，无论是身体层面的传播还是情感层面的传播，都无时无刻不受到技术的影响。

另一方面是决策行为，即技术对人的渗透。随着信息获取与筛选的速度跨越式发展，人们的决策时间和辅助流程大大缩短，但正如安德鲁·卡普兰（Andrew Kaplan）所言，算法的渗透使得人在决策中的自主性也面临着威胁，"决策权部分或完全实现了由人向机器的转移"。作为人类信息传播活动的重要工具，媒介的形态进化是一个技术与社会相互作用的过程。从技术因素来看，作为媒介形态变迁的重要驱动力量，技术的每一次迭代更新，都带来了传播质量和效率的提升、媒介对前技术环境的复制能力的增强，以及虚拟环境与现实边界的模糊。从社会因素来看，技术的合目的性与合手段性的叠加，又会在传播技术得到成功推广运用后，引发社会制度、社会功能以及传播场景的革新，从而导致社会结构、交往方式、传播方式、认知模式等多方面的改变。[18]

（2）社会再组织化的核心逻辑：自组织涌现

在弱关系逻辑的主导下，以DAO为主要社会组织的社会结构将进入更加流动、液态的阶段，自组织将成为这种社会结构中最为重要的组织手段。

总体来看，以互联网与智能算法为代表的数字媒介作为一种新的结构社会的力量，下沉为整个社会的"操作系统"。在深度媒介化进程中，传统的科层制社会解构为微粒化社会，弱关系和趣缘关系使社会形成去中心化的流动的网络状，正如曼纽尔·卡斯特（Manuel

Castells）对"网络社会（Network Society）"的定义"网络化逻辑的扩散实质地改变了生产、经验、权力与文化过程中的操作和结果……在网络中现身或缺席，以及每个网络相对于其他网络的动态关系，都是我们社会中支配与变迁的关键根源。"[19] 这种社会的结构性演化在一定程度上解构了既有的关系网络和圈层结构。在宏大的再组织化浪潮中，不同个体、不同组织、不同族群在网络社会中不断根据本体取向和环境可供性进行新的探索性行为实践，因而涌现出不同的行为规则、尺度和价值标准，形成自组织涌现。这种自组织的行为实践进一步为新的网络社会提供结构、规则和价值。换句话说，自组织的行为实践通过环境化构筑了人类网络实践的全部场景，使微粒化的网络结构能够在实质上形成可供人类生存的社会样态，并最终完成社会形态的更迭。

社会生产的深度游戏化

当我们在论及人类数字化生存的未来图景时，我们首先需要保证以数字化生存的人类能够进行与现实社会中无差别的生产劳动，即在保证个体能够通过数字生产实现自我价值的同时，对劳动成果进行有效的合理分配，使得数字劳作产生的等价物能够在数字世界和现实世界同等消费，以实现个体物质与精神需求的满足，实现数字世界与现实世界的有效关联与融合。

游戏与元宇宙是构造数字文明的基础性、平台性媒介。为了实现上述社会生产的等同性，未来游戏与元宇宙必须与现实社会形成某种映射关系，这种关系不同于现实社会完全虚拟地进行数字化投射，而是需要经由深度游戏化逻辑构造，形成符合技术现实水平、适应人类数字化生产生活的社会场域。因此本章将首先探讨现实文明向数字文明的映射关系、机制和基本形态,在此基础上,本章将讨论深度游戏化逻辑构造下社会生产可能表现出的两大特征,即生产资料的下沉与体验性劳动的崛起。

1. 数字文明的一种架构想象:开放世界与海量场景

现实社会如何在虚拟世界中完成映射并构造出人类数字化生存的基本场域,是一个极为复杂的命题。总体而言,当前人类社会与媒介技术的糅合正在加深,即正在逐步驶入数字文明时代,这个过程尚处于初级阶段,与本书所述成熟的数字文明时代相去甚远。尽管如此,我们仍需尝试构想这种文明的迁徙机制,为实践提供操作的逻辑路径。

当前学界与业界公认的元宇宙雏形无一不是大型多人在线游戏,比如《罗布乐思》《堡垒之夜》《我的世界》等。其原因在于,一是该类游戏提供了一个可供多人在线互动实践的巨型虚拟时空场域,在这个场域中有确定的时空、物理和生化规则,也有可供玩家自由发挥创作的沙盒创作机制,玩家可以在游戏中以相当高的自由度完成各种在线社会实践。二是该类游戏提供了各种各样的任务(或称叙事、场景)线路,通过某种特定叙事传达具体场景的游戏规则,玩家可以通过各种任务线路实现既定的任务目标并创造对应的情绪价值和劳动价值。这两种游戏所特有的性质为现实社会的深度游戏化提供了构造蓝图,即其映射机制可能遵循游戏化设计的原则——开放世界与海量场景的结合。

首先,未来人类数字化生存所处的虚拟数字空间(也可直接称其为元宇宙)的基础场景与现代大型多人在线游戏中的开放世界高度类似。开放世界的建构应该由多方意见共同协商拟定标准，确定包括时间、空间、质量、密度等关键指标和规则；现实世界对社会实践的限制应当予以消除或压缩；对现实世界有所支持的应当加以鼓励，最终形成多方意见的合力，有利于建立平衡的，总体上助益社会实践的大众世界框架。在大众世界框架外，也会存在诸多对奠基有利的世界框架，这些框架构成了元宇宙的基本时空。

其次，将现实社会映射入虚拟数字空间，即用深度游戏化逻辑重构现实社会所有的实践场景，使其以游戏任务线路的形式接入虚拟空间。在宏观层面上体现为部分第二产业和第三产业（以实现人们更高级别的需求）的数字化转型和数字化运营，细分场景的建构应该由市场化的自由竞争机制支持，在此基础上涌现千态万状的经济生产结构。在以开放世界为基础的多场景设计下，虚拟社会经济生产的主要任务将变为场景的设计、建设和拼贴。在群体智慧和众包模式的加持下，未来的场景模式将呈现百花齐放的态势，人们可以自由游弋于不同场景之间。

简单地说，在上述技术场景想象中，基础场景是一个高性能游戏系统。在满足大众需求最大公约数的基础上，提供必要的虚拟物理（游戏引擎）、算法和数据支持，对空间时间、物理规则、物种特性、软件协议和数据接口做出定义。细分场景在市场化机制的基础上自由生产，实现现实世界的经济体系向虚拟世界的迁徙。在现实映射元宇宙的过程中，社会生产将出现两个重要的变革，其一是生产资料的下沉，其二是生存性劳动转为体验性劳动。

2. 生产资料下沉：深度游戏化对社会生产的革命性生产赋能

当现实社会经由深度游戏化逻辑重构，体现出人类数字文明时代，工业文明时代的社会生产模式将发生巨变。深度游戏化赋予社会生产一项革命性的特征——生产资料的下沉，这一特性将为社会释放巨量的生产创造力，使数字文明的发展速度数倍于先前任何时代。这一特征的赋予基于三个重要的变革基础，分别是无差别的游戏世界生产能力，以 DAO 类组织为代表的新型生产成果分配制度，虚拟与现实世界经济体系的绝对关联。

（1）虚拟世界无差别生产权利

当用户进入基于开放世界理念构造的虚拟数字场域时，这一高度集成的虚拟数字环境将赋予用户在虚拟时空中无差别的生产权利与基础工具，包括虚拟世界共享的算力水平、时空资源和基础编程创作工具等。这种基础生产能力的赋予使得用户得以在时空、工具和智力支撑方面实现平衡。

（2）DAO 类组织革新生产收入的分配

在虚拟数字文明中，诸多生产性劳动将由其对应的专业化的 DAO 实现，这种具有高度自组织特征的生产模式将动摇现代公司制度生产模式的根基，组织资产与收益将不再为股东所有，而是在去中心化的生产模式中得以合理分配，进一步疏解生产资料在工业文明时代的绝对集中。

（3）虚拟与现实世界经济体系的绝对关联

现实社会在映射虚拟数字空间的过程中，将实现现实和虚拟生产成果的绝对等同。即以通用电子货币、区块链和非同质化代币等数字金融产业为基础，建立数字社会与现实社会货币的绝对关联，满足虚拟世界实时结算的需求，实现游戏生产模式。

3. 体验性劳动：游戏化逻辑深度浸入生产过程

深度游戏化赋予社会生产另一项重要特征，即以生存为目标的劳动将被以体验和自我价值实现为核心的劳动所替代。

场景的设计将遵循游戏化的逻辑进行构造，这并非是元宇宙的标准，而是元宇宙前所未有地提供了适宜游戏化设计的技术和文化环境，比如直观的目标展示，即时的激励机制和便于操作的循环机制。与此同时，所有工作流程和经济生产的数字化必定带来全新的规则设计，因此在众多生产性场景设计的竞争下，场景质量、体验和性价比等方面的优劣将直接影响雇员身份用户的工作选择。能够支持人们不断克服困难，不断获得积极反馈，获得良好工作体验的游戏场景将有望成为元宇宙经济生产的核心模式。这种"重构—选择"的模式，将深刻地变革人类经济尤其是第二、第三产业的生产方式，使得经济生产在心智维度得到进化。

社会生活的深度游戏化

1. 数字人类与数字化生存：游戏逻辑驱动的未来生活

（1）人类需求满足方式的系统性分离：从现实世界满足到数字世界满足

马斯洛曾将人类的全部需求划分为五个层次。第一层次和第二层次为生理和安全需求，人的生理需求主要指基本的衣、食、住、行等需求，而安全需求则如人身安全、职业安全等。这两个层次的需求对物质依赖更大，因此是较低层次和易于满足的需求。第三层次为感情归宿需求，如友谊和情感归属。第四层次需求是社会需求，如尊重和社会地位的实现。第三、四层次是中等层次需求。第五层次为自我实现需求，如胜任感和成就感。是人类始终追求的较高层次需求。[20]

长期以来，人类需求几乎全部通过真实世界得到满足，以传统游戏为代表的媒介仅仅只能作为部分需求的出口。因此在真实世界的规则约束下，人类的诸多需求并不能得到很好的满足。随着深度游戏化逻辑对社会规则构造的加深，人们有望栖居于虚拟数字空间，并在纷繁多样的游戏化场景中实现自己的各类需求。最终我们可能发现，现实世界对于我们的需求满足可能更多在于温饱和安全等低维层面，情感、社会、自我实现等高维需求将更多地在虚拟数字世界中得到满足，这将成为人类数字化生存的一项重要特征。

（2）数字人类：身体与行为的数字化

在元宇宙技术中介的虚拟社会场域中，现实环境与虚拟环境深度融合，人类的形体、感官与行为有望完成数字化，使行为构成传播环境的一部分，而这种新社会构造内嵌的关系和行为规则也制约着进一步的实践。另一方面，当人类栖居于数字智能技术织就的虚拟数字空间时，包括物理规律、化学反应和生物谱系在内的全部自然规律与形态将荡然无存，人类将进入乌托邦式的生存场域。基于数字智能技术给赋的前所未有的实践可供性，人类将有机会穷尽全部想象力和能动性，经由游戏化的行为实践对生存环境进行颠覆式改写，甚至创造出完全违反自然生物常识的异构世界。比如 2021 年 8 月 7 日，美国一线流行歌手爱莉安娜·格兰德（Ariana Grande）在 Epic Games 旗下游戏《堡垒之夜》中连续举办了 5 场演唱会，观众可以自行通过虚拟化身（Virtual Agents）参加演唱会并与主唱互动，这在大众传播时代是难以想象的。另外,需要注意的是,元宇宙技术将时空尺度极大压缩,使得人类的数字化生存全面进入场景时代,极大地降低了用户实践的门槛,并革命性地改变了环境支撑人类行为实践所能供给的时空容量,使社会生存进入"永远在线、无限空间、自由实践"的新阶段。

(3)数字化生存:时空压缩与环境融合

时空压缩是人类数字化生存的重要特征。元宇宙技术使得环境中越来越多的感官信息得以被激活并进一步凝结,使得单位时间内个体所能吸纳信息与关系表达的质量密度空前压缩。与此同时,元宇宙技术使千态万状的社会场景得以在分秒间无缝流转,这使得人类的生存样态与环境同频,进入到高速高容的时空模式中。

数字化生存的另一个特征体现在人类本体对环境的融入。让·鲍德里亚曾提出名为"超真实(Hyperreality)"的后现代概念,意指我们通过大众媒体所看到的世界并非真实世界,不知不觉中大家习惯了接受和操纵"仿拟"信息,生存在大大超过自身感受的感性世界中,造成了真实的消失和"超真实"的统治。[21]这一超然的诠释正在元宇宙技术时代得到印证。在VR游戏、人工智能、数字孪生等技术能够塑造出视感、听感、触感越来越逼真的虚拟人类时,真实和虚拟的界限正在消失。元宇宙技术使人类生存中想象的他者成为现实,并经由拟像投射与叠加,形成每个个体冀望栖身的拟像社会环境,使个体能够超越现实社会的行为规范和可供性,找到超真实的、独一无二的心灵归宿。

2. 深度游戏化的本质：对社会元规则的重新书写

（1）深度游戏化与游戏化的区别：从心流体验到实践的心智升维

游戏化的核心目标之一在于赋予传统实践以心流体验。契克森米哈赖是最早提出"心流"概念的学者。他在1975年提出心流理论，又称为沉浸理论，解释人们在进行某些活动时为何会全身心投入其中，并且过滤掉所有不相关的知觉，进入一种沉浸的状态。心流描述了一种整体的感觉状态和高峰体验，即当某人完全参与并高度专注于某项具有明确任务、有一定挑战的活动中时，会高度专注于活动本身，忽略自我、时间和外部环境，与活动融为一体，并处于陶醉、高度兴奋、感到充实的状态。使一个人在活动中产生心流体验的要素主要包括：① 人热衷于所从事的活动；② 人专注于所从事的活动；③ 人感觉不到时间的流逝和外部环境的改变；④ 活动有明确的目标；⑤ 活动有清晰、即时的反馈；⑥ 人对活动具有合适的操控感；⑦ 活动可以排解人的忧虑；⑧ 活动的难度适当，既有足够的挑战，又不至于让人产生沮丧和焦虑的心情。[22] 不难发现，心流体验触发的要素与游戏具有的要素高度相似，因此游戏是能够提供较强心流体验的媒介之一。

心流体验具有内在回报，有助于自我成长。正如契克森米哈赖指出的，每一次心流体验都"提供了一种发现感，一种将人们带入新现实的创造性感觉。它提升了人的表现水平，并进入以前未曾梦想的意识状态"。简单地说，心流产生令人愉快的体验，这种体验蕴含新鲜感和成就感，促使一个人反复地参与这项活动，追求更好的表现，并带动其自我成长。[23] 心流体验可以说是极佳的心理状态，是人类生存的核心追求之一。在生产力较为低下的物质短缺时代，重复性、密集性劳动使人们难以在生产中获得心流体验,这是人类社会中心理成本较高的生产形式。而游戏化则通过赋予日常生产生活实践心流体验,极大程度上降低实践组织、动员的成本,提升人们在实践过程中的体验与自我成长。可以说,心流体验是游戏化的关键目标之一,而这一赋予过程并未改变实践自身的核心逻辑框架,而是作为一种优化或修饰。

相较而言,深度游戏化则将行为实践深度融合入游戏中,游戏化机制将重构行为实践自身的逻辑框架,表现为"游戏中的实践"。前文已经着重描述了元宇宙技术时代深度游戏化可能具有重构社会组织、社会生产、社会生活的巨大潜力,并有望成为未来数字文明构造的核心范式。但我们仍应把握深度游戏化的内核。在对此进行阐释前,我们不妨先来回顾游戏魅力构造的机制。

游戏的魅力机制主要由三点构成。首先,游戏是一种参与式传播,就像玩家在游戏中处于支配地位,玩与不玩、怎么玩、跟谁玩,这些问题的决定权都掌握在玩家手中。人们对媒介使用逐渐有了控制感,他们可以自行决定在什么时间、什么地点使用何种媒介。其次,游戏是一种沉浸式传播。游戏之所以有强大的吸引力,很大一部分原因是游戏创造了虚拟世界,以丰富的体验让玩家沉浸其中,借此跳脱出日常的循规蹈矩的生活,而体验的丰富性也是沉浸式的全要素场景传播超越传统传播,成为盈余时代有效传播的重要原因。最后,游戏是一种反馈式传播。游戏中的即时反馈给玩家以不断的刺激和成就感,玩家也通过反馈获得对实时状态、付出和成就的有形感知,从而获得一种全局掌控感。[24]

如上三点,正是契合人类心智与行为方式的关键要点,因此深度游戏化在宏观上表现为一种社会形态对心灵的趋向，即为社会组织、社会交往、社会生产等行为实践赋予心智层面的升维。这同样也是深度游戏化与游戏化本质上的不同：游戏化仍以生产效率为归依，而深度游戏化则以人心为目标。在深度游戏化的社会构造中，人类得以解除一元规制对个性的压迫，以自由身心和愉快体验在无尽场景中开展全新的社会实践。首先，深度游戏化构造的社会规则和实践逻辑能够生产更多积极情绪，降低整个社会动员、组织的成本。其次，深度游戏化通过自组织式的场景涌现实现趣缘关系的强大连接，增强了人类社会对弱关系的集成程度，释放了弱关系强大连接的实践潜力，为人类提供强大的心理认同。最后，深度游戏化带来无尽社会场景的涌现，为人类社会的实践提供前所未有的可供性。这使得任何人可自由进入任何数字场景形成个性化的社会实践，找到符合自身特征的实践形式并激发自身潜能，实现个体的自我价值与社会体系丰富性的成倍提升。

（2）深度游戏化的本质是对社会元规则的重新书写

深度游戏化实现一切进化驱动，本质源于深度游戏化对社会体系元规则的革命性改写。社会规则受经济、政治、文化、技术等多元力量的影响作用，往往呈现出某种系统化的趋向，并在历史的演进中形成某种惯性。这种趋向和惯性会对后续社会规则的构造起到强大的定向作用，使新生的规则能够与社会规则体系接壤，并构成内部自洽的逻辑系统，可以说这种惯性和趋向本身构成了新规则书写的原则，我们不妨称这种趋向为社会体系的元规则。

长期以来，社会规则的形成主要从生产实践出发，尽管对人性有所压抑和限制，但能够保证社会体系的基础运转和社会需求的基本实现，这一构造逻辑背后是集权式的思维结构，以个体权利的牺牲换取权力的中心聚合，从而降低社会个体化决策所带来的系统性熵增成本。其本质是对工业文明时代和短缺时代的一种系统性妥协。

进入数字文明时代，绝对性和系统性的短缺已然被消除，社会表现出盈余的特征，这构成人类数字文明的基础背景，也为社会元规则提供了一种转向的内驱力。深度游戏化就是这种内驱转向的具象操作之一，表现为从人类本身出发，以人性所内嵌的共性的、个性的特征为基本锚点（比如即时反馈，目标与奖励等），通过自组织式地构造多元叙事、多元场景，完成社会规则的生产和涌现。在这个过程中，书写社会规则的权力回归普罗大众，社会规则的书写也得以脱离工业文明时代社会规则生产的效率趋向，能够从人类内心出发，以追求人类获取积极情绪与自我价值实现为目标，实现社会元规则对人心的趋向。生产力水平的盈余使得效率下降得到宽容，换取的是整个社会规制的松弛和社会心态的愉悦。

元规则的转向解构了外化世界建构的精英主义逻辑，从人心出发的社会规则、制度、生产使得深度游戏化能够真正实现人类从心智世界到外化世界的构建逻辑。这一变革系统性地解放了人类的奇思妙想，使其能够在千态万状的游戏情景和游戏规则中，构建适宜每个人生存和寄托的数字场域，促进人类自我与其赖以生存的环境达到和谐圆满。

第四节　游戏与元宇宙的监管与风险

随着元宇宙相关技术和业务的日趋成熟，与元宇宙游戏相关的监管问题也不断涌现。这些问题有的在移动互联网时代已经凸显，但在元宇宙的语境下有了新的变化，需要我们重新加以把握，有的则是元宇宙技术特性导致的特殊问题。对这些问题的分析与把握在元宇宙游戏产业发展肇始时期是极有必要的，这些问题的分析与解决，有助于我们矫正理论与实践发展的不良倾向，为元宇宙游戏构建一个良好的发展开端。据此，本节将从三个元宇宙监管层面展开分析，即元宇宙中的版权保护问题、社区安全问题以及游戏与元宇宙未来可能面临的风险。

元宇宙时代的版权保护

游戏与元宇宙可被视为一种未来媒介技术的集成，表现出媒介的基本特征——智力知识成果，因此知识产权保护是游戏与元宇宙产业发展的重要监管领域。总体而言，知识产权是作为激励创新的基本手段、创新原动力的基本保障以及国际竞争力的核心要素，而知识产权的保护则是知识产权功能和作用能否实现的重要因素。如果侵权风险大，维权难度高，在很大程度上会降低投资者对元宇宙游戏产业的投资积极性，抑制投资者的大规模投入和长线投入，最终将不利于产业的长远发展。如果侵权风险小、维权成本低、举证责任弱、审理周期短，则有利于资本的大规模持续性涌入，有利于科技人员和创作人员潜心研究和创作，最终有利于整个元宇宙产业的蓬勃发展。[25]

如何划分游戏与元宇宙的知识产权类型，是知识产权保护的一个基础命题。既有研究根据创作形式将元宇宙作品分为四类，即人类为虚拟空间创作的作品、把现实完全"复制"到三维虚拟空间产生的作品、二次创作产生的作品以及虚拟人产生的作品。

1. 人类为虚拟空间创作的作品

当前许多 VR 企业把场景内容的制作和运用作为公司的主要发展方向，出现了提供制作 VR 技术生成场景内容的平台和公司。随着 VR 产品市场的回暖，现在越来越多内容开发者参与到场景内容创作，创作出越来越多的消费级应用和场景内容，其中 VR 游戏和影视占大部分。这些 VR 技术生成的场景内容类似于现实生活中我们常见的新开发的游戏和影视，他们都是人类创作出来的新作品，可称之为人类新创作型作品。

2. 把现实完全"复制"到三维虚拟空间产生的作品

如社会生产的深度游戏化章节所述，未来游戏与元宇宙的形态很大程度上是现实社会在虚拟场域中的一种映射，因此"复制"是元宇宙创作作品的一种重要的生产形式，在此我们以 3D 打印技术为例。3D 打印技术超越了传统的"从平面到平面"的复制模式和"从立体到立体"的复制模式，表现为从二维平面到三维立体的转变，体现为一种"异型复制"。异型复制对知识产权制度是否构成挑战在理论界也曾引起激烈的讨论，多数学者认为 3D 打印技术的行为方式仍受"复制权"控制，只是异于传统的复制方式，并没有带来新的行为方式。从可预见的技术发展空间来看，3D 打印技术并未给著作权法的既有制度设计带来颠覆性的挑战，如果 3D 打印对象的二维平面图形是美术作品，根据该图形打印出 3D 实物即属于平面到立体的复制，则构成对美术作品的复制权侵权；如果 3D 打印对象的二维平面图不是美术作品而是用于三维设计的工业设计图，根据该平面图打印出立体物，则不构成平面到立体的复制，对 3D 打印技术的探讨只需要澄清上述"问题"在现行著作权法中已有相应的规则即可。

3. 二次创作产生的作品

借鉴人类文明成果产生新的文明是人类社会得以进步的根源之一。在著作权法领域，对于临摹原有作品产生的生成物的可版权性问题早在著作权法立法之前就有争议，时至今日仍有学者在研究。有学者认为，临摹原已存在的、享有著作权的绘画作品，不但要具备一定的技巧，而且要在自己的再现品中增加自己的创造性劳动，所以这种临摹的结果，实际是再创作出新的美术作品。[26] 也有学者认为，由于精确临摹之作与原作品相比在视觉上没有可以被客观识别的差异，或者差异过于细微，临摹之作并不符合独创性中"独"的要求。不可否认，临摹作品需要高度技艺、艺术品位与判断力，但精确临摹者所运用的仅仅是为进行精确复制所需要的技巧、艺术品位与判断力，而非来源于自己的创作成果。[27] 综上所述，目前关于该种作品的版权保护仍存在争议。

4. 虚拟人产生的作品

当下与 VR 技术融合发展的人工智能技术比 VR 技术引起了更加广泛的关注，人工智能生成内容的"可版权性"问题在理论界引起了"激战"。持肯定说的观点认为，虽然人工智能是机器输出结果，但也是遵循人工智能设计人员的意志创作而成，能够体现作品的人格要素，应当认可人工智能生成内容的可版权性。[28] 持否定说的观点认为，人工智能生成内容是一系列算法、规则运行的结果,不能体现作者的独特个性和情感表达,所以也应否认人工智能生成内容的可版权性。司法实践中也出现了完全相反的判决,如在腾讯公司与上海盈讯公司著作权纠纷一案中,深圳市南山区人民法院认为,人工智能生成内容是原告主持创作的法人作品,应当受著作权法保护。而在菲林律师事务所与百度公司著作权纠纷案中,北京互联网法院认为,人工智能生成物的涉案报告不是著作权法意义上的作品,不受著作权法的保护。人工智能生成物的可版权性争议有个非常关键的问题,即创作作品的主体是否是"人"。相似的,VR技术生成场景内容首先是执行计算机程序的结果,在具有交互性特征的虚拟环境中,如果是虚拟人物在虚拟环境中创作出的内容或者与人的交互过程中产生的内容,这种情形可称之为虚拟人创作型。这些内容是否受著作权法保护,是否因其是虚拟环境中的虚拟人物而完全被排除在著作权法保护范围外,还需要进行深入细致的探讨。

如上分类方法较为全面地概括了当下游戏与元宇宙产业中的作品类型,并能在短期的法律实践中发挥作用。但需说明的是,元宇宙与游戏产业仍处于高速成长阶段,未来有可能涌现出更多的创作作品类型,对这一分类进行进一步扩容。然而,如上某些分类中仍存在较大争议,主要原因在于产业模式并不成熟,所引发的法律保护和监管问题较为复杂多元,这也是元宇宙与游戏产业未来发展将要面临的一个长期问题。

元宇宙时代的社区安全

随着元宇宙技术支撑的各种应用场景落地,用户得以全身心地浸入虚拟数字空间,这一方面扩宽了用户在虚拟空间进行社会实践的自由度,另一方面也将现实社会中的种种问题带入虚拟空间中,社区安全就是其中的一个极为重要的问题,主要体现在元宇宙的隐私保护和虚拟人身安全保护等方面。

1. 元宇宙时代的隐私保护

由于目前元宇宙相关应用的功能场景还不固定,隐私保护尚未全面的建立。尽管如此,次世代媒介被寄予厚望,元宇宙技术的民用落地和普及势必将带来全新的隐私保护问题,因此对于这一问题的讨论是十分必要的。

元宇宙媒介技术是移动互联网通信技术的延伸,因此以智能终端为基础的移动互联时代的隐私问题可以为元宇宙时代的隐私问题提供参考。针对这一问题,应用分析和数据公司 Data.ai 曾做出针对全球主要国家的用户调研,聚焦主题包括用户对广告定位追踪的看法、用户对隐私法规或政策的看法以及用户对展示广告的看法等(见图 4.5)。移动用户对广告定位追踪的态度调研结果显示,即使接受个性化广告跟踪可以免费使用应用,大多数用户仍认为这种方式并不合理。其中日本是例外:日本的大多数受访者认为广告跟踪是"合理的",或者他们对此持中立态度。移动用户对隐私法规或政策的看法调研结果显示,约 45% 的受访者支持科技公司和政府增加广告追踪难度。约 29% 的受访者不支持增加广告追踪难度。

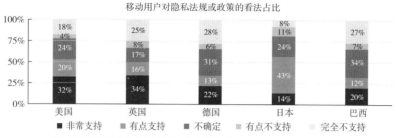

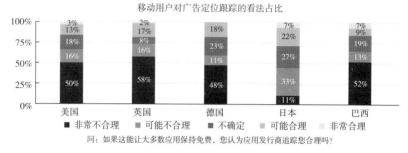

图 4.5 Data.ai 关于隐私问题的调查结果（节选）[1]

根据上述调研可知，当前五个国家移动应用用户对于广告定位追踪及其限制表现出了较强的关注，已表现出较强的隐私保护意识，这将有助于形成更加合理的数据使用规则，构建平等、和谐的企业—用户关系。由此及彼，尽管当前元宇宙相关应用场景还不明朗，我们无从得知元宇宙技术将为产业带来何种隐私问题，但可以确定的是，应当在元宇宙产业肇始之初就对隐私保护抱有清晰的认识和定位，在产业成长实践层面而言，重视用户隐私和体验的应用将获得消费者的青睐。

---

[1] 该调查的样本来源于美国（$N=1\,052$）、英国（$N=1\,146$）、德国（$N=1\,189$）、日本（$N=232$）、巴西（$N=1\,375$）五个国家。

2. 元宇宙时代的虚拟人身安全保护

网络暴力、网络骚扰和人身攻击是互联网长期存在的弊疾。彼时受技术所限，这种问题仅呈现为言语形式，所带来的破坏性和用户伤害尚小。然而随着元宇宙技术对人类形体与行为的数字化加深，这种问题将表现出前所未有的破坏力。

2021 年 12 月，在 *Horizon Worlds* 测试期间，一名女性测试者报告了其在虚拟世界里遭到性骚扰的经历。这名测试者称，有一个陌生人试图在广场上"摸"自己的虚拟角色。她在帖子中写道，"置身于 VR 中，会让性骚扰的感觉更加强烈。我不仅被骚扰了，而且还有其他人支持这种行为，这让我在广场上感到孤立无援。"2018 年，一项针对 600 名每月至少使用两次 VR 的玩家的调查显示，49% 的女性和 36% 的男性都自称曾遭遇过性骚扰。其中一件引发广泛讨论的事件发生在 2016 年，当时一名女性玩家乔丹·贝拉米尔在 Medium 论坛上写了一封公开信，描述了自己在《城堡保卫战》（*Qui VR*）中被性骚扰的经历。她表示，当时自己正玩得很开心，一个陌生人突然追着她的角色乱摸。当时贝拉米尔感到十分震惊，她认为这与现实生活中遭遇类似事件时没有什么差别。

在 Meta 的 *Horizon Worlds* 上发生女性被性骚扰的事件后，该公司推出了"个人结界"（Personal Boundary）功能，该功能可作为虚拟化身周围的力场，以防止其他人靠近（见图 4.6）。游戏《城堡保卫战》也针对这一问题进行了修正，游戏玩家可以伸展手臂做出 V 形手势，自动将冒犯者推开。

游戏与元宇宙

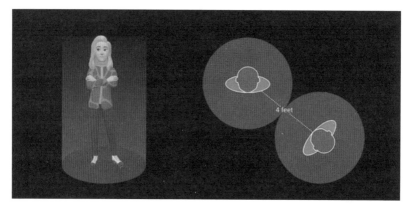

图 4.6　Horizon Worlds 公司推出的 Personal Boundary 功能图示

这些发生于虚拟空间中的乱象的背后，除了某些玩家素质低下外，还有更深层的技术原因。一方面是由于元宇宙技术本身并未消除互联网的匿名性，这使得人性中的恶在匿名关系中得到凸显，尤其在群体性暴力中，这种伤害行为更具破坏力。另一方面，元宇宙技术使得人身攻击具有了某种先前仅存在于线下的物理性质，这大大超越了传统互联网言语层面人身攻击所带来的伤害。由此可见，元宇宙时代的虚拟人身安全保护问题形势仍然严峻。

游戏与元宇宙的未来风险

进入元宇宙时代，我们除了面临着版权保护与用户人身安全保护等问题，还面临着诸多潜在的风险，这些风险或许并不能立即显现出其破坏性，但在技术与社会长期的作用下，可能会产生一些显著的负面效应，需要我们保持警惕。在此本章将抛砖引玉，通过对两个问题的分析揭示元宇宙潜在风险的隐匿性与复杂性。

1. 玩家对游戏内容和流程的曲解及其影响

通常我们认为玩家的游戏体验具有某种程式性，即在某种规则框架内运动（即使是当前最自由的开放世界游戏对于某些边界往往也具有约束设计），游戏所产生的社会影响应当是定向的，符合某种期望的。但实际的游戏过程及其影响往往并不如想象般简单。如设计师制作了意在反对校园暴力的游戏，但当某个玩家扭曲了游戏机制，将游戏当作校园暴力的模拟演练工具时，其积极的社会影响将急转直下，变为作恶的工具。

2001年，有人对《侠盗猎车手Ⅲ》进行抨击，称该游戏要求玩家杀害妓女来推进游戏进度，这引发了一场针对该游戏的大论战。游戏设计者称他们其实从未要求玩家这样做，但事实是，游戏中玩家在某次召妓后会发现他的生命值增长到125%，他如果此时把该妓女"杀掉"，就能拿回事前支付给她的50美元。但按照游戏设计者的逻辑来说，玩家没有必要杀死这个妓女，因为设计者认为这50美元相对于玩家在游戏中通常拥有的巨额资金来说微不足道。但事实是，游戏允许玩家执行这些行动，且不对这样做的玩家进行任何惩罚，因此这一非官方的流程逐渐成为玩家社群中耳熟能详的恶的"游戏技巧"，在客观上实际产生了非常恶劣的影响。[29]

由此可见，当游戏自由度较高时，玩家极有可能曲解某个环节，形成恶劣的影响，而游戏设计师对此将难以把握。这一问题在未来的元宇宙游戏实践中，在面临更为庞大用户群和更加巨量场景流程的条件下，也必然成为不容忽视的隐患。

2. 虚拟世界游玩体验导致对真实世界的错误认知

游戏所呈现出强烈的魅力常常引人入胜，分辨能力较差的玩家可能会因此模糊现实和虚拟的界限，受游戏影响对现实产生了错误的认知。进入元宇宙时代，扩展现实技术赋予元宇宙远超先前媒介的临场感和真实感，进一步模糊了现实与虚拟的界限，也进一步加剧了混淆虚拟与现实的潜在风险。

以游戏《美国陆军》(America's Army)为例。这款第一人称多人射击游戏在写实度上下了很大功夫。它甚至要求玩家必须先通过武器训练课程，才能开始执行"真正"的任务。这个游戏由美国陆军发行，显然，让这个游戏看起来更逼真对军方是有好处的，毕竟军方制作游戏的目的即为军队征募新兵。不过，游戏的视觉效果和真实情况仍存在巨大差异，例如，在游戏中无法看到太多流血场面，而真实的战斗却是十分肮脏和骇人的。显然这并不是美国军方在征兵时所希望传达的信息，但却十分容易造成士兵对真实战场的残酷性过于乐观的估计，实际作战时却难以承受，进而引发战场上的种种问题。

此外，在该游戏的多人竞赛模式中，玩家可以分组对战，但双方必须同时扮演美军士兵。在玩游戏时，玩家眼中的自己和队友都是美军士兵，对手是叛乱军士兵。而在对方眼中，他们才是美军士兵，对手则是叛乱军士兵。可见，美国军方并不想让该游戏成为人们用来训练如何对抗美军士兵的潜在工具。其结果是，游戏可玩性实质上是对称的，双方都使用美军装备，都运用美军战术，这与该游戏宣称的不对称战斗（美军与叛乱军的战斗）形成了鲜明对比。正因如此，对于那些未来可能成为士兵的玩家来说，《美国陆军》无法训练他们的反叛乱战术能力。[30] 在未来的真实战场上，这种训练上的缺失可能引致十分严重的后果。

因此,当我们尝试使用虚拟数字技术去模拟真实世界时,我们有必要考虑如何让玩家理解两种世界的本质区别,并努力引导玩家适时区分虚拟世界与现实世界,帮助用户更好地扮演处于虚拟世界与现实世界中的角色。

第五章 ◆ 从现在向未来

第一节　游戏范式：未来传播的主流

或许是因为中华民族一直处于苦难深重的物质短缺约束中，我们的祖先对于任何令精神和感官愉悦的事物都充满了警惕。唐代的韩愈曾十分戒备地指出："业精于勤，荒于嬉"，这里的"嬉"，指的就是娱乐和游戏。当然，也有不少人类的先哲很早便洞悉游戏是人类文明的重要组成部分。譬如柏拉图就认为，仪式和游戏具有天然的同一性，游戏是人对神的最高崇敬。亚里士多德认为游戏是劳作后的休息和消遣，是本身并不带有任何目的性的一种趣味活动，而席勒更是认为人只有在游戏的时候才完全是人。[1]

到了现代社会，物质短缺困扰的解除让现代人曾经被压抑的游戏欲望得以释放和满足。而物质与信息的供给从短缺到盈余的巨大改变，使娱乐与游戏日益走向人类生活舞台的中央。那么游戏理论作为一种社会范式的意义和价值是否也随之提升到了社会舞台的中央呢？答案显然是肯定的。

从滥觞到主流：传播理论中的游戏说

研究表明，传播作为一种人与人之间的社会分享，始终与娱乐和游戏的内在逻辑存在相当的逻辑契合，游戏机理一直是理解传播现象的重要切入点。早有学者尝试从游戏的视角来认识传播，譬如斯蒂芬森就注意到以往传播学研究中只谈说服，忽视大众媒体的娱乐性功能，大众的个体存在和自由选择也被严重忽视。[2]因此，他借助与"信息理论"在视角上截然相对的"游戏理论"呼吁传播研究应该直接呈现某个主体的观点、概念和信念。随着游戏在人类社会中扮演的角色愈发重要，游戏说对传播现象的解释力也将大大提升。

斯蒂芬森认为，大众传播之最妙者，当是允许阅者沉浸于主观游戏中。在他的传播理论中，受众反转为传播的主体，受众不过是借用传播从事一种游戏活动，并在游戏中彰显生命的活力和价值。[3]他对于传播游戏说的具体阐述体现在"阅读报纸是一种传播游戏"的论述中。在他看来，阅读报纸的过程就是一种自愿参与的游戏，它既不是任务，也不是工作，与现实的功利性报酬无关，是一种无实质性回报的传播愉快。和游戏一样，新闻故事只是人们一天中的插曲，与阅读者的日常生活没有关联，故事与故事之间也充满跳跃性。每个人都有自己的一套阅读规则，有的人从前往后读，有的人从后往前读，有的人粗略翻阅一遍后挑着读，大多数人在阅读的时候会想象自己如果是故事的主人公将会如何行事——这些都体现出一种游戏态度。[4]

那么这一理论的接受情况如何呢？在传播资源有限的时代，人们仍然主要依靠大众媒体来获取信息，此时提出"阅读报纸是一种非功利性的游戏"这一观点，难免不为主流所接纳；在受众主动性有限的时代，人们与媒介能够进行的互动基本局限于自己的脑中，因此把阅读报纸解读为和文学创作一样的思维游戏，虽然没有错，但还是被施拉姆批评为宽泛而无用的理论。然而，在传播资源由短缺变为饱和的盈余时代，在受众媒介的使用由被动变为互动，甚至连受众的身份都从单一的接收者变为多元的"产消者"的数字化媒介时代，传播游戏说又重新焕发了生机。有学者认为，网络传播正在演变为一场游戏的盛宴，它膨胀的速度和规模超乎一般人的想象，越是善于把握网络游戏心理的传播者，越可能成为这场盛大游戏的赢家。[5]如果说传播游戏说的诞生有些"生不逢时"，那么现在无疑是传播游戏说再发展的黄金时代——游戏是时候进入传播学研究的主流视野了。

游戏理论研究问题与研究对象的界定

不可否认，随着游戏功能愈发多元，容量日益增大，游戏自身逐渐发展成了一种媒介。游戏中不仅包含剧情、任务、操作，还包含情绪、社交互动、知识，乃至价值观。游戏可用来传授知识、安抚情绪、传递理念、构建认同。游戏的应用也不再局限于娱乐领域，市面上出现了诸如儿童教育、心理治疗、专业培训、外语学习等非娱乐领域的严肃游戏和游戏化应用。有研究发现，游戏具有军事战略价值，美军很早开始就扶植电子游戏的发展，并用电竞游戏服务征兵、训练和战略宣传等国防军备事业。[6]不过，本节的目的是提供关于盈余时代的媒介使用行为的理解框架，因此研究重点并非游戏作为媒介本身具有什么功能，而是游戏作为一种认知逻辑、一种理论范式的意义。关于这个问题的论证必须回答两个问题：一是游戏理论是否足以构成一种范式;二是游戏范式对于理解盈余时代的有效传播有何不可或缺的关键性价值。

本研究提出从场景要素、规则要素和任务要素三个角度出发来建构游戏,即游戏是在规定的场景中,在特定规则的指导下,完成特定任务的活动。

1. 场景要素

场景是人为构设且"被建立"的环境。游戏有着不同于现实世界的价值观和生存法则,每个游戏都是一个跳脱出现实生活、无关现实功利的虚拟场景。以玩家为中心,场景要素还可以被进一步分解为身份要素、情感要素和社交关系要素,即玩家在游戏中的虚拟人物设定,玩家在游戏中获得的或刺激或放松的情感体验,以及与队友并肩作战或独自面对挑战的人际交往体验。例如他们可以在在线竞技类游戏中成为拯救世界、杀妖除魔的超级英雄,与队友密切配合,击杀敌人;可以在沙盒游戏中成为新世界的工程师和建筑者,独自搭建理想世界;也可以在治愈系的游戏中自由游走,单纯地享受游戏所创造的安宁祥和的环境。

尽管现在很多游戏都可以追溯到人类最原始的游戏,例如角色扮演类游戏、策略类游戏、休闲益智类游戏,但是得益于高质量的音效和图像处理技术,游戏塑造出了一个更加活灵活现的世界,[7]因此相较于传统意义上的游戏,如扑克游戏和西洋棋,现在的游戏能够给玩家带来真正沉浸式的体验。在游戏所创造出的沉浸式场景中,玩家手握控制权,这就是萨顿·史密斯(Sutton Smith)所说的"自主控制系统"。

2. 规则要素

凯洛依斯曾提出，所有游戏都处于以儿戏（Paidia）和游戏（Ludus）为两端的光谱上，靠近游戏一端的有严格的规则，而靠近儿戏一端的规则相对宽松，甚至还会向玩家开放协商空间，让玩家在互动中自行生产规则。不过，即便是在规则相对松散的孩童玩乐中依旧可以看到规则的存在：玩沙子的孩子们比较谁能搭出最大、最高、最好看的城堡，但是他们不能破坏别人的作品，也不能偷别人的沙子来完成自己的作品。玩家通过规则与游戏产生互动，展开游戏进程，可以说规则是游戏必不可少的组成部分，正如赫伊津哈所说，游戏创造规则，游戏就是规则。如今，借助计算机强大的计算力，即便是最复杂的规则都能够在游戏中得到顺利执行。

在规则的学习和使用方面，因为游戏没有说明书，通常第一关就是入门教程，所以游戏的规则是在尝试、获得反馈、进行调整的过程中为玩家所逐步接受的。事实上，反馈机制是游戏的最大魅力之一。人们通过反馈获得实时参照的尺度，对自己所取得的成就产生真切的感知。而且游戏中的容错空间很大，试错成本很低，因此玩家可以通过多次尝试进行学习。这一点也带来了人们学习机制的改变：如果说印刷时代的人们靠说明书来熟悉新事物的话，游戏时代的人们学习新事物则是靠反复尝试。

3. 任务要素

在萨顿·史密斯的定义中，游戏是以目标为导向的活动，玩家在任务的引导下展开游戏进程，因此任务要素是游戏的关键要素。目标不等于目的，任务要素的存在与游戏的非功利性并不矛盾。游戏中的任务会被分解为相对简单且明确的步骤，"相对简单"是指单个任务的难度与玩家现有水平相当，绝不会超过玩家的能力水平，但是通常接近玩家当前水平的极限，也就是说他们需要努力一把才能完成任务；"明确"是指游戏通常会给予玩家明确的指令，因此玩家在游戏中不会感到无所事事，也不会觉得迷茫无措。此外，游戏中的任务均配有激励机制，玩家所进行的每一步操作都会获得即时反馈，例如经验值增加或者获得新道具等，游戏通过这种方式保证玩家持续尝试，直至完成任务。

任务的难易程度会影响玩家的情绪，而情绪又会反过来影响玩家的游戏意愿，这里就体现出"心流体验"的重要性：如果任务难度高于玩家水平，他们可能会产生焦虑的情绪；如果任务难度低于玩家水平，他们可能会产生无聊的情绪；如果这两种状态持续过久，玩家就会离开游戏。只有当难度和水平相当时，玩家才会产生心流体验，即一种非常专注投入、非常享受的精神状态，只有这种状态才能吸引玩家继续留在游戏中。

场景、规则和任务要素共同构成了游戏的整体环境、发生机制和目标结果，而这一结构化框架所蕴含的特征就是游戏范式的要点，亦是我们理解盈余时代传播形态和有效传播的棱镜：玩家出于对乐趣的追求而主动参与游戏的行为机制，由于处在游戏中心而获得的对游戏进程的控制感，在游戏所创造场景中的沉浸式体验，在尝试—反馈—再尝试—再反馈的过程中逐渐适应的反馈式学习，以及合理的任务设置带来的心流体验等。接下来，我们将放眼传播的新形态、新机制，并对游戏范式的以上要点加以验证。

传播图景的深刻变革

比起过去有限的报纸、广播波段和电视台频道资源，如今的传播资源进入了盈余时代，传播资源数量呈现指数型爆炸增长，传播资源的种类也日趋多元，长尾市场的需求日益得到满足。不仅传播资源的总量有了极大的突破，传播形态也发生了改变，今天的传播不再是逻辑和信息的传播，更大程度上是在特定场景之下、带着关系、带着情感状态的传播。具体来说，今天的传播图景主要有以下几方面的深刻变革。

1. 盈余时代传播者和受众地位的改变

传播资源的盈余主要是两方面因素共同作用的结果。一方面，在互联网时代被激活的个人生产大量的信息。在互联网社会，社会传播的基本单位由传统机构下沉到个人，个人得到了充分的激活。媒介不再被视作生产—分发—接受的闭合回路，生产者和消费者的二元对立逐渐模糊，人们既可以是媒介内容的消费者，也可以成为媒介内容的生产者。另一方面，信息技术大大丰富了内容产品的供给，其本身也成为传播资源重新配置、传播生态重新建构的结构性力量。人工智能的发展催生了机器新闻写作和个性化新闻定制，为受众提供又多、又快、又称心的新闻资讯；随着互联网的下半场物联网的发展，更多行为数据被转化为信息，比特化趋势进一步加强。我们体验着"媒介多元体"（Media Manifold）构成发送平台的复杂网络，互联网有效而无限的存储为这一网络提供了支持。

伴随着盈余时代的到来，传播者和受众的相对地位发生了改变。

过去，媒体机构垄断了传播资源，受众只能被动地接受媒体传递的信息，或是在极其有限的范围内做出选择。如今，在生产力盈余日渐充沛，娱乐需求日益提高，传播资源不断丰富而注意力资源愈发稀缺的时代，个人选择空间增加，传媒市场从卖方市场转变为买方市场。在传者地位式微的前提下，传播者要想实现自身的商业或政治、宗教等目的，必须要以受众为本位。

2. 关系要素和情感要素的崛起

个人的赋能在互联网社会再度复活了社群传播。网络社会的去中心化网络格局改变了社会资源的控制与分配机制，关系赋权作为一种社会资源分配与权力赋予的新范式闪亮登场。从宏观角度来看，以关键意见领袖为中心节点、以社交网络为连接载体，以大众媒体为舆论场把关人的传播格局逐渐形成。[8] 从个体角度来看，人们云端交互，在地分离，实在性的物理空间变得越来越不重要，用户可以从彼此的共同属性出发，多线索地编织自己的人际网络，[9] 基于互联网的关系网络取代地点和媒介，成为社交情境和交往模式的建构者。

与关系要素共同崛起的还有情感要素。心理学上认为情绪是影响态度和行为的重要变量，而传播学研究也发现，在关系网络中，情绪的交流、唤起和共振是网络事件传播的重要动力之一：诸如正义感、爱、忠诚等情感是聚合注意力、实现集体认同、赋权无权群体的重要力量，而愤怒的情绪更容易在社交媒体中传播，因而含有负面情绪的网络事件的传播机会、速度、感染烈度相对较高。[10] 社会热点事件之所以在网上引发轩然大波，是因为情绪在其中扮演了不可小觑的推手角色。

3. 全要素场景传播的兴起

不仅是关系传播和情感传播，今天的传播主流趋势是全要素场景传播的兴起。昔日人们使用媒介的方式相对有限，无非是看电视、听广播、读报。媒介消费的旧习惯也殊途同归：人们开关收音机和电视机时能猜想别人正在和他们做同样的事情。但是这样的景观今日不会简单再现，现在人们的媒介使用方式逐渐变得五花八门。互联网的快速传输和超文本内容让传播场景呈现出诸多可能性，互联网用"连接一切"的方式重构了社会、市场和传播形态。"未来的时代是场景的时代"，斯考伯和谢尔·伊斯雷尔（Shel Israel）在新书中宣称，未来的传播也将是完美契合场景的传播。

根据彭兰教授的定义，"场景"一词同时涵盖基于空间和基于行为和心理的环境氛围，场景包涵四个基本要素：空间与环境、实时状态、生活惯性与社交氛围，场景分析的最终目标是要提供特定场景下的适配信息或服务。[11]人们在不同的场景中有不同的诉求，可以说场景传播超越了内容上的精准和渠道上的精准，是兼顾用户所处时间和空间特征和个人的情绪、心理、兴趣等全方位多重需求的精准传播。在大数据、移动设备、社交媒体、传感器、定位系统这"场景五力"的助推下，全要素场景传播的发展更加如虎添翼。

4. 游戏范式与盈余时代的有效传播

为什么要以有效传播为理论建构的目标？游戏范式对于盈余时代的有效传播又有什么关键性价值？本书认为，传播资源供大于求的盈余时代也是一个众声喧哗的时代，如果传播的内容没有受众，那无异于是对传播资源的浪费。在这样的背景下，游戏范式有助于我们理解盈余时代的受众行为模式，把握受众的传播需求，解答什么样的传播具备影响力，以及人们会主动参与什么样的传播等问题。从前文所论述的游戏的机理机制出发，本文提出游戏范式作为未来传播的主流范式，即盈余时代的有效传播一定是符合游戏逻辑的传播，有效传播势必具备游戏的主要特征。

（1）参与式传播

盈余时代的有效传播首先必须是参与式传播。就像玩家在游戏中处于支配地位，玩与不玩、怎么玩、跟谁玩，这些问题的决定权都掌握在玩家手中。因为有了移动互联网和移动设备，人们不用再掐着点守在电视前追剧，也不用等第二天报纸印出来才能了解头天晚上的新闻。人们对媒介逐渐有了控制感，他们可以自行决定在什么时间、什么地点使用何种媒介，而游戏范式有助于我们理解影响人们决定参与与否的关键因素。

首先，有趣的内容。游戏是无所图的，排除职业玩家，人们玩游戏大多是乐趣使然；同样的，在传播资源的盈余时代，人们的媒介使用也更多地呈现出非功利性特征，乐趣成为媒介使用的重要依据。有学者曾指出，社会和文化的"注意力态势"（以及不注意的态势）随历史而变迁，全球媒介的议程向娱乐的迁移或许是日常媒介使用正在发生的最大变革，娱乐正在塑造从互联网到政治的一切生活领域。[12]把握了这一点，就不难理解各种趣缘垂直社区的兴起：从旅游、下厨、摄影到收集手办、玩Cosplay（角色扮演）、养猫养狗，只要能够吸引一部分人群的兴趣，哪怕是再小众的主题都能形成规模可观的社群。

其次，简单轻松的参与方式。游戏将大任务分解成具体易操作的若干小步骤，玩家每次只要付出一点努力即可完成，从而保证了玩家持续参与的热情和动力。如今的传播也呈现出操作日益便捷、门槛日益降低、人人都可参与的特征。例如各种形式之"微"——微内容、微传播、微互动、微创新。微博之所以能够取代博客成为主流传播平台，就是因为140字以内即成一条微博，人们不用花很多心思对文章进行谋篇布局的构思，只要有只言片语就可以发表在微博平台。这种参与形式在很大程度上摆脱了时间、空间和思维能力的限制，而只需动动指尖即可完成的转发和点赞，更让社交互动变得无比简单。再例如快手、抖音等短视频APP，在文化水平不高、语言组织能力不强的人群当中，拍摄和观看视频替代文字的输入与输出，成为更加简单的媒介使用方式，这体现了网络参与门槛的进一步降低，而此类视频平台的火爆也证明了参与方式的简明易懂对于有效传播的重要性。

最后，充分调动受众情感。游戏通过调动玩家情感来吸引玩家留在游戏中，例如联手杀敌所向披靡的快感，连续得分奖励十倍的激动和功败垂成再来一次的不甘心。在传播过程中，情绪也是重要的动力机制，这是传播与游戏机制的又一吻合之处。不过这里的情绪不拘于正向积极的情绪，爱、忠诚、正义感、愤怒、焦虑、恐慌等情绪都会成为网络传播的重大推手。研究者在对多篇微信公众号阅读量超过10万的文章进行总结研究后，发现传播率高的文章多半是煽动情绪的文章。虽然新闻传播伦理道德问题的存在不可回避，但这一现象正说明了有效的传播必然要充分利用共情的效应。某头部公众号写手在分享其自媒体写作经验时说过："大师的时代已经过去了。大众不是想看你怎么表达你自己，而是想看你怎么表达'我'。'我'想在你的文章中看到我自己，我在朋友圈转发这篇文章，因为'这就是我''我是这么想的'以及'作者帮我说了我想说的'"。需要强调的是，充分调动感情不等于滥打感情牌或操控读者的感情，对有效传播的追求也要在符合职业道德的范围内进行。

（2）沉浸式传播

沉浸式传播也将成为盈余时代的有效传播。游戏之所以吸引人，很大一部分原因是游戏创造了一个虚拟的世界，以丰富的体验让玩家沉浸其中，借此跳脱出日常的循规蹈矩的生活，而体验的丰富性也是沉浸式的全要素场景传播超越传统传播，成为盈余时代有效传播的重要原因。以近两年兴起的网络直播为例。

首先，直播像游戏一样为用户创造丰富的场景。每场直播一般都有或松散或紧凑的主题，有的人直播吃饭，有的人直播逛街，有的人跟观众天南地北地闲扯；有的人直播在冰天雪地的湖面上捕鱼，有的人直播在深山老林里采摘。一场直播让观众像拉开任意门一样，进入不同于自己的现实生活的场景之中。直播还能与其他日常活动结合，创造满足多方面需求的实用场景。例如代购直播，在主播通过直播平台所建构起来的购物场景中，消费者不仅可以眼见为实，目睹代购的采购全过程，还能实时与主播互动，询价、咨询尺码或请主播展示自己看中的款式，让网购的体验更加贴近实体购物。

其次，直播为观众提供强情感代入和关系代入。很多主播会为直播设定某一挑战任务，邀请观众共同见证，例如女明星挑战 DIY 更换 iPhone 手机屏幕，美妆博主挑战连续 300 支口红试色，游戏玩家挑战直播"吃鸡"[①]，或者"大胃王"挑战一口气吃下 20 碗冷面。但

---

① 游戏《荒野求生》词汇，指胜利。

是比起主播是否挑战成功,观众在直播过程中更看重的是其中的乐趣(这个女明星竟然是个技术宅),与主播的社交互动(慰问主播:连续试这么多支口红,嘴唇一定很痛吧),置身其中、共同经历的体验(险胜吃鸡,非常过瘾),和在观看主播"用生命在折腾"中实现的情感宣泄(暴饮暴食的感觉太爽了)。

此外,提到沉浸式传播还不得不提 VR 技术。保罗·莱文森(Paul Levinson)曾指出,一切媒介的进化趋势都是复制真实世界的程度越来越高,其中一些媒介和真实的传播环境达到了某种程度的和谐统一,[13] 而 VR 就是这样的一种未来媒介形态。通过虚拟场景系统、知觉管理系统和用户之间的多重信号传导,VR 技术使用户能够通过仿佛游戏主人公的主观视角进入 VR 的场景之中。这种体验丰富了新闻叙事的视角,增强了用户对于新闻场景的代入,以及受众与新闻事件的共情和共振,用户不再是简单地接受新闻,而是在全景场域和自主选择的情境下实现对新闻场景的沉浸式体验。[14] 不仅如此,我们还能在 VR 新闻中看到沉浸式传播的注意力排他性。当用户戴上 VR 头盔,进入新闻场景,所有外界的干扰暂时消失。用户的视觉、听觉,乃至空间方位感全部与场景同步。如此环境下的传播效果自然远胜传统的新闻样态,实现了有效传播。

(3)反馈式传播

盈余时代有效传播的第三个特征是反馈式传播。游戏中的即时反馈给玩家以不断的刺激和成就感,玩家也通过反馈获得对实时状态、付出和成就的有形感知,从而获得一种全局掌控感。把视线转移到现在的传播格局,以关系网络为基础的传播体现出两个要点:第一,具备了分享机制的媒介消费行为才有可能成为有效传播;第二,能激发反馈的传播更有可能成为有效传播。

从第一个层面看，能分享的传播有可能成为有效传播。例如，每隔一段时间朋友圈就会出现一些引发人人参与的"爆款"应用：比如2014年的脸萌，再比如2018年春节的汪年全家福。两个应用的主题不尽相同，画风各具特色，但二者本质上都是帮助用户DIY出Q版的个人形象的应用程序。此类应用的终点不在于完成作品，而在于分享作品。如果不将成果分享到社交网络中，那么用户基本上等于白玩了这个游戏；而不管是单独发送给好友，还是发布到朋友圈，得到一句"好像你""好有趣"或"我也要去玩"的反馈，或者收获许多个赞，往往就会让用户觉得付出得到了回报。在这种"求反馈"心理的驱使下，用户的分享行为能带来有效的传播，最好的例证就是推出"汪年全家福"的品牌公众号"PUPU PULA"在短短几天内快速涨粉，实现了从1 000多名关注者到55 000多名关注者的巨大飞跃。

从第二个层面看，能生成反馈的传播会成为有效传播。央视曾有一档火遍大江南北的明星综艺节目《开心辞典》，由于收视下跌，节目不得已于2013年停播，不过这一问答游戏后来在花椒、火山、冲顶大会、西瓜视频、芝士超人等各大直播平台上卷土重来。与《开心辞典》不同的是，在这些平台上人人都是参赛者。在益智类问答游戏的蝶变重生中，我们看到人们不再满足于当旁观者，人人都想拥有上场答题并获得反馈的机会。尽管人们参与直播答题的动机并不仅仅是获得游戏乐趣和反馈，奖金诱惑也是一个很大的因素，但是从客观结果上看，各大平台的确通过用户答题活动获得了客观的流量，答题APP下载量猛增，日活跃用户数量也大幅提高，这证明了反馈机制在塑造有效传播中的重要作用。

游戏媒介的未来社会研判

美国学者斯图亚特·埃斯洛克（Stuart Esrock）在一篇纪念斯蒂芬森的论文中指出，在媒介碎片激增、个体需求成为首位的时代，传播学者需要以一种不同于传统的实证主义、行为主义和功能主义的新思路来思考消费者的个性特征与主观心态，斯蒂芬森的研究为我们提供了一个很好的起点。[15] 而在传播资源日渐盈余，受众本位得到确立，关系传播、情感传播、场景传播日益取代一对多的单向传播而成为主流的今天，游戏在构建盈余时代的有效传播上大有可为。本书所提出的以参与、沉浸、反馈为三要素的游戏范式，正是构建盈余时代有效传播的重要路径，也必将成为未来的主流传播范式。

诚然，游戏不能解释一切问题，游戏范式也无法完全取代信息范式，但是游戏的时代已然到来。戴着过去的有色眼镜看游戏，很可能会让我们错失登上"游戏范式"这趟通向未来传播主流列车的宝贵机遇。未来，伴随着5G通信技术和光子计算机的普及，传播资源会愈加丰富，对用户的争夺也更加激烈。借助游戏范式，我们能够更好地把握未来的用户需求和传播发展趋势，走在时代的前头。

第二节 游戏对未来传播研究的范式价值

未来线上用户研究的方法工具

信息科技发展正经历从固网互联、移动互联到万物互联的延伸，信息社会的发展从"互联网+"向"万物+"转变，生物技术、大数据、人工智能等新技术集成到新的物质载体，建立广泛的智能、连接和协作，实现人与信息、人与人之外的物与物的连接。在万物互联的智能时代，人、物、数据的网络连接更加紧密，万物皆在线（Online），线上网络成为连接一切的基础设施，触达更广泛的人群。在新的传播生态下，互联网用户这一概念已不足以代表信息传播活动的主流参与者，所有基于网络的用户（即线上用户）都将成为未来传播的关键能动主体。

1. 技术变革下媒介对受众的赋能方式趋近于游戏

在技术发展的推动下，线上用户面对的传播图景正在发生深刻的变革。在互联网已充分激活个体的背景下，信息供给由短缺变为过剩、媒介使用由被动变为互动和主动，娱乐与游戏日益走向社会生活的舞台中央，其内在的逻辑与规则也逐渐在传播领域发挥主导作用。更进一步说，在后互联网时代，信息和娱乐已不再二元分割，[16]大众对于传播的需求已经不仅局限于单纯的信息获取，还对信息获取过程中的视觉、听觉、触觉等身体与心理体验提出了更高的要求，对趣味和快乐的追求将越来越成为未来传播实践的主导性活动，传播景观的类游戏化表征愈发凸显：

一方面，未来线上空间由场景、规则和任务（功能）建构而成，这种为用户的行动自由度规定结构性框架的赋能方式与游戏的品性越来越类同。伴随着超级个体时代的到来，面对盈余的传播资源，基于关系与兴趣的传播行为已经进一步凸显。因此，未来线上网络的发展无非是沿着两个方向：社交——更为便利的连接与通讯；社区——更加丰富多彩的兴趣联合体；两者之间是可伴生的，兴趣社区平台上的趣缘关系可以强化为社交关系，同样，社交对象可以彼此推荐进入某个趣缘平台。无论是社交平台还是趣缘平台，都包含了场景、规则和任务（功能）等，这些要素为用户的行动自由度规定结构性框架，是一种具体的赋能与体验方式。而这与游戏的特征越来越类同。游戏可以被理解为在规定的场景中，在特定的规则指导下，完成特定的任务的活动；场景、规则和任务要素共同建构了游戏，这一结构化框架所蕴含的特征正是游戏范式的要点。[17]

另一方面，5G 通信技术的到来将加速实现沉浸式体验。5G 条件下，线上技术可以形成更多类似于游戏的场景与功能，如场景共享、沉浸传播，等等。人们的可支配自由度有了更多的赋能，传播的自由度、趣味性与沉浸感大大增强。伴随着技术的更新与普及，新的传播手段不断被应用，场景传播、关系传播、情感传播日趋主流，极大丰富了信息内容的呈现形式。以 VR 技术为例，利用计算机生成模拟环境，充分调动人类的感官系统，使受众在信息接收过程中不再单纯依靠文字、图片，而是通过多源信息融合的、交互式的三维动态视景，体验类似于游戏的身临其境的沉浸感。

综上，在万物互联的新传播生态下，以线上网络为统领的未来媒介对受众的赋能与游戏越来越相似。虽然游戏不能解释一切，但游戏范式有利于帮助我们理解受众的传播需求、把握受众的行为模式。游戏传播所传递的参与感、沉浸感、愉悦感以及自我价值实现等以受众为本的理念正成为线上媒介转型发展的突破口，游戏范式正成为未来传播的主导性实践范式。

2. 利用类型模型描绘玩家画像

在游戏范式的视角下，未来线上用户所处的媒介景观是类似于游戏的存在，游戏理论为理解信息传播提供了不同的工具。也就是说，游戏研究可以为新媒体研究提供有益的启发。因此，对未来线上用户的预测可以从已有的游戏玩家研究（Gamer Study or Player Research）中寻找方法路径的支撑。

游戏作为全球娱乐经济发展的核心，正成为媒介领域用户行为、体验和社交新形态的中心。[18]伴随着游戏产业的发展，游戏为各学科提供了新的研究领地，游戏研究在不同学科背景的研究者的共同推动下不断发展壮大。在游戏研究这一学术领域，游戏玩家是游戏涉及的基本主体，游戏玩家研究是游戏研究的重要主题；在游戏玩家研究中，游戏玩家的不同类型或者说游戏玩家的类型化（Player Type or Player Typology）是人机交互领域研究者关注的焦点问题。

人机交互领域的研究者对游戏玩家类型的关注是实践导向：玩家类型被研究者视为了解游戏玩家的个性特征、动机与游戏偏好的主要手段；研究者尝试通过玩家类型模型进行用户画像，以便更好地进行交互设计。换句话说，游戏业务实践的发展催生了区分玩家类型的需求研究。具体来看：一方面，提升游戏体验要求识别玩家类型。以玩家为中心（Player-centric）已逐渐成为游戏设计的指导原则，根据玩家的特定类型及其特定偏好定制游戏，创建更具有个性化体验的游戏。根据游戏玩家类型进行个性化设计的效果已经得到了验证，例如为特定玩家类型量身定制的严肃的健康游戏可能会提高其效力。[19]另一方面，虚拟游戏商品的设计与营销需要识别玩家类型。游戏产品中的虚拟商品销售超越游戏零售成为新的商业模式，游戏设计师必须考虑谁可能成为相关虚拟商品的客户，需要使用细分和差异化的营销思维设计游戏。总之，利用玩家类型来描绘玩家特征是游戏交互设计的常用方法。

以用户为中心一直是互联网实践的核心原则，万物互联的智媒时代同样存在为线上用户提供更个性化的信息与服务，以及根据线上用户的需求精准营销的实践诉求。为把握用户特征，有必要细致划分未来的线上用户。

因此，通过对游戏玩家的分析来预测未来线上用户的可能类型是一个关于用户洞察和市场调查的重要研究范式。将玩家细分为不同类型是游戏和游戏化应用的重要设计基础，因此以往的研究已经发展出不同的方法来描述游戏玩家的特性，开发出多种游戏玩家的类型概念；梳理相关文献中一系列玩家类型化工具的发展，目的是通过把握游戏玩家类型研究方法工具的演进，寻找研判未来线上用户特征模型的可行性路径。

玩家类型研究工具的转向与回归

在游戏玩家分类的丰硕研究成果中，游戏玩家类型的概念模型千差万别。哈马里和简宁·图南（Janne Tuunanen）曾对玩家类型模型进行了系统评估，他们比较了所有分析的模型，认为它们可以综合为游戏动机的五个关键维度——成就、探索、社交、统治和沉浸。但游戏玩家类型研究之于未来线上用户类型研究的重要意义不在于玩家类型化的具体结果，更在于方法的选择与扬弃。换句话说，对游戏玩家类型研究的回顾是"解剖麻雀"，最终目的是探究未来线上用户特征模型可用的方法工具。因此，从方法论上审视不断推进的游戏玩家类型研究成为关键。

自理查德·巴特尔（Richard Bartle）创造性地提出早期多用户虚拟空间游戏（Multi-User Dungeon，简称 MUD）参与者模型之后，对巴特尔的玩家类型的验证与反思不断推动着游戏玩家类型研究的深入。在过去的十几年间，研究者从不同角度解答游戏玩家的类型化问题，提出了若干游戏玩家类型概念。总体来看，游戏玩家类型的研究方法工具经历了回归玩家动机研究、使用人格类型测量工具、尝试归纳玩家心理特质的三次转向。

1. MUD 游戏玩家模型与动机实证研究

MUD 游戏，即多用户虚拟空间游戏，是最早的网络游戏，是一个完全基于文字和字符的在线虚拟环境。理查德·巴特尔通过对游戏玩家行为的观察，从目标对象（游戏中的其他玩家还是游戏世界本身）和行为模式（单向地影响还是双向地交互）两个维度来理解玩家行为，通过确定每个轴中的一个位置，确定最终的玩家类型。巴特尔认为，存在杀戮者、成就者、探索者以及社交者四种典型：杀戮者"强迫他人"，倾向于单向影响游戏中的其他玩家，喜欢在游戏里攻击其他玩家，享受统治的快乐；成就者"获得成就"，倾向于单向影响游戏世界本身，喜欢在游戏里完成既定的目标以及一些少数人才能完成的成就，更像是"符合设计者期望的玩家"；探索者"探索游戏"，倾向于与游戏系统本身双向交互，喜欢在游戏中寻找新的元素，比如到达一些地图上难以到达的地方，发现一些游戏制作者隐藏极深的彩蛋等，更像是"不符合设计者期望，出其不意的玩家"；社交者是"交往玩家"，倾向于与游戏中的其他玩家双向交互，喜欢在游戏里与其他玩家进行和平的交流，他们玩游戏的正向反馈很大部分来自于与其他玩家交流的过程（见图 5.1）。

图 5.1 巴特尔的 MUD 游戏玩家类型维度示意图

对巴特尔的玩家类型模型的主要批评集中于分类标准过于简化。虽然巴特尔的类型通常被用作明确的类别，但如图 5.1 所示，框架由尺度而不是标称类别组成，因此，之所以有针对巴特尔模型的批评，是因为人们的理解偏离了该模型的初衷。客观来看，作为最早的玩家类型模型，巴特尔的 MUD 游戏玩家类型主要基于定性观察和概念性研究，既缺少理论基础又缺乏经验验证，并不是一个强大的测量工具，在理论与方法上对细分未来线上用户的借鉴意义有限。其对洞察未来线上用户可能类型的最大意义在于，巴特尔的玩家类型模型的初衷是寻找能够代表早期多用户虚拟空间游戏的不同参与者的原型，而非将参与者简单分类。也就是说，考察未来线上用户可能类型的出发点应该是寻找典型而非分割整体。

尼克·伊（Nick Yee）使用巴特尔的类型作为一个参考，开展了一系列关于游戏玩家动机的实证研究。他通过对成千上万的大型多人在线角色扮演游戏玩家进行调查，发现成就、社交和沉浸等关键动机并不仅仅是相互排斥的"类型",而是可以进一步细分并且也相互关联着的,确定了比巴特尔的非正式报告更多样化的模式。[20, 21]

这些动机因素并不完全是玩家类型,但它们可以被视为基于游戏动机的心理分割的基础。但伊的研究方法受到了质疑,有研究者认为在玩家信息保真度的特定背景下,自我报告绝对不是准确收集数据的可靠方法。另外,与巴特尔的模型一样,伊非常关注一种特定的游戏类型,他的理论并不是为各种不同的游戏类型创建的,不能在大型多人游戏的狭隘环境之外发挥作用。总体来看,伊为游戏玩家类型研究引入了重要的理论视角,自此,对玩家动机的考察成为类型化游戏玩家的主要标准之一。对心理动机的分割延续到了最新的游戏化用户类型研究,游戏玩家类型研究中关注玩家动机的传统启发了未来线上用户类型研究将心理动机纳入重要变量。

2. 在心理学类型论中寻找测量工具

以前的玩家类型被认为是不完善的,既因为他们的关注范围很窄(例如,仅仅考虑大量多人游戏的玩家),也因为研究的心理学基础是模糊的。

关于玩家类型心理更广泛的视角包含在人口统计学游戏设计模型(Demographic Game Design Model)中。这一系列的研究动机是商业化的,每项研究都是由国际游戏设计咨询公司Hobo进行的,目的是探究影响玩家满意度的关键因素。迈尔斯·布里格斯性格分类法(Myers-Briggs Typology,简称MBTI)可以为玩家类型提供心理测量的基础,并由此推动了第一个人口统计游戏设计模型的开发。这不是真正的玩家类型,而是迈尔斯·布里格斯性格分类法在游戏上的应用，该模型调查了性格模式是如何应用于游戏的。第一项研究是通过2002—2004年进行的在线调查和案例研究完成的，克里斯·贝特曼（Chris Bateman）和理查德·布恩（Richard Boon）根据一组研究结果提出了四种游戏风格：征服者、经理、流浪者和参与者，也调查了一系列案例，为研究结果提供了定性支持。这些游戏风格似乎与巴特尔的玩家类型没有显著关联。在第二项调研中，琳达·贝伦斯（Linda Berens）所阐述的气质理论替代了迈尔斯·布里格斯的类型指标，因为贝伦斯的气质理论和MBTI拥有同样的理论基础，而且贝伦斯的气质类型研究中最吸引人的方面是与定性类型相对应的技能组合的报告，这些技能很容易适应游戏的背景。在此基础上，第二个人口统计游戏设计模型（DGD2）探讨了从硬核玩家到休闲玩家的维度，不同的技能组合以及单人和多人的游戏偏好。

总体来看，尽管提供了对玩家特征的宝贵见解，但DGD1和DGD2都基于一种不关注游戏的预先存在的心理测量模型——迈尔斯·布里格斯性格分类法或气质理论。研究者也报告了与方法和数据收集有关的问题——游戏风格的推导不仅受到迈尔斯·布里格斯类型指标的限制，还受到统计分析方法的限制，这些模型需要调试才能变得易于处理。为玩家类型寻找心理测量工具的尝试值得肯定，但宽泛意义上的人格类别限制了对玩家心理的深入探讨，这提示我们在考察未来线上用户可能类型时不能简单地套用心理学中的人格类别，而是需要结合使用场景对心理测量工具本身进行再加工。

3. 基于心理特质理论的有益探索

研究者认识到，由于心理类型通常被理解为严格的人格类别，因此更有前景的开发游戏玩家类型的方法更可能建立在心理特质理论（Psychological Trait）上，特质理论研究人格的行为模式、情感和认知偏好，是一种对游戏玩家进行分类的更灵活的方式。

BrainHex 模型是在已有的游戏玩家类型和神经生物学研究的基础上发展起来的。BrainHex 中的每个类别都是一种旨在代表特定玩家体验的原型，而不是一种心理测量类型。因此，BrainHex 模型可以被理解为潜在隐性特征框架的定性表示，其描述将神经生物学研究的假设表达与参与者的观察性案例研究相结合。[22] 该模型提出了七个玩家原型：探索者、求生者、冒险者、操纵者、征服者、社交者与成就者（见表 5.1）。[23]

表 5.1　BrainHex 模型的七种玩家类型

原型	特征
探索者	动机是兴趣机制，它涉及处理感官信息和记忆关联的大脑区域，对游戏世界充满好奇，并享受奇妙的时刻
求生者	虽然恐怖是一种强烈的消极体验，但有些人却喜欢相关体验的强度，与此类型相关的神经递质是肾上腺素
冒险者	这种游戏风格完全是关于追逐的快感，与此类型相关的行为集中在寻求刺激、兴奋和冒险，因此肾上腺素可被视为奖励增强剂
操纵者	这类玩家喜欢解决难题和设计策略，以及专注于做出最有效的决策，大脑的决策中心与快乐中心之间的密切关系可确保玩家做出正确决策
征服者	有些玩家不满足于轻松获胜，他们想要在逆境中奋斗，面临困境时身体会产生肾上腺素和去甲肾上腺素，前者会产生兴奋，而后者则会产生愤怒和好斗的倾向
社交者	社交者型的玩家享受和人们交谈，他们喜欢帮助人，喜欢和信任的人闲聊，这种行为连接到产生后叶催产素的大脑社交中心
成就者	成就者原型更明确地以目标为导向，并受到长期成就的驱动，实现目标所带来的满足感受到多巴胺的支持

总体来看，建立在心理特质理论之上的玩家类型模型是一种很有前景的方法，用更多样化的玩家类型补充现有研究，已经有研究对其玩家类型的心理测量特性进行了验证，[24] 这意味着对未来线上用户研究来说，探索用户特质而非严苛地划分用户是更为有效的思路。需要注意的是，虽然 BrainHex 模型基于神经生物学研究文献，但它目前是使用问卷而不是使用神经生物学技术进行评估的模型。

4. 从类别区隔到特质模型

游戏玩家类型化的理论工具在不断完善：从巴特尔玩家模型回归到游戏玩家动机研究之后，类型化工具的理论性显著提升，无论是借鉴心理学动机研究的相关理论还是使用心理学人格类型测量工具，都已摆脱了最原始的概念分析；在从动机研究转向测量心理人格类型之时，类型化工具的系统性受到了关注，研究者注意到基于特定类型游戏开发的游戏玩家模型的适用范围值得商榷，可靠的游戏玩家类型需要在不同游戏类型之间进行系统调查；在基于心理特质理论的最新探索中，游戏玩家类型研究的工具基础实现了从人格类型理论到人格特质理论的重要转变，回应了批评者对游戏玩家类型研究类别进行分割的质疑，也是对巴特尔早期多用户虚拟空间游戏参与者原型模型初衷的回归。

总之，从参与者原型到玩家类型再到玩家特质，游戏玩家类型研究工具方法的每一次扬弃与转向，对未来线上用户类型研究都有启发意义，如：动机应成为考察用户类型时的重要变量，宽泛意义上的人格类别不能直接套用于用户类型研究等（见表5.2）。更重要的是，类型化工具中蕴含的方法论发生了从类别分割到特质归纳的转变。

表 5.2 四种主要模型的方法工具比较

模型	游戏玩家类型	理论基础	使用的方法	游戏类型
巴特尔玩家类型模型	成就者、社交者、探索者与杀手	——	定性观察与概念分析	MUDs
游戏玩家动机模型	成就、社交与沉浸以及子部件	动机研究	量化—主成分分析	MMOs
人口统计学游戏设计模型	征服者、经理、流浪者和参与者	人格类型理论	游戏玩家自我报告	在线游戏
BrainHex 模型	探索者、求生者、冒险者、操纵者、征服者、社交者、成就者	心理特质理论	神经生物学假设与定性观察	在线游戏

多维度建构线上用户的特征模型

地理、性别、年龄、收入等营销学中细分消费者群体的常见指标用于物质"硬"消费研究时或许还有某种分析价值，但是在探讨如游戏这类文化"软"消费时，其分析价值便会降低，而兴趣维度指向的用户个性特质因素，则不可或缺地成为其中最为关键的分析与分类要素。

1. 底层逻辑：线上用户的典型特征模式

游戏玩家类型研究与未来线上用户类型研究的方法论逻辑看似是基于类型学，也就是，假设每种类型代表一个独特的"盒子"，个体可以被可靠地分类。也因为此，游戏玩家类型通常被二分地讨论，但这正是游戏玩家类型研究被质疑的焦点。但实际上，未来线上用户的心理因素都应该作为尺度来衡量和讨论。在不同时空、不同任务以及不同情绪的具体场景下，用户的态度与行为会发生变化，用户类别很难得到明确界定；很多情景下，用户的态度偏好与行为倾向是多元复合的，差异在于程度大小而非类型。

心理学研究已经广泛地表明类型理论可能不再是可行的命题，在人格测量上很早就实现了从人格类型理论向人格特质理论的转向，大五人格（FFM）替代迈尔斯·布里格斯性格分类法成为西方心理学界主流的人格模型。正如 BrainHex 模型所强调的，每个类型代表的是特定玩家体验的原型，是一种游戏人格特质，或者说是一种游戏玩家典型样式。

基于人格特质理论的游戏玩家的最新研究为未来线上用户类型研究提供了一条可选择的研究路径——自下而上地全面剖析用户动机与行为，将不同的特点综合到特质中，然后寻找连接潜在线上用户类型的共同特征，为用户类型提供原型灵感。

从现象学角度来看，未来线上用户的类型化目标不是比较，而是在更丰富的层面上把握用户动机与行为的特征。作为抽象的抽象，未来线上用户类型模型的实质是强调一系列动机或行为。用户类型模型不应该被理解为相互排斥而集合起来却又包罗无遗的分类，更应该被解释为用户的若干典型特征模式。简单地说，用户类型不是类别而是特征模型。在这个意义上，对未来线上用户进行细分的基本逻辑不是将用户无遗漏地分组归类，而是在洞察用户态度与行为的基础上探寻具有代表性的用户特征模式。

2. 顶层视域：线上用户态度行为的社会文化研究

对游戏玩家类型的探讨主要由人机交互领域的研究者推动，在指导交互设计的实践导向下，研究者们对游戏玩家的考察从个体心理层面切入，借助心理学的理论与工具来分析玩家的态度偏好与行为倾向。但当研究对象拓展至未来线上用户这个更大范畴的群体时，用户所处的线上世界远比游戏复杂，用户的态度和行为与更多元因素相关，仅从个体心理层面考察未来线上用户特征将限制线上用户类型研究的工具视野与理论价值。

基西·保利娜·卡利奥（Kirsi Pauliina Kallio）等学者曾提出"游戏玩家的社会文化研究"，即综合游戏玩家的心理学研究、社会学研究、游戏文化研究，以跨学科方法更全面地了解游戏对各种人的意义，塑造一个独立于任何领域或类型的游戏玩家心态启发式（Gaming Mentality Heuristics）。他们指出，游戏风格取决于许多变量，例如玩游戏的场景和可玩的时间，将游戏玩家置于僵硬的"盒子"中是行不通的。他们基于游戏的强度、游戏中的社交能力和玩过的游戏将心态分为三个主要类别，每个类别有三个子类别。第一个是社交心态，即与孩子一起玩、与同伴一起玩、为陪伴而玩耍。第二个是休闲心态，即消磨时间、填补空白和放松。最后一个被称为承诺心态，它包括寻找趣味、娱乐和沉浸。游戏玩家心态启发式具有足够的包容性，旨在探索非常轻松、随意和社交游戏的动机和实践，以及涉及专业态度和严肃游戏的动机和实践，有助于将注意力引向游戏中某些经常被忽视的方面和游戏玩家研究。[25]

对未来线上用户类型的研究同样应该坚持以跨学科的综合视角对线上用户特质进行深入把握。基于网络的线上媒介之于各种用户有着不同的意义与价值。未来线上用户的类型受多种因素的影响，需要从多个维度建构特征模型，对未来线上用户的典型范式进行心理、行为、文化等多视角的全面描绘。

3. 构想性组件：占有率、关联力与易用性

线上媒介的接触与使用作为一种文化实践，将迅速成为每个未来用户日常生活的一部分。生活环境和文化背景、生活状况和其他实际情况都将塑造未来线上用户的媒介接触习惯、态度和实践，需要找到更合适的解决未来线上用户社会文化多样性的方法。

在游戏玩家的社会文化研究中，游戏玩家的心态被归为社交、休闲、承诺三大类，这三类游戏心态在未来线上用户的动机与实践上可能同样具有一定的解释力。如果构想性地将未来线上用户粗线条地划分为社交型（以建立关联为主要动机）、休闲型（以消磨时间为主要动机）、承诺型（以获取信息为主要动机），那么，该从哪些维度验证与区分用户的不同心态与特质？

卡利奥等学者把游戏的强度、游戏的社交能力和实际玩过的游戏理解为数字游戏心态的多维组成部分。受此启发，媒介的占有率、关联力以及易用性可能会成为未来线上用户类型研究的构想性分类组件。

媒介的占有率可以从三个角度理解：媒介使用的时长、频率和用户注意力集中程度。媒介的关联力可以被理解为一个从完全个体性使用到完全社会性使用的连续体。首先，媒介的接触与使用可以在与其他人相同的物理空间中进行；其次，所有的关联也可以在虚拟空间中获得；再次，社会关联度可以在实际媒介接触与使用户情况之外进行，无论是物理还是虚拟，这种社交指的是与其他人分享媒介使用的想法、观点和其他体验等。媒介的易用性，包括可获得性、适用性、熟悉度、容易度、使用成本等方面。

上述构想性组件旨在揭示未来线上媒介被理解、使用的不同方式，也就是线上媒介不同的意义与价值。基于媒介的占有率、关联力

与易用性等维度,未来线上用户的媒介心态与使用习惯得以解构。利用这些构想性组件,自下而上地把握线上用户的不同特质,归纳用户的典型模式,验证社交—休闲—承诺的分类框架是否合适,并进一步细分主要动机之下的子类别,不断优化分类体系。

当然,媒介的占有率、关联力以及易用性仅是借鉴游戏玩家社会文化研究提出的构想性线上用户分类组件,未来线上用户社交型—休闲型—承诺型的分类也仅是一种设想,仅为未来线上用户实证研究提供一个可供参照的框架。未来线上用户的类型化需要建立在更多的实证研究基础上,通过用户调查,构建更多维、更丰富的线上用户分类体系。

第三节 传播游戏理论

社会性传播的三个重要属性

最早把游戏与传播明确地联系在一起的是英国学者斯蒂芬森,他从人类心理机制的角度来讨论游戏与传播的关系。他在《大众传播的游戏理论》(*The Play Theory of Mass Communication*)中提出:"本书旨在说明大众传播最好的一点是允许人们沉浸于主动的游戏之中,也就是说令人快乐。"[26]他在承认传播具有信息传递功能的同时,更加强调传播活动本身就是目的,因为传播能够给人带来快乐。当我们阅读一本好书、欣赏一部精彩的电视剧、与好友在社交媒体上视频通话时,时间的概念在沉浸式的传播过程中被弱化,投入过程本身就是目的,游戏的心态令他们在传播中主动寻求一种心理上快乐的感受。斯蒂芬森认为,以往人们在讲到传播时更多地强调信息内容,忽略了传

播的实际完成是与传播内容的组织形式、场景和载体的匹配等密不可分地联系在一起的。由此,斯蒂芬森提出了传播的三大重要属性:

1. 传播行为的发生

作为玩乐和消遣的主体诉求。斯蒂芬森认为,绝大多数传播的发生是作为玩乐消遣的传播,即人们主动沉浸于游戏的过程,这就要求游戏参与的主体必须是自发的。虽然在现实生活中,一部分传播活动的主要功能是传播信息,但是另一部分传播却没有信息传播的特征,这种类型的传播活动本身就是目的。这种传播过程表现为能够让参与主体忘我的投入其中,正如人们关注美国总统选举一样,这些资讯并不能给他们的现实生活带来更多实用价值,但是受众可以按照自己喜欢的方式、以娱乐的心态来围观和解读,这时他们接收信息的过程接近于玩乐,还可以借由社交媒体交换观点、得到及时反馈,借以缓解日常生活中的紧张和压抑。

2. 传播过程的契合

自我取悦的个体选择。因为基于游戏的体验是一种较为浅层的玩乐体验,并不涉及深层次的社会价值选择和道德争议,所以在选择传播内容时,主体较注重自身的内心感受,并较少受到社会和他人的价值干扰。也只有基于自我取悦目的而进行的传媒内容选择才有可能在观看后产生与之相伴的参与的快感。

3. 传播效应的形成

基于游戏规则的互动行为。"游戏"是人性的一部分,游戏的过程也是一种社交的过程。在传播内容的接受和分享的过程中，参与者通过对内容的选择来判断彼此的喜好、文化品位甚至社会阶层，从而形成以兴趣为介质的游戏部落。在这个同质化的群体中，大家通过分享彼此感兴趣的内容建立连接，并由此形成一种社会关系。

传媒业的两种内容生产模式

1. 传统媒体的内容生产

传统的传媒业生态处于行政威权和有限市场的环境下，内容生产主要局限在一定地域和行业内。实现社会连接所需要的资源要么仰仗权威、要么依靠市场进行配置。传媒组织大都按照区域条块和媒介形态进行设置，传媒的信息传播、产业发展、社会联结等不同区块呈现出较大程度的疏离，受众也往往被刻板地视为模糊的、很难测度的群体，内容生产端被凸显为所谓的"上游"，可以统领性地满足"下游"受众的新闻、娱乐、教育和服务等需求。传媒价值链的各层级间并未实现有效的连接，需求与生产供给之间的关系往往被机械化地理解为谁决定谁或者谁更重要，传媒的内容生产呈现出"线性中心化"特点。这种"线性中心化"的内容生产方式极大地限制了信息的自由流动，人为地加大了建立社会信任和连接机制的成本。

传统媒体通过自身拥有的优质渠道将信息传递给受众。从这一过程中可以明显看出传播机构主导着信息的流向与流量，受众作为被动的接受者缺乏沟通与互动，只能沦为"沉默的大多数"，丧失了发表观点的权利。

传媒业的内容生产过程一般是由专业而强大的新闻生产团队，在规范化的新闻生产流程指导下制作出的内容产品。同时，传统媒体的内容生产机制锻造出的是产品式的传媒内容。以纸媒为例，从选题、写稿、收稿、拼版到校对，理论上讲都要追求完美极致，且整个过程是在编辑室完成的。当内容产品传播给受众时，这个产品就被画上了完美的句号。

2. 人工智能驱动下的传媒内容生产

纵观人类社会的传媒发展史，每当传媒技术取得重大突破，都会带来传媒业的重大改变。越来越多的迹象表明，人工智能将引领下一场媒介技术革命。基于人工智能驱动的传媒业内容生产机制的变革不再是狭义上对于传媒内容生产流程的改良和提升，而是对于整个传媒业内容生产机制的重新定义，并由此构造一个全新的传媒生态，即泛内容生态平台。在这个平台中，媒体不再是我们理解的传统的传媒机构，一切能够实现信息互联的载体皆可以称为"媒体"。在新的传媒生态中，媒体的外延已不仅仅局限于报纸、广播、电视、期刊等传统媒体形态，还包括微博、微信等社交媒体以及淘宝网、美团、大众点评、去哪儿网等垂直功能性媒体，还有正在集搜索、摄录和传送于一体的新型终端，如百度神灯和腾讯蓝鲸。未来媒体的主要限定性特征在于以兴趣为导向的连接，而不再以文字、声音和图像的生产供应及其组织机构作为判断基点。从这个意义出发，一切智能设备其实都属于传播媒介，基于信息传播形成的社会连接方式都参与到内容的生产机制中。该机制包括内容的生产、聚合、分发、反馈等一系列周而复始的逻辑闭环，通过人工智能的深度学习不断迭代升级，形成更加优质的内容集成和更加精准的个性分发。

而在这一传媒内容生产机制中,服务也成为内容本身的重要组成部分,且孕育着巨大的未来商业机会。因此当今 IT 巨头和传媒集团纷纷布局人工智能,为整个传媒业带来深刻影响。2016 年伊始,苹果公司便宣布收购 Emotient 公司,该公司应用人工智能技术,通过扫描人脸和分析人的面部表情来判断人的情绪。这种技术可以用来直接监测广告或者产品的受众反应。2015 年 8 月,微软"小冰"的全球人工智能战略计划发布,具备了全新人工智能感官的"小冰"回归。[27] 在国内,互联网公司百度进行了"百度大脑"项目,并于 2015 年 9 月推出了人工智能机器人"度秘",通过文本、图片、语音等多种模式交互,提供助理服务。2014 年,科大讯飞启动了"讯飞超脑计划",新华社推出机器人记者"快笔小新"写稿,腾讯财经的自动化新闻写作机器人 Dreamwriter 也已正式上岗工作。

由此可见,人工智能驱动下的传媒业内容生产模式变革已是不争的事实,全新传媒业内容生态的打造不再依赖于威权时代的资源授予和渠道优势,个人资源的有效激活令"以人为本"不再是一句空谈和脑海中的模糊概念。在大数据时代人工智能崛起的背后,技术推动只是表象,更深层次的决定作用源自大众的主观需求,而这种需求则是大众不断成长的主观性、个体性、多样性的游戏精神的彰显。这与传播游戏理论中竭力主张的关注大众主体性、个性化的主观心理体验的研究视角不谋而合。

人工智能对传媒业内容生产机制的再造

在传播游戏理论的范式下,大数据时代的人工智能技术通过深度学习会越来越洞悉人性,并能够从人类与生俱来的游戏基因中发掘内容生产机制的灵感和动力源泉,以美妙的体验和惬意的互动让更多的用户卷入到全民参与的内容生产机制中,共同完成内容的生成和传播,并在全情投入的状态下完成内容和服务的分享与反馈。

1. 沉浸式内容创作机制

沉浸就是让人专注在当前的目标情境下感到愉悦和满足,忘记真实世界的情境。首先,从传统新闻业从业者的角度出发,人工智能技术的不断提升,可以让更多的新闻从业者摆脱枯燥的规格化新闻写作模式。在人工智能的参与下,传媒内容生产的基本过程可以概括为先进行固定的模块和版式设定,再获取数据、进行数据筛选、分析和选用,然后增加语义与智力分析,最后通过增加其他信源的采访内容丰富报道,进行信息推送。对于规格化的新闻资讯(例如灾害、体育、财报等动态信息),人工智能可以做到精确、迅捷地生成和发布,时间一般不超过 30 秒,且差错率远低于人工写作。通过对于不同语料库语言风格的智能化学习,人工智能可以自动生成适应不同人群语言习俗的表达方式,高效、高质量地完成任务。劳动力得以解放的专业编辑记者可以凭借其多年积累的丰富的专业知识和经验进行更具价值的深度报道,并在兴趣的引领下完成更具挑战性的内容作品,享受工作过程中的乐趣。其次,从用户的角度出发,基于传播游戏理论的视角,他们进行内容的创作和分享是出于体验过程中的快乐,因此主动参与的过程是内容生产机制中的重要组成部分。相比于被动地接受,他们更乐于主动参与内容生产并分享有趣的信息,因此在用户生成内容的过程中他们必然会将枯燥内容生动化、抽象概念具体化、新闻信息知识化,甚至基于技术驱动下传媒产品形式的多样性来实现传媒内容的可视化和互动性,从而调动用户的视觉、听觉、嗅觉、触觉等全感官系统进行沉浸式的内容生产和体验。比如:澎湃新闻、Business Insider等新闻网站注重图片的新闻呈现方式,浙江新闻客户端还专门开辟了"话图侠"专栏,腾讯、凤凰等新闻网站更注重视频的配发。这些都只是开始,视觉系统作为人产生沉浸感的第一要素,也是VR视频中用户与机器界面产生沉浸式传播的重要依据。利用计算机技术产生的三维立体图像创造一个虚拟的自然环境,并与人的感官和肢体互动,让人置身于一种虚拟环境与真实世界难辨的场景下,从而沉浸在一种真实的快感中。

随着市场机制的变迁和传媒技术的发展,未来将逐步打破国家政权和资本市场对传媒技术和内容生产的垄断,用户与传媒的边界日益模糊。"去中心化、非线性"技术的运用,对用户进行了媒介赋权,传媒生产中固定的角色分工正在被打破,跨组织协作也能够轻松实现,用户参与和众筹生产成为可能,传媒生产的自发组织、自由联合正在现实中发生。例如通过技术创新,爱奇艺在PC端和移动端已分别推出云编辑、啪啪奇等在线视频制作工具,全面解决了普通用户拍摄、编辑、上传、分享视频的基本需求,这也为用户基于游戏目的而进行的内容生产和分享带来技术上的有力支持。

2. 个性化内容聚合机制

人工智能驱动下的新传媒生态不仅实现了人和信息、人和人的连接,而且实现了万物相连。新传媒生态强大的连接特性,使在社会传播活动中充当中介的人或事物的中心地位不断被削弱,连接变得更加直接。新传媒生态中的控制权永远在用户自己手中,他们是否关注传播主体发布的内容、是否乐意在微博、微信、社交网站上分享来自于传播主体发布的信息,关键还是看传播主体提供的内容是否对他们有价值,能否激发他们阅读或收看的兴趣。[28]在万物相连的背景下,个人被赋予了更多的自主性,可以绕过中介渠道直接获取和传播信息。从用户的角度来看,斯蒂芬森的游戏理论表明,大众在面对媒介传播时并不是机械呆板、毫无主动性的死物,换句话说就是媒介对于受众的影响只能是部分而非整体,影响的大小最终还取决于受众自我的主观意识。他们可以完全按照自我的喜好,以取悦自我的方式来定向阅读传媒内容。从传媒内容生产者的角度来看,依赖大数据环境下人工智能的深度学习功能,可以有效地抓取到用户的价值偏好、个人兴趣和行为轨迹,从而为内容的有效聚合提供精准的参照依据。比如传感器新闻就是人工智能技术应用在新闻报道上的有益尝试,通过数据抓取与收集,可以直接获取用户在收看、收听和阅读信息产品时的真实反应。通过一手数据了解用户偏好及用户反馈,有利于信息内容主题和方式的选择和改进。对于"公民新闻运动"的内容生产也可以实现智能化标签、聚类和彼此匹配,甚至为每一条信息来源做出是单一消息来源抑或多重消息来源的判断,并自动加以标注,以便使目前显得杂乱无序、良莠不齐的用户生成的资讯纳入到一个拥有某种生态意义的传播框架和平台上,有利于个人的传播能力被激活后在新闻资讯的传播领域形成"互相核对、互相补充、互相延伸、互相纠错"的"无影灯效应"。在保证新闻价值的同时,也给个性化的内容聚类带来便利。

与此同时,随着人工智能技术的进步和媒体自生成内容能力的提升，深度内容定制将成为未来媒体内容生产机制的主流。所谓深度内容定制，即依托人工智能对于信息的收集、整合与分析能力，根据用户的要求对信息内容进行抓取与分析，形成符合人类思维与阅读习惯的信息。斯蒂芬森将新闻阅读总结为一种"纯粹游戏态度"的主观性游戏，他将其称为"鲁登尼克理论"（Theory Ludenic）。一份符合鲁登尼克理论的报纸或者杂志应该促使并激励人们达到聚精会神的境界。这一境界的达成基于对用户自我取悦动机的精准把握。在人工智能遍布互联网世界的今天，用户所有的行为数据——除一般性的用户数据外（如性别、年龄、地域分布、情感倾向、注意力偏好、行为喜好、渠道偏好、消费能力、生活轨迹、关系圈、终端匹配等），产品数据（如产品形态、产品资费、渠道、品牌、类型和终端要求等），以及网络能力数据（如网络功能、利用率、效率等）已经被悄悄收集。同时，人工智能技术还可以为用户进行场景化适配，在不同时段、不同地理位置，用户对新闻的需求都不同，人工智能可以在后台实时调整，不仅可以满足用户显性的自我取悦的动机，也可以悄然洞悉并最大限度地满足用户的潜在需求。

3. 内容分发机制

网络界有一个著名定律叫做"梅特卡夫定律"（Metcalfe's Law），其内容是，网络的价值等于网络节点数的平方，换句话说，网络价值不在于技术价值，而在于节点与节点之间的关系价值，网络具有极强的外部性和正反馈性，联网的用户越多，网络的价值越大，联网的需求也就越大。每一个新上网的用户都因为别人的联网而获得了更多的信息交流机会。由此可见，新传媒生态的传播效果不仅来自狭义的传媒内容精准化以及传播技术的提升，还来自用户间的社会关系交织而成的庞大关系网络。[29] 在当前的媒介革命中，媒介演变的总趋势是传播主体个人化，传播方式人际化。随着大数据时代的到来，人工智能驱动的传媒生态将最终演变为以人际传播为主体的全球一体化网状媒介系统。在这一传媒生态中，社会关系已经成为一种重要的生产力。当前传媒业所面临的一个重要问题就是，我们传播的内容是否能够有效嵌入用户的社会关系网络，如果在这个环节出现问题，就可能"死"在社会传播的最后一公里。为了让内容具有穿透社会关系渠道的魅力，就必须要在内容要素中注入更多的关系要素和场景要素。而关系要素和场景要素展示的是一种人与人之间的连接方式，是一种生活方式的具体体现。在关系与场景所构造的新的内容分发平台中，人们更多的是基于传播游戏理论中强调的非功利性、主体多元化、个性化的行为特征，因此情感的要素远远大于理性的判断，只有符合人类游戏本性的鲜活生动的内容才能突破最后一公里的关系壁垒，顺利抵达用户面前。

1967 年，哈佛大学的心理学教授斯坦利·米尔格兰姆（Stanley Milgram）想要描绘一个连结人与社区的人际联系网，结果发现了"六度分隔"现象，即你和任何一个陌生人之间所间隔的人不会超过六个。基于这一社会学理论，在全新的传媒生态中，实现连接的成本几乎为零，那么传媒的社会作用就在于高效实现有价值的连接，所有基于需求的有效满足的连接都会聚合成有价值的内容产品，因此好的内容既是产品也是入口，它成为建立有效连接的介质。未来的传媒组织，不论其采用的媒介形态是什么，只有将传播全价值链上的内容、渠道、介质、用户四个层级的所有元素基于社交关系连接在一起，特别是能够促进用户这个能动元素实现自我激励和主动分享,并能提供智能化的交往平台令分享的体验趋于完美,才能形成基于人与人之间强大的信任之上的传播连接力,才有可能塑造出更具价值的传播内容生态圈。与此同时,传播游戏理论的视角让我们在重视人工智能的技术发展逻辑的同时,不断关注基于游戏心理的人性需求,通过人类智能的有效介入去深度把握用户的潜在需求,实现人机交互的内容生产模式,并在未来打造一个基于万物互联的传媒内容生产机制。

第四节 社会深度媒介化进程中的协同创新理论

在互联网赋权的背景下,"个体"成为实践的关键词,而对组织的探讨主要集中在去中心化的传播生产,这种对于网络节点中个体的突出和对于组织的弱化,无形之中将个人与组织放置在二元对立的逻辑之中,将传播社会视为整体的"解构"而非关系、结构的"再整合",一定程度上背离了传播生态与传播社会中协同创新的核心发展逻辑。再组织化不同于再中心化,当技术赋权激活了每个个体,使社会发生一种由内部能量聚集而产生的裂变之时,这种裂变的结果往往使得组织效能变得越来越低,越来越弱势。在新传播时代,传播网络与社会具有自组织的特点并且是动态流动的过程,自组织是社会的全新构造及其运作逻辑的巨大迭代升级。如何发挥互联网的连接与再连接效能,通过再组织化整合多种要素和资源实现整个传播社会的协同和创新,不能用原来的组织模式和组织机制简单完成,需要采用全新的机制与全新的生产实践。

社会媒介化视角下社会结构的变革

伴随大数据、云计算、人工智能技术的交替出现,媒介跨时空表达的限制被打破,信息的保真度、生动性和感官复杂性等编码功能得以不断优化,其对社会各层级的影响力也相应提升,社会整体的媒介化进程便成为当下社会发展和时代发展中最重要的主流趋势。在此过程中,媒介不仅获得了独立的地位,还提供了其他社会机构和行动者交流的手段,为整个社会提供了一个"公共场所",使得其他机构和行动者越来越多地将其用作虚拟共享的互动平台,[30] 并按照媒介的逻辑、机制和传播模式进行重组和再造。

而以互联网为基底的信息技术自诞生起,就渗透在社会结构之中。它从单一的传播主体、传播渠道和传播平台进化为基础性的社会要素,并融入日常生活实践。与此同时,传播媒介在互联网技术的赋权下,带有类型多元化、形式多元化、数量无限化的媒介特点,在本质上为人类提供了新的连接方式,社会网络关系开始变革,社会资源的分配与重组也发生变化,媒介在社会变化中扮演着极为重要的角色,不再是与社会文化和社会制度相分离的要素,而是完全浸透至现代社会的进程之中。

传统的社会组织是金字塔式、科层制社会结构,传播资源和信息资源的分配与社会结构相匹配,拥有一整套政治、经济、文化和文明规则。随着互联网时代的技术赋权,5G 技术开启了泛众化传播时代,社会逐渐呈现去中心化、去组织化的特点,人们的表达权、传播权、参与权空前提高。在社交媒体时代,大众传播生产模式逐渐转向分布式,即多种主体在自组织模式下共同参与某一个话题的报道,[31] 个人成为传播网络中的必要节点，内容生产过程呈现去组织化和去科层化的特征。[32]在该传播结构下，媒介用户在提升能动性的同时，盈余资源也被激活，信息的来源与视角更加丰富，具有流动性和多维度的新闻生产实践逐步形成。伴随人工智能技术浪潮的兴起，分布式传播的参与者更是由人延伸到物体，进一步扩展传播网络广度的阈值。当技术赋权激活个体效能后，社会由原来的中心化开始核裂变，组织结构开始解体，组织效能开始降低，社会结构已经从过去的科层制社会的串联式模型转变为扁平化的分布式社会的并联式模型。这是技术发展趋势下，社会变革的必然环节。分布式的社会结构使得社会景观呈现由核心向外围的向心空间层次分化。这种中心化、板结化的社会结构存在圈层壁垒。虽然互联网技术的高速发展将我们带入到虚拟世界，但虚拟世界中的圈层、中心依旧存在。

互联网从发展伊始就具有自组织特性，时至今日，技术的应用与创新使得社会空间具有了属于自身的文化、规则和生态环境，其自组织属性愈发明显。更为重要的是，媒介在重构整个社会结构的同时也必然重塑了自身场域。社会结构的本质是流动的，现代性的本质是液态的，无论虚拟世界还是现实社会都是完全流动性的世界，如何突破束缚、如何打破困境、如何实现社会地位的横向连接，是如今社会变革的重要命题。社会媒介化视角能帮助我们更进一步认识社会结构空间中分散主体间形成自组织的可行性和内在规律。

媒介充当核心序参量

新媒介正在以新的连接、新的标准和新的尺度构造新的社会，实现社会的再组织化，这是社会深度媒介化的典型特征，而传播技术在这个深度媒介化进程中扮演着核心序参量。系统科学认为，核心序参量是具有"革命性"的，系统的改变总是从它开始，而它的变化又总是支配着其他子系统的变化。[33] 在深度媒介化进程中，个体的力量被激活，大量个体间的弱关系连接、交错、叠加、自组织成网络社会，媒介的自我革命推动着社会系统的自我革命，传播互动的变化及其代表的关系联结成为社会新的权力来源。

1. 社会连接

深度媒介化的初期是媒介构造社会，是不同媒介技术开辟出新的社会行动方式和新的社会交往关系，是媒介传播技术变革和社会结构变迁之间的促进关系。麦克卢汉提出，"媒介是人体的延伸"，媒介作为人们认识世界的重要武器，是社会实践的组成部分，它分布于社会结构之中，也不断构造着社会形态，扮演着穿针引线的中介作用。也就是说，媒介是社会之所以成为社会的要素，深度媒介化是社会结构化的必要条件。

从口语传播时代到印刷时代，再到如今的网络传播时代和元宇宙时代，媒介技术的每一次变革都带来了新的社会结构和新的社会连接，深度媒介化一直是媒介构造社会的长期过程。媒介技术对于传统科层制社会的解构，是一种去组织化的过程，进而形成微粒化社会，并在分布式社会中建立起新的社会连接。在技术的加持之下，媒介重构着各种社会关系、改造着社会基本形态，也是整个社会正以新的传播机制、法则和模式来进行自身业态和架构的重建。

2. 社会赋能

在大数据、云计算、算法等多种数字化信息技术的革命下，人与人、物与物、人与物的"万物互联"设想逐渐演变为现实，这些数字媒介将传统的"旧"媒介联结起来，将原有的"旧"媒介充分解构，通过一套新的规则、新的制度将要素重组起来，形成更高维度的媒介，进而对整个社会结构打破重组，这是深度媒介化的更高迭代。

旧媒介下，技术对于生活场景的构建是割裂的，技术独立于社会，技术的进步虽然改变了人们的生活场景，但始终以"单打独斗"的样态存在，始终无法实现技术功能和作用的最大化，甚至无法发挥协同发展的作用。在深度媒介化的进程下，高维媒介并不是简单地将原有单打独斗的"旧"媒介组合起来，而是将其解构编织。高维媒介利用整合技术实现连接补偿，提供了新技术融合与协同的补偿路径。新媒介在既有的社会物质基础之上，借助互联网上半场积累的资源，通过技术的研发和创造，连点成线，将如今的数字技术升维重组，将无法量化的内容量化，进行媒介再度深化和数字化，拓展技术新的价值范围。

在媒介变革的同时，社会结构也开始被高维媒介打破重组，深度媒介化的多维连接推动了社会的再组织化进程，高维媒介的高效互动激活了社会的再组织化机制，使得内容与内容、人与人、人和物及人和信息高效连接、激活和整合成为可能，形成了资源配置更高效、科学技术更便捷、功能平台更完善的一体化社会生态。"连接"成为一种赋能赋权的力量源泉，在深度媒介化的进程下，新媒介提供的新的表达尺度前所未有地降低了人们参与社会表达的门槛，并为人的关系与社会关系的重构提供了技术保障。

分布式社会再组织化

在多元、开放和兼容的互联网平台上，面对分布式理念塑造下的微粒化社会带来的隐忧，如何根植于传播环境的新特征实现再组织化，将其负荷的社会资源、传播主体与内容高效连接、激活并整合，构建社会生态一体化的高效率在线平台，[34] 成为当下传播新时代发展的关键。在信息与通信技术（ICT）发展下，传统的组织化范式难以应对多节点参与的信息传播架构所形成的复杂情境，因此本书关注多元主体互动共创的协同创新理论，探究分布式社会再组织化的新范式。

1. 协同创新理论的价值内涵

协同创新是各个创新主体要素在沟通、协调、合作与协作的过程中优化系统资源配置、找准行动最优同步、提升创新价值，这一过程涵纳了整合和互动两个维度。[35] 整合层面强调各个部分形成、协调或融合为一个统一整体而不是部分的简单相加，进而实现"1 + 1 > 2"的效果。要求信息整合、目标整合、绩效整合以及行动整合不同行动强度阶段的配合，整合的实现需要各参与者之间的交互操作。[36] 互动作用的强度与创新主体改变行为的程度和频率有关系，包括信息互传程度、目标设定的协同程度、绩效的系统匹配程度与行动同步的优化程度，而所在系统追求的整合度越高，需要的互动性也越强。[37] 前沿数字技术的进步打破了时间和空间的物理束缚，支持分散化的参与主体更自由灵活地进行协作，并通过及时交互保持紧密的联系，甚至创造虚拟化的立体情境促进人与设备进行日常的协作，达成以更高层次的互动和整合为特征的全新协作质量。[38] 协同创新理念的演化将消解多参与主体之间的壁垒,[39] 凝聚分布式社会中个人的有效机能,让复杂涌现的传播生态变无序为有序。

2. 协同创新理论的再组织化启示

区别于分布式传播中对于去科层化的侧重,协同创新理论更多地聚焦于如何充分利用分散化的社会碎片式资源,在高质量的整合与互动中实现传播的再组织化,其关键逻辑在于"连接与再连接"。

所谓"组织"常被视为将分散的人或物组成的具有一定系统性整体的社会实体,拥有特定的目标导向和结构设计。而互联网平台上的虚拟组织则保持一种动态的跨边界互动,集合不同地域、文化、圈层的合作者通过分工与协作达到最佳的资源整合,共同完成特定的组织任务。[40] 因此,当下传播的再组织化并不是通过简单回归高度正式化、集体式的"理性"组织去复现中心化,而是结合既成的微粒化社会情境以及基于个体特点和人际关系的非正式结构,构建融合理性、自然系统和开放系统多类结构的组织,[41] 有效增强多节点的互动和协作,打造具有内生活力以及可以和外部环境产生良性循环的传播系统,通过互联网将连接拓展至人与物、物与物,将更多的微资源在新的社会条件下得以被连接与再连接。同时,在分布式社会的再组织化进程中,传统的大众传播场域生态格局开始变迁,传播公共信息的社会"中心节点"开始纷纷解构,社会产业价值模式和价值重心开始迭代,被赋权的个体开始自由连接交互,个体的力量在无限连接中聚合、放大,新的社会权力通过增强连接数量、连接强度和连接深度开始变革,成为未来传播社会发展的着力点。

在分布式社会的再组织化过程中，技术层面弱化的监管效度将在自组织原则的引导下重新明确责任的边界，实现多元主体共治。传播议程的失焦将因为信息资源的再连接优化整合，社会扁平化结构的离心风险将凭借双向的跨圈互动，消弭横向群体间的深层隔阂，以多元协同的新理念为社会母系统创造更多的正向价值。

自组织范式与多元共治

媒介之"旧"与"新"，并不取决于出现时间，而是要看它是否为社会提供了新的连接方式、尺度、标准和结构模式。[42]而互联网赋权下的新媒体，对于整个社会最重要的是带来了新的"连接方式"，整个社会开始从科层制社会转变为分布式社会和微粒化社会。互联网赋权下的新传播时代呼唤分布式社会的再组织化，但如何解构传统的社会要素并将其重组、如何打破圈层实现多元协同将是一个重要的命题。

其次，分布式社会的再组织化，并不是对于中心化和科层制传播模式的复制回归，而是在新的传播场景下瓦解以前的传播模式并进行重组，是一种变革的、创新的、上升的、协同的新社会组织形态。结合协同创新理论的基本思想，本书构建了"自组织范式与多元共治"的协同创新演化路径。[43]

1. 自组织范式

当下，亲缘、地缘、业缘以及趣缘的关系构建成为社群形成的重要依托。基于亲缘、地缘和业缘形成的关系群体在本质上依托于实体组织，在互联网环境下衍生出"镜像"组织，但仍受到空间和时间的限制,这种关系依旧是中心化的、科层制的。基于趣缘关系形成的关系群体在互联网的赋权下,不依赖于实体组织,摆脱外部力量的干预,其内部进化的动力主要依托于群体信任和用户协同,分散的个体组织通过进化动力自组织起来。在互联网环境中,中心化的优势开始减弱,聚拢在传统权威四周的节点呈现离散态势,表现出以自组织为中心、扁平化、流动性的结构特征,而边界则超越时空,连接一切。[44]

(1)自组织导向

自组织的突现原理显示,一种自行组织起来的结构、模式、形态,或者它们所呈现的特性、行为、功能,不是系统的构成成分所固有的,而是组织的产物和效应,是通过众多组分在整体上相互作用涌现出来的,是由组分自下而上自发产生的。互联网赋权下的传播时代具有多元性的特点,由于这种多元性共同存在于社会空间,过去许多无法实现的价值变现有了新的机会、新的空间、新的路径和新的组合。信息技术范式是具有弹性的重构组织,该范式将传播主体进行优化配置,形成主体间的"命运共同体",增强传播主体间的协同创新能力,进而形成传播主体的自组织。

首先,现有的传播主体已经不再是一个"单打独斗"的个体,也不是一项具体的技术或媒介,而是技术的升维重组。媒介的创新组合是通过"集成效应"来打造一个高于现实、高自由度、高想象力的传播主体。自组织不是将所有主体简单组合起来,而是要综合技术特性,解构技术的应用场景与内容资源匹配,效用最大化地完成整体架构及其技术连接逻辑和规则的构建过程。

其次,在很大程度上来说,增强多元主体的优化配置,必须要在连接与协同作用的加持下,才能实现更高的价值。移动互联网带来了区块链、大数据、VR/AR 等新技术，但在目前的应用过程中，都呈现着"各自为营"的样态，多元协同"1+1>2"的结构效果尚未形成，其场景实现、价值升维都遇到了巨大的困难，"连接与再连接"成为未来媒介发展的重要命题。以元宇宙的出现为例，它打破了过去技术专业化、开发深度化、应用圈层化的传统逻辑，打破了传统技术与新技术的壁垒，以"扬弃"的哲学逻辑重组，这才是传播主体创造新价值、开发新功能的重要思维和底层逻辑。横向的连接与协同，带来的是打破圈层、多元激活、协同并进的媒介主体角色。

当然，想要真正形成高效的自组织，传播主体间的精准匹配同样重要。技术为传播社会提供新的内在逻辑和规则，充分发挥不同传播主体的优势和力量，深度合作、优化布局。当下互联网环境的融通布局为主流媒体和互联网媒体带来了新的协同合作机会。主流媒体拥有独特的传播资源、影响力和高权威性，而互联网媒体具有巨大的社会号召力、社会渗透力和技术创新力，两者通过资源协同、优势互补和价值创新，实现了传播主体的精准自组织，迎来了新的合作机会。面对互联网媒体强大的他律力量，主流媒体必须借鉴并应用新兴媒介的发展逻辑，重新思考自身的价值定位，形成新的社会连接关系。未来，传播权力将继续向"超级主体"回归，强参与将成为未来媒介传播的基本准则，自组织数字媒介生态的实现需要共建、共治与共享。[45]

（2）他组织介入的协调破圈

自组织理论的开放性原理表明，一个与环境没有任何交换的封闭系统不可能出现自组织系统，对环境开放即与外界进行物质、能量、信息交换的系统才可能产生自组织运动。在分布式社会中，由于互联网的赋权作用，人们基于兴趣形成了自己的兴趣圈，尽管圈层基于群体信任向前发展,赋予了个人的发展权利,但整个社会需要大家的共同努力才能应对挑战。社会如何凝聚力量,打破圈层,寻找社会向前发展的最大公约数的社会机制,[46]不是简单的复制传统组织模式就可以实现的,而是要通过技术的互动与情感的破圈来实现"他组织"在寻找社会最大公约数的协同作用。

在新传播时代,技术的发展成为媒介演进的排头兵。通过技术的激活创新打破现实与虚拟世界的边界、突破现实条件的约束;通过多维连接推动"他组织"的社会进程;通过多元互动激活"他组织"的社会机制,使得内容与内容、人与人、人和物及人和信息的高效连接、激活和整合成为可能,进而打破圈层壁垒,形成资源配置更高效、科学技术更便捷、功能平台更完善的一体化社会生态。[47]同时,技术要充分发挥在社会发展中穿针引线的中介作用,激活社会连接,为社会沟通与协同、为寻找社会最大公约数提供最为关键性的基础关系资源。

在当下的传播环境中,情感共振和关系认同是沟通和建构共识的重要策略和工具,情绪激活成为新的传播模式。"晓之以理"不如"动之以情",这是如今打破圈层壁垒的重要逻辑和传播法则。[48]打破圈层壁垒不仅关系到传播渠道的畅通,还与社会的健康发展息息相关。在互联网社会,通过趣缘关系而形成的圈层占据了主要地位,其圈层动力主要来源于圈层内部的情感共振,情感要素便成为新的社会互动与社会重构中最为重要的甚至是决定性的要素。[49]利用好情感要素实现圈层与圈层之间的良性互动,利用情感共振、关系认同的方式获得"圈外人"理解,才能达到情绪上的同频共振、思想上的认知共识、行为上协同一致的"破圈"效果。同时要强化要素的情感属性,通过共情效应和情感投射实现跨圈层的情感互动，形成广泛的认知协同、行为协同和社会协同。情感要素在打破圈层壁垒的过程中扮演了创新者、协同者和连接者的重要角色。

（3）再组织化的要素重构

再组织化的实现意味着某种新结构的产生，或者新系统的成长与运行，在内容资源、市场资源和场景资源的互动可能性的前提下，汇聚在新系统中走向新的要素重构。

第一，内容的再生产、内容范式的再建立，是实现再组织化的基础。传统的互联网传播时代是一个以"跑马圈地"为表征的发展样态，而如今的再组织化传播时代，需要的是内涵扩展的深度发展样态，内容生产和范式成为新的增长点。但"内容再生产、内容范式再建立"并不意味着在过去粗放型内容生产的基础之上进行质量提升，而是在新的传播条件下产生新的内容样态、新的内容生产逻辑、新的内容生产规则和新的内容生产体系。

第二，市场的再布局，是实现再组织化的手段。如今，光靠内容和行政性的逻辑，未必能够建立起一个行之有效的媒体融合平台，而是需要有更多资源、特别是商业资源、服务资源的协同和加入。[50]任何经济活动与技术普及都遵循着由"中心向边缘"扩散的规律，但这种圈层结构阻碍了社会要素资源的传播和重组，重新布局的市场孕育着巨大的发展机会，再组织化传播时代的市场机会来自于互联网的"微资源""微力量""微创新"的价值聚合，市场从传统的纵向延伸开始向横向连接转型布局。

第三，场景的再落地。"连接、破圈、协同、激活"是未来寻找社会最大公约数的重要路径。如今所有的内容聚合都是以"场景化"

而存在的，一种场景的落地，仅仅依靠技术的投射是不可能的。线上场景有线上的特点，线下场景又有线下的优势，用传播模式进行整体的考虑和协同，要做传播的"主人"，主动打破场景与场景之间的转换壁垒，用一种新的模式和规则将传播场景再组织化。诚然，任何一种媒介资源的重新分配都是过去传播权力的解构，首先是去组织化的过程，再通过打破圈层、建立新连接、组织协同、激活效能完成再组织化的过程，进而寻找社会最大公约数。

2. 多元共治

总体而言，下一代数字媒介的使命在于重构社会形态的再组织化，营造社会网络的协同创新环境显得尤为重要。新技术革命催生下的"新"媒介并不是时间新，而是理念新、环境新。以数字技术和互联网技术为代表的新型数字媒介营造的网络环境逐渐演变成整个社会变革的中坚力量，引发社会形态和社会文明的变迁。[51] 伴随着互联网技术的逐渐下沉，媒介技术的发展重点已经不再是传统的覆盖范围扩大和连接数量增长，而应转变为对于分布式社会的再组织化，营造全要素协同创新的社会环境。传播在未来的社会发展中将会处于枢纽地位，人类社会的发展将依靠传播的连接作用进行资源分配和价值再造。

当下，技术的进步对于传统社会的解构已经基本完成，智能算法推荐技术实现了人与信息的精准匹配，虚拟交互技术实现了人与现实世界的多维互动，元宇宙打造了一个与现实社会平行的虚拟空间……但从目前来看，这些新的手段和技术对于社会的再组织化而言是相对离散的，新技术虽然已经将其解构，但多元共治的任务依旧任重道远。重塑组织形态、重现组织活力、重构社会结构，就需要将原有的

"粗放型"社会连接转变为"精耕细作"的关系联结。再组织化传播时代需要现实世界与网络世界的精细勾连,需要层次更高、意义更深刻的社会革命。[52] 连接、融合与重组的多元共治将成为未来再组织化的关键逻辑,更是未来媒介全要素深度媒介化的终极蓝图。

以人为本:媒介演进永恒不变的中心点

无论是科层制社会,还是分布式社会,再到如今的分布式社会的再组织化,本质上都是社会结构深度媒介化的过程,更是人们社会生活自由度不断提高的过程。媒介演进伴随着社会变革,其重要意义是帮助人们多角度、多层次、全方位的认识世界、融入世界、改变世界,拥有更宽阔、更广泛、更自由的实践空间,进而满足人们的多样化、个性化需求,实现人的价值。[53] 从最早的印刷技术,到互联网技术,再到如今的虚拟技术,人们认识世界的手段不断丰富,社会实践的半径不断扩大,但其底层逻辑是"以人为本",这既是未来传播时代永恒的底层思维,更是检验未来传播环境能否可持续发展的重要价值标准。

再组织化重新解构了现有的要素资源,重组成为新的组织力量,服务于人的尺度、需求、发展和实践半径的扩张,人的健康发展和社会的良性循环也将是再组织化的关键思维与底层逻辑。在未来的传播过程中,需要充分挖掘"人"的场景价值,有序地构建起"人—物—场景"的连接与再连接,[54] 实现内容与人、技术与人、服务与人、场景与人的高度适配,为发挥社会自组织与多元共治的协同作用提供最为关键的基础资源和价值导向,以此实现社会系统的良性互动和协同创新。

附 录

青少年多人在线战术竞技手游的使用体验研究
自我效能的中介效应[①]

文献综述

网络游戏作为一种虚拟空间的行为方式，在一定程度上已经广泛嵌入到青少年用户的社交和生活场景之中；游戏形态也作为一种连接性的媒介化居间平台（Intermediary Platform），重构了时空场景和青少年的社会关系。在青少年的成长发育中，游戏会对个体认知能力、情感体验和行为起到一定的正向效果，功能性游戏的益智和学习导向也会对青少年成长产生一定的益处；不过，未分级游戏的"问题性使用"（Problematic Use）不利于青少年身心健康发展，也会带来沉迷、"氪金"（原为课金，特指在网络游戏中的充值行为）等一系列负面问题。

[①] 附录作者：杨雅，苏芳，武迪，李钒，喻国明。单位：北京师范大学新闻传播学院。

1. 多人在线战术竞技手游的特点与玩家使用的驱动因素

(1)"计时"竞技与"即时"对抗:多人在线战术竞技手游的特点

在青少年互联网使用行为中,网络游戏使用行为往往备受关注,根据中国互联网络信息中心(CNNIC)数据,手机是青少年网络游戏的主要设备,62.5%的未成年网民会经常上网玩游戏,其中手游的比例占到56.4%,周末之外游戏使用日均超过2小时的达到13.2%。近年来,多人在线战术竞技游戏的兴起,占据了手游市场的绝大多数份额,如《英雄联盟》《王者荣耀》《刀塔2》等,既满足了玩家的社交需求、自我体验需求和竞技需求,也为游戏商家创造了年逾百亿元的收入。

多人在线战术竞技手游具有无须付费、公平竞技和即时对抗的特点,游戏收入来源于游戏内的购买行为,如皮肤、铭文、钻石、点券、英雄等。一方面,玩家进入游戏中选择相应角色类型,在虚拟空间内通过对局模式实现公平竞技;游戏结束后,得到相应段位改变或获得"最佳玩家"(MVP)的称号。另一方面,游戏具备一套预期时间机制,游戏时间被游戏胜负体验反复切割与重新闭合;游戏体验为玩家提供了新的"计时器",使得玩家获得与自然时间不同的人工时间体验。[1]以《王者荣耀》为例,每局游戏时间约为20分钟,这种短暂的快节奏的游戏体验将玩家的时间不断碎片化切割,增加游戏反复使用的黏性和驱动力。

(2)心理动机和满足驱动:多人在线战术竞技手游玩家的持续使用意愿

手游玩家的行为可以从个体的心理动机与需求、行为特征,以及外部环境中的游戏设计与开发条件、游戏机制与情境模式这四个角度进行分析。使用与满足理论(Uses and Gratification Approach)被广泛用于媒介接触与使用的研究，认为用户是基于一定动机，通过使用媒介来满足自身心理需求。在玩家游戏使用中，心理动机和需求是游戏使用的前提条件，也是玩家选择持续使用游戏的动因。有研究将多人竞技游戏使用的原因分为社交、沉浸和成就三类，[2]也有研究将其进一步细分为社交、唤醒、分散、挑战、竞争、幻想六类。

用户对于竞技类游戏的使用需求得到满足，也会进一步影响他们的持续使用意愿（Continuance Intention）。研究发现，三种类型的满足感会影响个体使用社交网络游戏的持续意愿，分别是：第一，享乐型满足感，如享受、幻想、逃避现实；第二，功能型满足感，如自我成就、自我展示；第三，社交型满足感，如社会互动、社会存在等。[3,4]

2. 多人在线战术竞技手游对青少年的影响：认知能力与情绪体验

（1）认知提升与注意控制：游戏训练可能的正向效果

竞技类手游对青少年影响的效果可以体现在认知能力与情感体验两个层面。首先，在认知能力层面，有研究发现，通过动作视频游戏的长期训练，使用者的视觉选择性注意能力和空间感显著提升，[5]并且能够消除空间注意力的性别差异。[6]在注意力、记忆和执行控制等认知能力方面，电子游戏玩家要显著高于非游戏玩家。[7]不过，也有研究经过荟萃分析（Meta-analysis）发现，样本偏差有可能会影响游戏训练可能产生的正向效果，且有些研究样本效应量不足。[8]此外，玩家的性别、年龄等特质也影响了真实实验的效果，比如，游戏对老年人的认知影响会大于对年轻群体的影响；[9]专业游戏玩家在感知和认知方面优于非游戏玩家，可能是由于实验需求导致专业玩家更有动力表现出色,形成"霍桑效应",而对非游戏玩家则形成一种安慰剂效应。[10]

(2)竞技游戏中主体的情绪调节与自我体验感

在情感调节方面,竞技游戏中的角色选择和体验,可以在一定程度上投射使用者的情绪,并以此实现负面情绪的宣泄。研究表明,在游戏行为普遍的青春期,游戏与青少年的负面情绪调控呈正相关。[11]不过,在多人在线战术竞技游戏、射击游戏和角色扮演游戏中,团队绩效高度依赖于成员的个人绩效,因此也会出现个体在输掉比赛任务或被突袭后责备他人、肆意转移负面情绪的情况。

此外,游戏对于青少年的自我体验感的构建,包括自尊、自爱、责任感、优越感、成就感等,会起到一定的作用。在游戏参与中,玩家也会获得一种控制性情感,即在操纵角色竞技的过程中,由于技术能力高而获得的较好体验感。有研究表明,游戏与大学生群体的自尊和自我效能水平显著相关,更高的游戏自我效能感意味着更高的游戏使用时间和频率。不过,也有青少年玩家在游戏中获得了明显高于现实空间的虚拟社会资本和权力,从而产生了虚幻的优越感。

3. 青少年竞技类手游使用的自我体验:自尊与自我效能的中介作用

由此来看,在以往的竞技类游戏研究中,对游戏玩家的情绪研究多集中于认知与情绪调控,以及游戏中的心流体验和成就感。本研究针对正在成长发展中的青少年个体,其自我体验感如自尊和自我效能感同样需要更多关注。

(1)青少年的自尊感

作为自我概念的一个维度,自尊是个体在社会化过程中形成的对自我价值的情感体验和评价。自尊包括整体自尊与具体自尊两种,前者与人的自我价值的整体判断有关,反映了对自我作为一个人的价值的重视;而后者则是对一个人在特定领域的能力的评价,包括多维的自我评价判断。

自我概念的维护,往往通过情境互动和他人反馈来实现。青少年时期,自我概念的问题较之其他年龄阶段更为严重和普遍。有学者发现,影响青少年自尊的具体因素也会因年龄阶段的不同而发生变化。比如,初中时期多来自学业接受度和同伴的接受度;大学时期来自于智力能力、亲密友谊和与父母的关系等。青少年的自尊感也会反过来影响其社会化学习、个体成就和心理需求的程度。有研究发现,在线游戏使用的满足感与自尊感呈负相关关系;[12]而低自尊感与游戏的参与度呈正相关,[13]且可以显著预测网络游戏的过度使用甚至沉迷。[14]

(2)青少年的自我效能感

自我效能感可以分为一般自我效能感和具体领域的自我效能感。一般自我效能感,指的是个体对于执行和完成某项任务能力的主观认知评估和信念,自我效能感具有合理控制消极情绪、增强积极情绪的作用,[15]进而调动认知资源开展行动。既有研究对于不同领域的具体自我效能开发了不同的量表,如阅读自我效能感和健康信息寻求的自我效能感等。在青少年竞技类手游的使用研究中,自我效能受到唤醒、挑战、竞争和社交互动等因素的影响,也会影响网络游戏的持续使用意愿。[16]此外,游戏自我效能在游戏享乐和玩家表现中起到中介作用。[17]不过,青少年游戏使用中的自我体验感,如自尊感和自我效能感,在游戏的满足感与游戏持续使用意愿之间的中介作用尚不明晰。由此,本研究提出青少年竞技类手游持续使用意愿的模型构念(见附表1)。

附表1 青少年竞技类手游持续使用意愿的模型构念

满足感	组成	理论	定义
享乐型满足	享乐	动机理论 享乐理论	玩游戏时的愉快程度
	幻想	享乐理论	玩游戏时,想象的事件或心理图像顺序代表现实元素的整合程度
	逃避	享乐理论	玩游戏将在多大程度上帮助玩家摆脱不愉快的现实或者分散其对问题和压力的注意力
社交型满足	社会互动	自我决定理论	玩家使用游戏作为社交环境与他人的互动程度
	社会存在	社会存在理论	玩家通过玩游戏与他人进行身体互动和建立个人联系的心理感觉达到的程度
功能型满足	成就	自我决定理论	玩游戏中获得的权力、地位和游戏中财富地位的象征符号积累到何种程度
	自我展示	社会存在理论	游戏中玩家在多大程度上建构自己的个人形象,从而影响他人对待玩家的态度和行为
游戏自我体验	自尊感	社会认知理论	个体在社会化的过程中形成的对自我价值的情感体验和评价
	自我效能	社会认知理论	一个人在不利情况下坚持的一般能力的认知评估

研究假设,青少年多人在线战术竞技游戏使用的享乐型满足感、社交型满足感和功能型满足感影响游戏的持续使用意愿,且游戏的自我体验感,即自尊感和自我效能感在满足感与持续使用意愿之间起到中介效应。研究的假设模型见附图1。

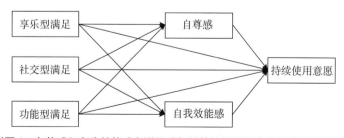

附图1 自尊感和自我效能感在满足感与持续使用意愿中介效应的假设模型

研究方法

1. 问卷样本构成

研究运用极术云问卷平台进行问卷发放和样本收集。根据CNNIC第49次报告数据，在年龄分布上，我国10~29岁网民占比为30.6%，其中10~19岁网民占比13.3%；在城乡结构上，农村网民占比为27.6%。基于此，研究采用配额抽样，抽样年龄范围为10~29岁，其中10~19岁网民和20~29岁网民比例为4∶6；性别比为1∶1；城乡比为7∶3。共收回有效问卷1 602份，包括1 300位游戏玩家与302位非游戏玩家。样本分布情况如附表2所示。

附表2 问卷调研样本分布情况（N=1 602）

	分类	频次	百分比
性别	男性	863	53.9%
	女性	739	46.1%
年龄	18岁以下	474	29.6%
	18~25岁	504	31.5%
	26~30岁	624	38.9%
受教育程度	初中	99	6.2%
	高中	537	33.5%
	大学	947	59.1%
	研究生及以上	19	1.2%
居住地	城镇	1 112	69.4%
	乡村	490	30.6%

2. 变量测量

（1）自尊感水平测量

依据广泛使用的自尊水平量表（Rosenberg Self-Esteem Scale，简称RSES）改编。原量表包含10个项目，研究参与者被询问同意或不同意 RSES 中每条陈述的程度。量表采用 4 级计分（其中 5 个条目反向计分），总分范围是 10~40 分，得分越高则自尊水平越高。[18] 本研究改编的手游自尊量表，量表信度为 Cronbach α = 0.562，经过预调研删除其中 2 题项，修订后的量表信度提升为 Cronbach α = 0.653。

（2）自我效能感水平测量

依据一般自我效能量表（General Self-Efficacy Scale，简称 GSES）改编。原量表包含 10 个项目，采用 4 级计分，旨在评估人们对自我效能的总体感知，以预测应对不同生活压力的适应能力。[19] 中文版 GSES 量表同样具有良好的信度，其内部一致性系数 Cronbach α = 0.87，重测信度 $r = 0.83$（$p < 0.001$），折半信度 $r = 0.82$（$p < 0.001$）。[20]

（3）使用满足感和持续使用意愿测量

根据青少年竞技类手游持续使用意愿的模型构念（见表 1），研究对于构念进行了测量，量表信度良好 Cronbach α = 0.843。

描述性统计结果

1. 总体情况

（1）超六成玩家平均单次游戏使用时长为 0.5~1.5 小时

本次调研获取游戏玩家有效问卷数量 1 302 份，其中玩家占比达 81.15%。研究运用 SPSS 24.0 软件进行描述性统计分析。研究将手游使用时长规定为平均单次玩《王者荣耀》的时间，从进入游戏界面开始到退出游戏结束。单次游戏时长为 1~1.5 小时的游戏玩家占比最高（见表 3），为 37.2%；0.5~1.5 小时的用户占比 63%。单次游戏超过 2 小时的手游玩家占比也达到 6.1%。

（2）多人在线战术竞技手游用户黏性高，游戏使用频率高

调研发现，玩家使用手游至少每天一次的情况占比超过50%，其中每天多次的玩家占比26.6%，每天一次的玩家占比27.6%；游戏频率为每周多次的占比超过90%；仅有3.4%的玩家的游戏频率为小于每周一次（见表3）。可见多人在线战术竞技手游的玩家黏性高，重复游戏频率高。

（3）超过半数玩家《王者荣耀》生涯历程为1~3年，约四成玩家历史最高段位为"永恒钻石"或"至尊星耀"

竞技类手游玩家用户使用时间集中在1~5年，其中持续游戏1~3年的玩家占比为55%，3~5年的用户占比34.3%，可见手游用户的持续使用意愿较强。在《王者荣耀》的玩家中，历史最高段位为"永恒钻石"的玩家占比20.1%，其次是段位为"至尊星耀"和"最强王者"的玩家，占比分别为19.6%和18%。

（4）超三分之二的玩家有过社交媒体分享行为，愿意为游戏付费；超半数玩家倾向于与好友组队，愿意购买游戏外衍生周边产品

从社交意愿来看，超三分之二的竞技类手游玩家有过社交媒体分享行为，占比67.8%（见附表3）。玩家多数都有社交媒体分享意愿，会选择"晒出"自己和团队的游戏战绩；56.1%的《王者荣耀》玩家倾向于邀请现实生活中的好友进行组队。不过，如果遇到游戏对局失败的情况，玩家倾向沉默解决和打开下一局占比为49.8%，选择举报、拉黑、责备队友的玩家占比接近36.7%。从付费意愿来看，67.1%的手游玩家会为游戏付费，有过在游戏内购买皮肤等行为；55%的玩家会选择购买游戏现实中的周边衍生品。

附表3 竞技类手游用户使用偏好统计（N=1300）

	分类	频次	百分比
单次游戏使用时长	0~0.25 小时	4	0.3%
	0.25~0.5 小时	184	14.2%
	0.5~1 小时	336	25.8%
	1~1.5 小时	484	37.2%
	1.5~2 小时	213	16.4%
	2~3 小时	70	5.4%
	3 小时以上	9	0.7%
游戏的频率	一天多次	346	26.6%
	一天一次	359	27.6%
	一周多次	511	39.3%
	一周一次	40	3.1%
	一周不到一次	44	3.4%
是否会在社交媒体上分享战绩	是	882	67.8%
	否	418	32.2%
竞技类手游持续使用时间	小于 1 年	103	7.9%
	1~3 年	708	54.5%
	3~5 年	446	34.3%
	5~7 年	43	3.3%

2. 未成年群体的竞技类手游使用特点

首先，相比于成年人，未成年人在游戏失败后更倾向于沉默解决。研究将游戏失败状态界定为游戏中组队时因队友失误导致失败的情况。结果显示，未成年人与成年人两个群体在"举报队友"（$t = -2.642$，$p = 0.008 < 0.01$，$d = 0.165$）、"打开下一局"（$t = -3.134$，$p = 0.002 < 0.01$，$d = 0.188$）、"沉默解决"（$t = 5.161$，$p = 0.000 < 0.001$，$d = 0.340$）这三项选择的得分差异具有统计学意义，即成年人因队友失误而导致游戏失败时，更倾向于举报队友与打开下一局，而未成年人更倾向于沉默解决。

其次，相比于成年人，未成年人更难意识到竞技类游戏隐含的营销目的、隐私获取和广告宣传。结果显示，未成年人和成年人在意识到手游中隐含的营销目的（$t = -3.394$，$p = 0.001 < 0.01$，$d = 0.218$）、隐私获取（$t = -2.678$，$p = 0.007 < 0.01$，$d = 0.167$）以及广告宣传（$t = -2.114$，$p = 0.035 < 0.05$，$d = 0.146$）方面差异较为显著，青少年的游戏素养和隐私保护意识依然有待增强。

最后，相比于成年人，未成年人手游付费意愿更为强烈。研究发现，相比于成年人，未成年人购买游戏内皮肤的意愿（$t = 3.608$，$p < 0.001$，$d = 0.146$）更加强烈，在购买现实场景中的游戏手办和周边的意愿（$t = 2.272$，$p = 0.024 < 0.05$，$d = 0.160$）方面差异显著。

从游戏满足到持续使用意愿：自我效能的遮掩效应

通过SPSS24.0进行统计分析发现，竞技类手游中享受感、幻想感、逃避感、社会存在感、社交互动感、成就感、自我展示、自尊感与效能感均呈显著正相关关系。游戏中自尊感与持续使用意愿呈显著负相关（$r = -0.304$，$p < 0.01$），自我效能感与持续使用意愿呈显著正相关（$r = 0.337$，$p < 0.01$）。此外，游戏中自尊感与逃避感显著正相关（$r = 0.75$，$p < 0.01$），与社交互动显著负相关（$r = -0.300$，$p < 0.01$），与幻想并不相关，其余均为显著负相关关系（见附表4）。

研究以青少年竞技类游戏使用的享乐型满足感和功能型满足感作为自变量，游戏中自尊感和游戏中自我效能感作为中介变量，游戏的持续使用意愿作为因变量。由于社交型满足的两个观测变量与其他变量间相关性均较强，为避免多重共线性，在结构方程模型分析中并未将社交型满足纳入分析。运用 AMOS23.0 数据分析软件,构建二阶构面的结构方程模型进行最大似然估计,模型的拟合指数为调整卡方 $X^2/df = 4.759 < 5$,RMSEA = 0.047 < 0.05,相对拟合指数 NFI = 0.736,IFI = 0.780,CFI = 0.778 > 0.7(均接近 1),模型拟合良好。进一步采用偏差校正非参数百分比 Bootstrap 重复抽取 2 000 个样本(95% 置信区间),对游戏满足感与持续使用意愿之间的自尊感与自我效能感的中介效应检验。

附表4 游戏玩家各变量的均值、标准差和相关系数($N=1300$)

变量	M	SD	1	2	3	4	5	6	7	8	9	10
1 享受	4.165	0.546	1									
2 幻想	3.543	0.818	.255**	1								
3 逃避	3.470	0.777	.221**	.496**	1							
4 社会存在	3.824	0.636	.347**	.335**	.301**	1						
5 社交互动	3.799	0.597	.327**	.303**	.294**	.598**	1					
6 成就	3.646	0.703	.276**	.403**	.358**	.491**	.498**	1				
7 自我展示	3.756	0.754	.285**	.291**	.356**	.497**	.508**	.501**	1			
8 持续使用意愿	4.062	0.630	.345**	.171**	.103**	.343**	.331**	.208**	.277**	1		
9 自我效能感	3.094	0.424	.187**	.065*	.062*	.273**	.301**	.334**	.264**	.337**	1	
10 自尊感	2.183	0.482	-.125**	0.049	.075**	-.312**	-.300**	-.103**	-.274**	-.304**	-.329**	1

研究发现,享乐型满足($\beta = 0.477$,$p < 0.001$),即游戏吸引、幻想甚至逃避现实显著正向预测游戏持续使用意愿;而功能型满足($\beta = -0.174$,$p = 0.23$),即个人成就和展示则不会显著预测持续使用意愿(见附图 1 和附表 5)。

值得注意的是,两种自我体验感对持续使用意愿影响机制形成了遮掩效应。[21] 首先,在自我效能感方面,享乐型满足通过抑制青少年的自我效能感($\beta = -0.471$,$p < 0.001$),而增强了竞技性游戏的持续使用意愿($\beta = 0.477$,$p < 0.001$),模型效应量为 54.60%(见表 6)。

享乐型满足中的对于游戏本身影响力的吸引、虚拟世界幻想设定框架的服从,甚至对于现实生活中负面情绪和社会关系的逃避,一定程度上限制了青少年的自我效能,增加了其持续使用手游的意愿,在此情况下甚至有可能增加形成"问题性使用"(Problematic Use)的可能性。

附表5 结构方程模型的结果分析($N=1300$)

路径	B	Beta	S.E.	C.R.	p	检验结果
享乐型满足→自尊感	0.166	0.405	0.053	3.104	0.002	支持
功能型满足→自尊感	−0.077	−0.438	0.024	−3.279	0.001	支持
享乐型满足→自我效能感	−0.719	−0.471	0.153	−4.699	***	支持
功能型满足→自我效能感	0.552	0.839	0.073	7.533	***	支持
自尊感→持续使用意愿	−1.472	−0.364	0.424	−3.472	***	支持
自我效能感→持续使用意愿	0.599	0.553	0.091	6.576	***	支持
享乐型满足→持续使用意愿	0.789	0.477	0.222	3.562	***	支持
功能型满足→持续使用意愿	−0.124	−0.174	0.103	−1.201	0.23	不支持

其次,在自尊感方面,享乐型满足增强了游戏中的自尊感($\beta = 0.405$,$p = 0.002$),而自尊感负向预测游戏的使用意愿($\beta = -0.364$,$p < 0.001$),即青少年在游戏中形成的自尊感缓解了享乐型满足对游戏的持续使用意愿的影响程度,模型效应量为30.91%。可见,竞技类手游中的游戏本身的吸引力与虚拟游戏世界中的游戏角色互动一定程度上增强了青少年游戏的自尊感。不过,当玩家在游戏通关中获得的自尊感越强,越有可能增强其游戏控制力,进一步避免游戏的沉迷的可能性。

附表 6　中介效应检验结果和效应量汇总（$N=1\,300$）

项	总效应 c	a	b	间接效应 a*b	95%BootCI	直接效应 c'	效应量	检验结果
享乐型满足→自尊感→持续使用意愿	0.330	0.405**	-0.364***	-0.147	-0.442~-0.135	0.477***	30.91%	遮掩效应
功能型满足→自尊感→持续使用意愿	-0.015	-0.438***	-0.364***	0.159	0.062~0.209	-0.174	—	中介作用不显著
享乐型满足→自我效能感→持续使用意愿	0.217	-0.471***	0.553***	-0.260	-0.755~-0.241	0.477***	54.60%	遮掩效应
功能型满足→自我效能感→持续使用意愿	0.290	0.839***	0.553***	0.464	0.212~0.515	-0.174	—	中介作用不显著

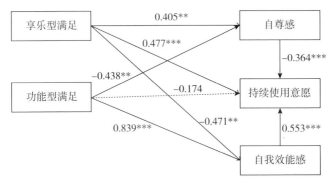

附图 2 自尊和自我效能感在满足感与持续使用意愿之间的中介效应

结论与建议

总体上来看，调查中青少年玩家日均使用竞技类游戏时间长，游戏打开频率高，喜欢在社交媒体平台上分享战绩，并倾向于与好友组队游戏。多人在线战术竞技游戏的社交属性较强，社交关系的嵌入为游戏玩家提供了工具理性式的游戏角色匹配，同时也是非理性情感驱动的合作与互惠逻辑的体现，便于玩家将线下社交关系延伸至虚拟空间，以更丰富的自由度进行再创造与再组织化。

同时，与成年人相比，未成年人的付费意愿较强，更愿意"氪金"购买游戏内的皮肤、铭文、点券和游戏外周边，而对游戏中的隐私保护和营销属性较为忽视。多人在线战术竞技手游作为竞技类游戏，同样展现了"游戏作为一种媒介"的特征，给青少年带来不同形式的、来自虚拟空间关系和行为的满足感。其中，享乐型、功能型和社交型三类游戏使用的满足感都会对青少年游戏的持续使用意愿产生显著影响，但满足感类型不同，其影响机制也会有所差别，效果也需区别看待。上述调研表明，研究从影响个体发展的"个体—环境"关系（Individual-Context Relations）的动态机制出发，针对游戏主体的认知和心理特征、竞技类手游的分级管理可能性、游戏开发者，以及游戏主体的家庭和社会传播环境等展开讨论。

1. 注重游戏使用主体积极心理资本的培育，提升其自我效能和韧性

既往对于青少年使用游戏的干预机制，多注重外部规制与影响要素，在"堵"与"疏"的二元对立中寻求均衡，而忽视了青少年作为游戏主体的内在驱动力和心理机制。积极心理资本（PsyCap）是指在成长过程中，个体逐渐培养和表现出的某些积极的心理状态，包括自我效能和自尊感等，[22] 有助于个体在面对负性媒介信息、负面情绪和社交关系时，产生充足的自信、正确的归因和更强的心理韧性。研究表明，心理资本也与积极的态度和良好的绩效呈正相关。[23] 在本研究中，积极心理资本中的自我效能感，同样在青少年游戏使用的享乐型满足和持续使用意愿之间起到遮掩作用。当然，适度使用游戏，以达到兴趣与乐趣的满足，这无可厚非。但是过度逃避现实、回避负面情绪，从游戏的"持续性使用"滑向"问题性使用"（Problematic Use），则是通常意义上的"游戏沉迷"（Gaming Disorder）的开始。可见，青少年游戏使用程度同样可以划分为不同阶段，而面对不同阶段的使用特征和使用程度的临界点，干预机制和方案也应有所不同。自我效能感、自尊感等积极心理资本的培育，可以提升青少年的情绪调节能力、正视困难和解决问题的能力以及心理韧性，进而从起始的内驱力层面降低沉迷发生的可能。

因此，应提倡游戏治理形式上的"元治理"。一方面要守住"红

线",发挥法律规制"有形的手"的约束作用;另一方面,还需要适度发挥市场"无形的手"的调节作用,从整体和未来的视角,构建"家庭—学校—媒体—社会"四位一体的系统教育工程,由"堵"到"疏"再到"自组织",注重青少年的创新和发展培育,营造自信和成功的示范效应。同时,增强青少年在网络环境中的参与感、实践感与满足感。这种满足感不仅是单一的享乐型满足、消磨时间的选择,而是更加注重虚实融合空间中青少年亲社会化的培养、个体人格的完善,倡导社交型满足和功能型满足的正面经验,提供青少年健康成长的媒介素养知识,引导青少年健康发展的内驱力和创造力。

2. 超越治理视角,充分发挥游戏媒介的可供性

随着技术更迭愈加智能和复杂,媒介环境变得"既是富媒体(Rich Media),也是复媒体(Poly Media)",[24] 在"人—媒介"这一关系中,个体对于媒介环境更加依赖,而重度的媒介使用也带来媒介可供性的变迁。同样,游戏作为一种媒介,也在不断扩展其承载的媒介形态、呈现的感官通道和满足人们需求的功能谱系。

因此,首先要注重游戏设计品类的平衡和多样性,兼顾技术扩散和社会接受度,避免评价指标的单一化。在此基础上,探讨游戏分级管理的精细度与适配度,一方面从纵向视角,对个体的认知水平、年龄、受教育程度进行游戏分级管理;另一方面从横向视角,根据游戏激活的不同技能、情感态度、多元认知等进行分级,不再将沉迷与否作为唯一的指标,倡导评判标准的多元化,有侧重地发挥益智类、学习类功能游戏的正向作用和传播引导作用。

其次,社交需求是游戏设计吸引人的关键和核心竞争力。当然,

我们并不提倡青少年将游戏作为虚拟社会情绪、行为和关系建立的唯一出口,避免造成"游戏媒介依赖"。不过,适度游戏可以成为缓解压力事件和负面情绪的出口,也会成为社交情感的满足和代偿,享乐型满足和社交型满足同样具有实践意义上的价值。在这个层面上同样有助于超越治理的两难困境、创造适度的心流体验、打造适宜的分级标准、探索游戏使用的临界点。未来,由于游戏化社会和游戏化思维的普及,甚至反而会造成青少年对于游戏的"脱敏",就如同万物皆媒的时代,媒介反而如同空气和水一般,成为人们生存不可或缺却又习以为常的事物,打通技术、产业、组织之间的壁垒。此外不可忽视的是,虚拟游戏社会的社交模式,同样是现实空间权力结构的"投射"。因此,打造游戏的"文化内核",避免青少年游戏社交中形成不恰当的虚拟权力感;在游戏设计中注重文化多样性设计,形成新的"文化接触区域",避免文化和性别偏倚,[25] 同样尤为重要。

再次,探讨游戏媒介可供性的想象力。当前,游戏在实践中不再展现出单一的娱乐和消遣面向,而兼具了娱乐、学习、社交和自我实现等多种功能。在社会文化意义上,有研究提出"媒介的水平维度",即不同社会人群对于不断发展中的媒介,其功能定位和情感定位有很大的差异,比如有些人认为发邮件效率更高、避免即时沟通的打扰,而有些人则认为邮件会误事。[26] 同样,对于游戏的理解也是如此。不同级别如职业选手、业余玩家、非玩家,不同角色如家长、青少年、教育者、游戏设计者和管理者等,对于游戏的认知和定位都不尽相同。研究发现,动机是行动的根源,不同个体即便都使用同一种游戏媒介,使用效果也可能是不同的。[27] 因此,一方面要寻求不同诉求之间的共识,避免对于游戏"一刀切"地排斥或者完全放任这两种极端做法,增进协商;而另一个更为重要的方面是扩大游戏的功能性谱系,分析不同动机取向之下的使用行为表现,提高其功能性价值。

最后,从青少年游戏体验的视角探讨"功能型游戏"发展的可能性。功能性游戏,既是针对某类知识和技能的学习,也是一种"对于学习方式的学习"(learning to learn)。前者目前已有很多研究的实证,大多集中于某种特定的游戏。例如,针对儿童的依恋游戏可有效增强其认知模式的形成、有效的情绪表达,以及合作行为和心理自立;[28] 通过模拟仿真冲突游戏,训练城市突发事件应急全面决策和快速响应的思维和模式等。[29] 后者指的则是,功能性游戏并非提供了某种特定知识和技能,而是帮助使用者在游戏环境中培养总结规律、应对问题和自主学习的能力,也就是说,通过游戏的方式可以帮助我们锻炼和习得学习的模式,促进学习的泛化。[30] 未来,功能型游戏的发展,如礼仪课、交规课等知识类的课程,将帮助青少年了解社会规则;团队游戏,将帮助青少年了解团队协作精神;益智类游戏,增加智性和知性的学习;VR等技术的加入,增加丰富多彩的场景体验,等等,有可能成为青少年游戏"使用—持续使用—问题性使用"分层分级的针对性干预产品。此时,"认知+体验""知识技能+学习"模式将成为功能性游戏最大的特点,充分寓教于乐趣、寓学于场景,真正契合青少年的成长需求并拓展其未来发展的可能性。

注　释

绪　论

[1] 喻国明，耿晓梦."深度媒介化"：媒介业的生态格局、价值重心与核心资源[J].新闻与传播研究，2021，28（12）：76-91+127-128.

[2] 喻国明.元宇宙就是人类社会的深度"媒介化"[J].新闻爱好者，2022（05）：4-6.

[3] 尼古拉斯·尼葛洛庞帝.数字化生存[M].胡泳，范海燕，译.海口：海南出版社，1997：15.

[4] 孙玮.媒介化生存：文明转型与新型人类的诞生[J].探索与争鸣，2020（06）：15-17+157.

[5] 蓝江.文本、影像与虚体——走向数字时代的游戏化生存[J].电影艺术，2021（05）：10-17.

[6] Burt, R. S. Models of network structure [J]. *Annual review of sociology*, 1980: 79–141.

[7] 胡翼青.显现的实体抑或关系的隐喻：传播学媒介观的两条脉络

[J].中国地质大学学报（社会科学版），2018，18（02）：147-154.

[8] 马歇尔·麦克卢汉.理解媒介：论人的延伸［M］.何道宽，译.北京：商务印书馆，2000：33.

[9] 马歇尔·麦克卢汉.理解媒介：论人的延伸［M］.何道宽，译.北京：商务印书馆，2000：46.

[10] 马歇尔·麦克卢汉.理解媒介：论人的延伸［M］.何道宽，译.北京：商务印书馆，2000：40.

[11] 黄旦.延伸：麦克卢汉的"身体"——重新理解媒介［J］.新闻记者，2022（02）：3-13.

[12] 埃里克.麦克卢汉，弗兰克.秦格龙.麦克卢汉精粹［M］.何道宽，译.南京：南京大学出版社．2000：279.

[13] 雷吉斯·德布雷.媒介学引论［M］.张文玲，译.北京：中国传媒大学出版社，2014：71.

[14] 雷吉斯·德布雷.普通媒介学教程［M］.陈卫星，王杨，译.北京：清华大学出版社，2014：10.

[15] 喻国明.未来媒介的进化逻辑："人的连接"的迭代、重组与升维——从"场景时代"到"元宇宙"再到"心世界"的未来［J］.新闻界，2021（10）：54-60.

[16] 马歇尔·麦克卢汉.理解媒介：论人的延伸［M］.何道宽，译.北京：商务印书馆，2000：5.

[17] Ihde, D. *Bodies in Technology* [M]. Minnessta: University of Minnessta Press, 2002: 1-3.

[18] 孙玮.赛博人：后人类时代的媒介融合［J］.新闻记者，2018

（06）：4-11.

[19] 胡泳，刘纯懿.具身元宇宙：新媒介技术与多元身体观［J］.现代出版，2022（02）：31-40.

[20] 喻国明.互联网是一种"高维"媒介——兼论"平台型媒体"是未来媒介发展的主流模式［J］.新闻与写作，2015（02）：41-44.

[21] 彭兰."连接"的演进——互联网进化的基本逻辑［J］.国际新闻界，2013，35（12）：6-19.

[22] 同［1］.

[23] Hassan, S., & De Filippi, P. Decentralized Autonomous Organization [J]. *Internet Policy Review*, 2021, 10 (2): 1–10.

[24] Ronfeldt D F. *Tribes, institutions, markets, networks: A framework about societal evolutio*n [M]. Rand, 1996: 3.

[25] 喻国明.元宇宙是数字文明时代的具象版图［J］.新闻论坛，2022，36（04）：12-14.

[26] 同［25］.

[27] 约翰·赫伊津哈.游戏的人：文化的游戏要素研究［M］.傅存良，译.北京：北京大学出版社，2014：34-35.

[28] 约翰·赫伊津哈.游戏的人：文化的游戏要素研究［M］.傅存良，译.北京：北京大学出版社，2014：6.

[29] 约翰·赫伊津哈.游戏的人：文化的游戏要素研究［M］.傅存良，译.北京：北京大学出版社，2014：9.

[30] 北京大学互联网发展研究中心.游戏学［M］.北京：中国人民大学出版社，2019：8.

［31］Barthes, R., & Howard, R. *The pleasure of the text* [M]. Macmillan Press, 1975：4.

［32］北京大学互联网发展研究中心. 游戏学［M］. 北京：中国人民大学出版社, 2019：7.

［33］Caillois, R. *Man, Play, and Games* [M]. Illinois：University of Illinois Press, 2001: 36.

［34］约翰·赫伊津哈. 游戏的人：文化的游戏要素研究［M］. 傅存良, 译. 北京：北京大学出版社, 2014：236.

［35］约翰·赫伊津哈. 游戏的人：文化的游戏要素研究［M］. 傅存良, 译. 北京：北京大学出版社, 2014：14-15.

［36］朱光潜. 西方美学史（下）［M］. 北京：人民文学出版社, 1964：450.

［37］柯泽. 斯蒂芬逊传播游戏理论的思想史背景［J］. 新闻大学, 2017（03）：107-113+121+151-152.

［38］马歇尔·麦克卢汉. 理解媒介：论人的延伸［M］. 何道宽, 译. 北京：商务印书馆, 2000：209.

［39］姜宇辉. 元宇宙作为未来之"体验"——一个基于媒介考古学的批判性视角［J］. 当代电影, 2021（12）：20-26.

［40］Steinkuehler, C. A., & Williams, D. Where everybody knows your (screen) name: Online games as "third places" [J]. *Journal of computer-mediated communication*, 11 (4), 2006: 885-909.

［41］胡翼青, 张婧妍. 作为媒介的城市：城市传播研究的第三种范式——基于物质性的视角［J］. 福建师范大学学报（哲学社会科学版）, 2021（06）：144-157+172.

［42］简·麦戈尼格尔.游戏改变世界：游戏化如何让现实变得更美好［M］.闾佳，译.杭州：浙江人民出版社，2012：13.

［43］同［37］.

［44］同［1］.

［45］同［25］.

［46］Patulny, R. V., & Lind Haase Svendsen, G. Exploring the social capital grid: Bonding, bridging, qualitative, quantitative [J]. *International Journal of Sociology and Social Policy*, 27 (1/2), 2007: 32–51.

［47］彼特·布劳.不平等和异质性［M］.王春光，谢圣赞，译.北京：中国社会科学出版社，1991：390.

［48］同［41］.

［49］齐格蒙特·鲍曼.流动的现代性［M］.欧阳景根，译.上海：上海三联书店，2002：294.

［50］Kim, S. S., Huang-Isherwood, K. M., Zheng, W., & Williams, D. The art of being together: How group play can increase reciprocity, social capital, and social status in a multiplayer online game [J]. *Computers in Human Behavior*, 2022: 133, 107291.

［51］安德鲁·芬伯格.技术批判理论［M］.韩连庆，曹观法，译.北京：北京大学出版社，2005：23.

［52］He, Q.C. Virtual items trade in online social games [J]. *International Journal of Production Economics*, 2017 (187): 1–14.

［53］喻国明，耿晓梦.从游戏玩家的类型研究到未来线上用户的特质模型——兼论游戏范式对于未来传播研究的价值［J］.当代传

播，2019（03）：26-30+55.

[54] 齐格蒙特·鲍曼.流动的现代性［M］.欧阳景根，译.上海：上海三联书店，2002：54.

[55] 齐格蒙特·鲍曼.流动的现代性［M］.欧阳景根，译.上海：上海三联书店，2002：119.

[56] 奥瑞·布莱福曼，罗德·贝克斯特朗.海星式组织［M］.李江波，译.北京：中信出版集团，2019：23.

[57] 约翰·厄里.全球复杂性［M］.李冠福，译.北京：北京师范大学出版社，2009：63-65.

[58] 齐格蒙特·鲍曼.流动的现代性［M］.欧阳景根，译.上海：上海三联书店，2002：78.

[59] 拉凯莱·迪尼，克艾拉·布里甘蒂.解析米歇尔·福柯《性史（第一卷）：求知意志》［M］.苗绘，译.上海：上海外语教育出版社，2020：112.

[60] 王天思.信息文明时代人的信息存在方式及其哲学意蕴［J］.哲学分析，2017，8（04）：18-30+198.

[61] 简·麦戈尼格尔.游戏改变世界：游戏化如何让现实变得更美好［M］.闾佳，译.杭州：浙江人民出版社，2012：1.

[62] 齐格蒙特·鲍曼.流动的现代性［M］.欧阳景根，译.上海：上海三联书店，2002：301.

[63] Chess, S., & Consalvo, M. "The future of media studies is game studies" [J]. *Critical Studies in Media Communication*, 2022: 39 (3), 159–164.

注 释

第一章

［1］曾祥敏，何旭东.全媒体语境下垂直类媒体的聚合效应——以"指尖博物馆MuseuM"为例［J］.上海广播电视研究，2021（04）：77-82.

［2］喻国明.元宇宙是数字文明时代的具象版图［J］.新闻论坛，2022，36（04）：12-14.

［3］喻国明.元宇宙就是人类社会的深度"媒介化"［J］.新闻爱好者，2022（05）：4-6.

［4］顾烨烨，莫少群.媒介化研究：理论溯源与研究路径［J］.全球传媒学刊，2022，9（02）：143-162.

［5］张洪忠，斗维红，任吴炯.元宇宙：具身传播的场景想象［J］.新闻界，2022（01）：76-84.

［6］胡泳，刘纯懿.具身元宇宙：新媒介技术与多元身体观［J］.现代出版，2022（02）：31-40.

［7］胡泳，刘纯懿.元宇宙作为媒介：传播的"复得"与"复失"［J］.新闻界，2022（01）：85-99.

［8］杜骏飞.数字交往论（2）：元宇宙，分身与认识论［J］.新闻界，2022（01）：64-75.

［9］吴江，曹喆，陈佩，贺超城，柯丹.元宇宙视域下的用户信息行为：框架与展望［J］.信息资源管理学报，2022（12）：1-17.

［10］孙云霏.游牧主体与关系伦理——布拉伊多蒂的后人类主体理论［J］.上海文化，2021（04）：25-34.

［11］吉登斯.现代性的后果［M］.田乐，译.南京：译林出版社，

2000：18.

[12] 杨向荣.脱域化生存中的越境——现代人的生存情境及其审美超越[J].湘潭大学学报（哲学社会科学版），2021，45（06）：111-116.

[13] 斯蒂格勒.技术与时间[M].裴程，译.南京：译林出版社，2000：127-129.

[14] HARAWAY D. *The postmodern turn: A manifesto for cyborgs: Science, technology, and socialist feminism in the 1980s*. Cambridge University Press, 1994：152.

[15] 孙玮.赛博人：后人类时代的媒介融合[J].新闻记者，2018（06）：4-11.

[16] Weiser, M. The Computer for the 21st Century [J]. *IEEE Pervasive Computing*, 1999, 3 (1): 3–11.

[17] 福柯，布朗肖.福柯/布朗肖[M].肖莎等，译.郑州：河南大学出版社，2014：51-52.

[18] 波德里亚.象征交换与死亡[M].车槿山，译.南京：译林出版社，2006：103-108.

[19] 唐娟，聂萌.超越与回归：后人类与传播中的身体变迁[J].贵州大学学报（社会科学版），2021，39（03）：105-112+124.

[20] IHDE D. *Bodies in Technology* [M]. Minneapoils, MN: University of Minnesota Press, 2001: 138.

[21] 马克思.关于费尔巴哈的提纲[M]//马克思，恩格斯.马克思恩格斯选集：第1卷.第2版.北京：人民出版社，1995：60.

[22] 赫伊津哈.游戏的人：文化中游戏成分的研究[M].何道宽，

译.广州:花城出版社,2007:封面页.

[23] 邱源子.游戏化传播——后互联网时代《大众传播的游戏理论》之意义[J].青年记者,2018(23):13-14.

[24] 喻国明,朱婧,张红晨.向"游戏"学习魅力传播的机理与范式——试论主流媒体游戏化传播的可行性与策略逻辑[J].新闻爱好者,2021(11):11-16.

[25] 孔清溪,许力丹.红色文化的"游戏化"传播机制创新研究——以"青春为祖国歌唱"为例[J].现代传播(中国传媒大学学报),2021,43(10):21-25.

[26] 喻国明,苏健威.传播的游戏化机理:操作逻辑、尺度与方向——对于未来传播范式的一种全新探讨[J].媒体融合新观察,2021(05):12-17.

[27] 武晓立.游戏化思维在健康传播中的应用[J].青年记者,2020(36):38-39.

第二章

[1] 喻国明,林焕新,钱绯璠,等.从网络游戏到功能游戏:正向社会价值的开启[J].青年记者,2018(15):25-27.

[2] 麦永雄.光滑空间与块茎思维:德勒兹的数字媒介诗学[J].文艺研究,2007(12):75-84.

[3] 塞利格曼.持续的幸福[M].赵昱鲲,译.杭州:浙江人民出版社.2012:15.

[4] 赫伊津哈.游戏的人:文化中游戏成分的研究[M].何道宽,译.广东:花城出版社,2007:序.

［5］亚里士多德.尼各马可伦理学［M］.廖申白,译.北京:商务印书馆,2003:303-304.

［6］康德.批判力批判［M］.宗白华,译.北京:商务印书馆,1964:150-151.

［7］麦克卢汉.理解媒介:论人的延伸［M］.何道宽,译.北京:商务印书馆,2001:294.

［8］ZHONG Z. J. The effects of collective MMORPG (Massively Multiplayer Online Role-Playing Games) play on gamers' online and offline social capital [J]. *Computers in human behavior*, 2011, 27 (6): 2352-2363.

［9］杨向荣,张彩云.游戏·现代性·审美——齐美尔的游戏理论解读［J］.东方丛刊,2009（03）:87-95.

［10］赫伊津哈.游戏的人:文化中游戏成分的研究［M］.何道宽,译.广东:花城出版社,2017:17-18.

［11］麦克卢汉.理解媒介:论人的延伸［M］.何道宽,译.北京:商务印书馆,2000:293-294.

［12］席勒.美育书简［M］.徐恒醇,译.北京:社会科学文献出版社,2016:111.

［13］西美尔.时尚的哲学［M］.费勇,译.北京:文化艺术出版社,2001:15-17.

［14］严兆星.游戏的解放功能［J］.社会科学论坛,2022（04）:189-198.

［15］董虫草.艺术与游戏［M］.北京:人民出版社,2004:67.

［16］董虫草,汪代明.虚拟论的游戏理论:从斯宾塞到谷鲁斯和弗洛伊德［J］.2006（4）:225.

［17］柏拉图.法律篇［M］.何勤华，张智仁，译.北京：商务印书馆，2001：40-43.

［18］CANADY, V. A. FDA approves first video game Rx treatment for children with ADHD [J]. *Mental Health Weekly*. 30 (26), 2020: 1-7.

［19］喻国明，赵睿.媒体可供性视角下"四全媒体"产业格局与增长空间［J］.学术界，2019（7）：8.

［20］沈正赋."四全媒体"框架下新闻生产与传播机制的重构［J］.现代传播（中国传媒大学学报），2019（3）：7.

［21］同［20］.

［22］CHEN, V. H. H., DUH, H. B. L. Understanding social interaction in world of warcraft [C]. In Proceedings of the international conference on Advances in computer entertainment technology, 2007: 21-24.

［23］Wright C. R. Functional Analysis and Mass Communication [J]. Public opinion quarterly, 1960, 24 (4): 605-620.

［24］麦克卢汉.理解媒介：论人的延伸［M］.何道宽，译.北京：商务印书馆，2000：293.

［25］赫伊津哈.游戏的人：文化中游戏成分的研究［M］.何道宽，译.广州：花城出版社.2017：239-240.

［26］李沁.泛在时代的"传播的偏向"及其文明特征［M］.国际新闻界，2015，37（5）：6-22.

［27］喻国明.娱乐与游戏：一种未被正确认识的价值媒体［J］.新闻与写作，2017（11）：2.

［28］同［27］.

［29］MCKERNAN, B. The morality of play: Video game coverage in The

New York Times from 1980 to 2010 [J]. *Games and Culture*, 8 (5), 2013: 307-329.

［30］黄旦. 试说"融媒体"：历史的视角［J］. 新闻记者，2019（3）：20-26.

［31］任建民. 网络游戏：超越电影票房之后［N］. 人民日报，2003-12-15（5）.

［32］何威，曹书乐. 从"电子海洛因"到"中国创造"：《人民日报》游戏报道（1981—2017）的话语变迁［J］. 国际新闻界，2018，40（5）：25.

［33］SUITS B. What is a Game? [J]. *Philosophy of science*, 1967, 34 (2): 148-156.

［34］张梦晗，陈泽. "可体验的未来"：元宇宙游戏中的政治参与——基于游戏体验模式的考察［J］. 传媒观察 2020（8）：30-36.

［35］同［34］.

第三章

［1］KRATH, J., Schürmann L., VON KORFLESCH H. F. Revealing the theoretical basis of gamification: A systematic review and analysis of theory in research on gamification, serious games and game-based learning [J]. *Computers in Human Behavior*, 125, 106963, 2021.

［2］曾祥敏，方雪悦. 新闻游戏：概念、意义、功能和交互叙事规律研究［J］. 现代传播（中国传媒大学学报），2018，40（01）：70-77.

［3］王庆，钮沭联，陈洪，朱德海. 国内教育游戏研究发展综述［J］.

电化教育研究, 2012, 33（01）: 81-84+89.

［4］李方丽，孙晔. 功能游戏：定义、价值探索和发展建议［J］. 教育传媒研究, 2019（01）: 65-68.

［5］HAMARI, J. Gamification [J]. *The Blackwell Encyclopedia of Sociology*, 2007: 1-3.

［6］HAMARI, J., KOIVISTO, J., SARSA, H. Does gamification work?—a literature review of empirical studies on gamification [C]. In 2014 47th Hawaii international conference on system sciences 2014: 3025-3034. Ieee.

［7］同［1］.

［8］KOIVISTO J., HAMARI, J. The rise of motivational information systems: A review of gamification research [J]. *International Journal of Information Management*, 45, 2019: 191-210.

［9］RAPP, A. A gameful organizational assimilation process: Insights from World of Warcraft for gamification design [J]. *Proceedings of the ACM on Human-Computer Interaction*, 4 (CSCW3), 2021: 1-25.

［10］RIAR, M., MORSCHHEUSER, B., ZARNEKOW R., et al. Gamification of cooperation: A framework, literature review and future research agenda [J]. *International Journal of Information Management*, 2021, 67, 102549.

［11］HASSAN L. Governments should play games: Towards a framework for the gamification of civic engagement platforms [J]. *Simulation & Gaming*, 48 (2), 2017: 249-267.

［12］杰西·谢尔著. 游戏设计艺术第 2 版［M］. 刘嘉俊，陈闻，陆佳

琪，等，译. 北京：电子工业出版社，2016：53-54.

［13］王水雄. 从"游戏社会化"到"社会游戏化"——网络时代的游戏化社会来临［J］. 探索与争鸣，2019（10）：148-156+160+2.

［14］赫伊津哈. 游戏的人［M］. 多人，译. 杭州：中国美术学院出版社，1996：06-07.

［15］ALTHOFF T., WHITE R. W., HORVITZ E. Influence of Pokémon Go on Physical Activity: Study and Implications [J]. *Journal of Medical Internet Research*, 2016, 18 (12).

［16］Van der Veken, W. Incommensurability in the Structuralist View in Theory-ladenness and Incommensurability II [J]. *Philosophica*, 1983: 32, 43-56.

［17］IHDE D. *Bodies in technology* (Vol. 5) [M]. Minneapoils, MN: University of Minnesota Press, 2002: 01-03.

［18］胡泳，刘纯懿. 具身元宇宙：新媒介技术与多元身体观［J］. 现代出版，2022（02）：31-40.

［19］斯考伯. 即将到来的场景时代［M］. 赵乾坤，周宝曜，译. 北京：北京联合出版公司，2014：12-26.

［20］CARVALHO M. B., BELLOTTI F., BERTA R., et al. An activity theory-based model for serious games analysis and conceptual design [J]. *Computers & Education*, 2015: 87, 166-181.

［21］BRUCE A., BEUTHIN R., SHEILDS L., et al. Narrative Research Evolving [J]. *International Journal of Qualitative Methods*, 2016: 15 (1).

［22］杜骏飞. 数字交往论（1）：一种面向未来的传播学［J］. 新闻界，

2021（12）：79-87+94.

［23］常江，田浩.库尔德利.数据殖民主义是殖民主义的最新阶段——马克思主义与数字文化批判［J］.新闻界，2020（02）：4-11.

［24］BENNETT W. L., SEGERBERG A. *The logic of connective action: Digital media and the personalization of contentious politics* [M]. Cambridge, Eng.: Cambridge University Press, 2013: 02-04.

［25］YOO G. S., & CHUN K. A Study on The Development of A Game-type Language Education Service Platform Based on Metaverse [J]. *Journal of Digital Contents Society*, 2021, 22 (9).

［26］LAINE T. H., & JOY M. Survey on context-aware pervasive learning environments [J]. *International Journal of Interactive Mobile Technologies*, 2009, 3 (1).

［27］程思琪，喻国明，杨嘉仪，等.虚拟数字人：一种体验性媒介——试析虚拟数字人的连接机制与媒介属性［J］.新闻界，2022（07）：12-23.

第四章

［1］麦戈尼格尔.游戏改变世界［M］.闾佳，译.杭州：浙江人民出版社，2012：213.

［2］麦戈尼格尔.游戏改变世界［M］.闾佳，译.杭州：浙江人民出版社，2012：214.

［3］王喆."为了部落"：多人在线游戏玩家的结盟合作行为研究［J］.国际新闻界，2018，40（05）：40-56.

[4] 庄莉. 网络游戏经济体系研究 [D]. 北京交通大学, 2012: 16-20.

[5] Kücklich J. Precarious Playbour: Modders and the Digital Games Industry [J]. *Fibreculture Journal*, 2005, 5 (1): 1–5.

[6] 方晟. 聚焦"虚拟游戏劳工"问题——资本、剩余价值与现代游戏工业 [J]. 现代哲学, 2021（03）: 10-17.

[7] 袁潇. 数字劳工：移动游戏中青少年玩家的非物质劳动研究 [J]. 当代传播, 2020（05）: 105-107.

[8] 凯文·韦巴赫, 丹·亨特. 游戏化思维 [M]. 周逵, 王晓丹, 译. 杭州：浙江人民出版社, 2014: 13-16.

[9] VESA M, HARVIAINEN J T, 2019. Gamification: Concepts, Consequences, and Critiques [J/OL]. *Journal of Management Inquiry*, 28 (2): 128–130.

[10] 韦巴赫, 亨特. 游戏化思维 [M]. 周逵, 王晓丹, 译. 杭州：浙江人民出版社, 2014: 13-16.

[11] 麦戈尼格尔. 游戏改变世界 [M]. 闾佳, 译. 杭州：浙江人民出版社, 2012: 30-32.

[12] DETERDING S.. Gamification in Management: Between Choice Architecture and Humanistic Design [J]. *Journal of Management Inquiry*, 2019 (28): 131–136.

[13] SANTOS P A. Deep Gamification of a University Course [C]// Conference Proceedings SciTecIN. 2015, 15.

[14] SOEBKE H, LONDONG J. Towards Integration of Deep Gamification Into Formal Educational Settings [C]//ORNGREEN R,

BUHL M, MEYER B. Proceedings of the 18th European Conference on E-Learning (ecel 2019). Nr Reading: Acad Conferences Ltd, 2019: 519–525 [2022-08-25].

［15］GURJANOW I, OLIVEIRA M, ZENDER J, . Mathematics Trails: Shallow and Deep Gamification [J]. *International Journal of Serious Games*, 2019, 6 (3): 65–79.

［16］喻国明，马慧. 互联网时代的新权力范式："关系赋权"——"连接一切"场景下的社会关系的重组与权力格局的变迁［J］. 国际新闻界，2016，38（10）：6-27.

［17］周卫华，康伟婷. 基于区块链的智能治理机制研究——以 The DAO 为例［J/OL］. 财会月刊，2022（10）：123-131.

［18］喻国明，杨雅. 5G 时代：未来传播中"人—机"关系的模式重构［J］. 新闻与传播评论，2020，73（01）：5-10.

［19］卡斯特. 网络社会的崛起［M］. 夏铸九，王志弘，译. 北京：社会科学文献出版社，2001：569.

［20］胡万钟. 从马斯洛的需求理论谈人的价值和自我价值［J］. 南京社会科学，2000（06）：25-29.

［21］戴焱淼. 电竞简史［M］. 上海：上海人民出版社，2019：357.

［22］吴永萌. 用户参与交互设计新视角［M］. 北京：机械工业出版社，2020：8.

［23］同［22］.

［24］喻国明，杨颖兮. 参与、沉浸、反馈：盈余时代有效传播三要素——关于游戏范式作为未来传播主流范式的理论探讨［J］. 中国出版，2018（08）：16-22.

［25］胡建文.元宇宙需要数字版权保护吗?——虚拟现实技术生成场景内容可版权性的视角［J］.江西社会科学，2022，42（06）：168-177.

［26］郑成思.版权法：修订本［M］.北京：中国人民大学出版社，1997：161 // 胡建文.元宇宙需要数字版权保护吗?——虚拟现实技术生成场景内容可版权性的视角［J］.江西社会科学，2022，42（06）：168-177.

［27］王迁.知识产权法教程：第7版［M］.北京：中国人民大学出版社，2021：61 // 胡建文.元宇宙需要数字版权保护吗?——虚拟现实技术生成场景内容可版权性的视角［J］.江西社会科学，2022，42（06）：168-177.

［28］熊琦.人工智能生成内容的著作权认定［J］.知识产权，2017，（3）.// 胡建文.元宇宙需要数字版权保护吗?——虚拟现实技术生成场景内容可版权性的视角［J］.江西社会科学，2022，42（06）：168-177.

［29］亚当斯，多尔芒.游戏机制高级游戏设计技术［M/OL］.石曦，译.北京：人民邮电出版社，2014：378-379.

［30］亚当斯，多尔芒.游戏机制高级游戏设计技术［M/OL］.石曦，译.北京：人民邮电出版社，2014：382-385.

第五章

［1］席勒.美育书简［M］.徐恒醇，译.北京：中国文联出版公司，1984：170.

［2］STEPHENSON, WILLIAM. Tribute to Melanie Klein [J]. *Psychoanalysis and History*. 2010, 12.2: 245–271.

[3] 柯泽. 斯蒂芬逊传播游戏理论的思想史背景[J]. 新闻大学, 2017（03）: 107–113+121+151–152.

[4] STEPHENSON, WILLIAM. *The play theory of mass communication* [M]. Transaction Publishers, 1964: 141.

[5] 同[3].

[6] 史安斌, 刘弼城. 电竞游戏: 战略传播的软利器[J]. 青年记者, 2017（34）: 83–86.

[7] EGENFELDT-NIELSEN S, SMITH JH, TOSCA SP. *Understanding video games: The essential introduction* [M]. London: Routledge, 2015: 2.

[8] 喻国明, 马慧. 互联网时代的新权力范式:"关系赋权"——"连接一切"场景下的社会关系的重组与权力格局的变迁[J]. 国际新闻界, 2016, 38（10）: 6–27.

[9] 蔡骐, 黄瑶瑛. SNS网络社区中的亚文化传播——以豆瓣网为例进行分析[J]. 当代传播, 2011（01）: 14–16.

[10] 同[8].

[11] 彭兰. 场景: 移动时代媒体的新要素[J]. 新闻记者, 2015（03）: 20–27.

[12] KELLNER D. *Media Spectacle*[M]. London: Routledge, 2003: 12.

[13] 莱文森. 莱文森精粹[M]. 何道宽, 译. 北京: 中国人民大学出版社, 2007: 35.

[14] 喻国明, 谌椿, 王佳宁. 虚拟现实（VR）作为新媒介的新闻样

态考察［J］. 新疆师范大学学报（哲学社会科学版），2017，38（03）：15-21+2.

［15］ESROCK, STUART L. Review and criticism: Research pioneer tribute—William Stephenson: Traveling an unorthodox path to mass communication discovery [J]. *Journal of Broadcasting & Electronic Media*, 2005, 49.2: 244-250.

［16］蒋晓丽，贾瑞琪. 游戏化：正在凸显的传播基因——以媒介演进的人性化趋势理论为视角》［J］. 中国编辑，2017（08）：8-13.

［17］喻国明，杨颖兮. 参与、沉浸、反馈：盈余时代有效传播三要素——关于游戏范式作为未来传播主流范式的理论探讨［J］. 中国出版，2018（08）：16-22.

［18］GIDDINGS, S., HARVEY, A. Introduction to special issue ludic economies: ludic economics 101 [J]. *Games and Culture*, 2018, 13 (7): 647-651.

［19］ORJI R., Mandryk R. L., Vassileva J. et al. Tailoring persuasive health games to gamer type. Proceedings of the SIGCHI Conference on Human Factors in Computing Systems – CHI '13, 2013: 2467-2476.

［20］Yee, N. The demographics, motivations and derived experiences of users of massively multi-user online graphical environments [J]. *Teleoperators and Virtual Environments*, 2006, 15 (3): 309-329.

［21］Yee, N. Motivations for Play in Online Games [J]. *Cyberpsychology and Behavior*, 2007, 9 (6): 772-775.

［22］NACKE L.E., BATEMAN C., MANDRYK R. L. BrainHex:

A neurobiological gamer typology survey [J]. *Entertainment Computing*, 2014, 5 (1): 55–62.

［23］BATEMAN C. NACKE L. E. The neurobiology of play [C]. Proceedings of the International Academic Conference on the Future of Game Design and Technology. Futureplay'10, Vancouver, Canada, 2010: 1–8.

［24］BUSCH M., MATTHEISS E., ORJI R. et al. Player type models – Towards empirical validation [C]. Proceedings of the 2016 CHI Conference Extended Abstracts on Human Factors in Computing Systems – CHI EA '16, ACM, 2016: 1835–1841.

［25］KALLIO K. P., Mäyrä F., KAIPAINEN K. At least nine ways to play: Approaching gamer mentalities [J]. *Games and Culture*, 6 (4), 2011: 327–353.

［26］WILLIAM STEPHENSON. *The Play Theory of Mass Communication* [M]. New Jersey: Transaction Books, 1987: 1.

［27］黄楚新. 智能时代的传媒产业发展路径［J］. 新闻与写作. 2016（02）：5-9.

［28］蔡雯. 需要重新定义的"专业化"——对新闻媒体内容生产的思考和建议［J］. 新闻记者. 2012（05）：17-21.

［29］陈先红. 论新媒介即关系［J］. 现代传播. 2006（03）：54-56.

［30］HJARVARD S. The Mediatization of Society: A Theory of the Media as Agents of Social and Cultural Change [J]. *Nordicom Review*, 2008, 29: 105–134.

［31］彭兰. 智媒化：未来媒体浪潮——新媒体发展趋势报告（2016）

[J].国际新闻界,2016,38(11):6-24.

[32] 陆晔,周睿鸣."液态"的新闻业:新传播形态与新闻专业主义再思考——以澎湃新闻"东方之星"长江沉船事故报道为个案[J].新闻与传播研究,2016,23(07):24-46+126-127.

[33] 吴彤,沈小峰,郭治安.科学技术:生产力系统的"序参量"——一种自组织演化的科技观[J].自然辩证法研究,1993,9(6):8.

[34] 喻国明.互联网平台:传播生态的巨变及其社会治理[J].新闻论坛,2021,35(05):7-9.

[35] 陈劲,阳银娟.协同创新的理论基础与内涵[J].科学学研究,2012,30(02):161-164.

[36] SERRANO V., FISCHER T. Collaborative innovation in ubiquitous systems [J]. *Journal of Intelligent Manufacturing*, 2007: 18 (5), 599-615.

[37] 宋刚,白文琳,安小米,等.创新2.0视野下的协同创新研究:从创客到众创的案例分析及经验借鉴[J].电子政务,2016(10):68-77.

[38] 喻国明."破圈":未来社会发展中至为关键的重大命题[J].新闻与写作,2021(06):1.

[39] 吴甘沙:创新2.0的三个阶段[J].办公自动化,2015(09):9+8.

[40] 胡昭阳.虚拟组织概念及沟通问题探讨[J].新闻与传播研究,2015,22(04):110-117.

[41] 黄伟迪.再组织化:新媒体内容的生产实践——以梨视频为例

［J］.现代传播（中国传媒大学学报），2017，39（11）：117-121.

［42］同［34］.

［43］喻国明，耿晓梦.复杂性范式：技术革命下传播生态系统的协同演化［J］.新闻界，2022（01）：111-117.

［44］凯利.失控［M］.东西文库，译.新星出版社，2010，54-55.

［45］喻国明，耿晓梦.何以"元宇宙"：媒介化社会的未来生态图景［J/OL］.新疆师范大学学报（哲学社会科学版），2022（01）：111-117.

［46］同［38］.

［47］喻国明.谁掌握圈层，谁就掌握传播驱动的主控权——兼论破圈能力是主流媒介实现价值传播的关键［J］.现代视听，2021（03）：26-29.

［48］喻国明，滕文强.元宇宙：构建媒介发展的未来参照系——基于补偿性媒介理论的分析［J］.未来传播，2022，29（01）：2-9+128.

［49］喻国明.传播学的未来学科建设：核心逻辑与范式再造［J］.新闻与写作，2021（09）：5-11.

［50］喻国明.学术视域下的新传播、新趋势与新思考——2021年传播学研究的8个关键词［J］.教育传媒研究，2022（02）：6-10.

［51］罗昕.全球互联网治理：模式变迁、关键挑战与中国进路［J］.社会科学战线，2017（04）：176-188.

［52］喻国明.算法即媒介：如何读解这一未来传播的关键命题［J］.传媒观察，2022（04）：29-32.

［53］喻国明.未来媒介的进化逻辑："人的连接"的迭代、重组与升

维——从"场景时代"到"元宇宙"再到"心世界"的未来[J]. 新闻界, 2021 (10): 54-60.

[54] 喻国明, 曲慧. 简论网络新媒体的场景范式[J]. 教育传媒研究, 2021 (04): 10-12.

附　录

[1] 邓剑. MOBA游戏批判——从"游戏乌托邦"到"游戏梦工厂"的文化变奏[J]. 探索与争鸣, 2020 (11): 9.

[2] Yee, N. Motivations for Play in Online Games [J]. *Cyberpsychology & Behaviour*, 2006, 9 (6): 772–775.

[3] Li, H., Liu, Y., Xu, X., Heikkilä, J., & Van der Heijden, H. Modeling hedonic is continuance through the uses and gratifications theory: An empirical study in online games. *Computers in Human Behavior*, 2015, 48: 261–272.

[4] Bueno, S., Gallego, M. D., & Noyes, J. Uses and gratifications on augmented reality games: An examination of pokémon go. *Applied Sciences*, 2020, 10 (5): 1644.

[5] Green, C. S., Bavelier, D. Action video game modifies visual selective attention [J]. *Nature*, 2003, 423 (6939): 534–537.

[6] Feng, J., Spence, I., & Pratt, J. Playing an action video game reduces gender differences in spatial cognition [J]. *Psychological Science*, 2007, 18 (10): 850–855.

[7] Boot, W. R., Kramer, A. F., Simons, D. J., Fabiani, M., & Gratton, G. The effects of video game playing on attention, memory, and

executive control [J]. *Acta Psychologica*, 2008, 129 (3): 387–398.

[8] Bediou, B., Adams, D. M., Mayer, R. E., Tipton, E., Green, C. S., & Bavelier, D. Meta-analysis of action video game impact on perceptual, attentional, and cognitive skills [J]. *Psychological Bulletin*, 2018, 144 (1): 77–94.

[9] Powers, K. L., Brooks, P. J., Aldrich, N. J., Palladino, M. A., & Alfieri, L. Effects of video-game play on information processing: A meta-analytic investigation [J]. *Psychonomic Bulletin & Review*, 2013, 20 (6): 1055–1079.

[10] Boot, W. R., Blakely, D. P., & Simons, D. J. Do action video games improve perception and cognition? [J]. *Frontiers in Psychology*, 2011 (2): 226.

[11] Kökönyei, G., Kocsel, N., Király, O., Griffiths, M. D., Galambos, A., Magi, A., ... & Demetrovics, Z. The role of cognitive emotion regulation strategies in problem gaming among adolescents: A nationally representative survey study [J]. *Frontiers in Psychiatry*, 2019 (10): 273.

[12] Colwell, J., Grady, C., Rhaiti, S. Computer games, self-esteem and gratification of needs in adolescents [J]. *Journal of Community & Applied Social Psychology*, 1995, 5 (3): 195–206.

[13] Huang, C. L., Yang, S. C., Chen, A. S. Motivations and gratification in an online game: Relationships among players' self-esteem, self-concept, and interpersonal relationships [J]. *Social Behavior and Personality: An International Journal*, 2015, 43 (2): 193–203.

[14] 张婷丹, 喻承甫, 许倩, 魏昶, 严金雄. 亲子关系与青少年网络游戏成瘾: 自尊的中介作用 [J]. 教育测量与评价（理论版）, 2015（2）: 40–44.

[15] Bandura, A. *Self-efficacy: The Exercise of Control*. NY: Freeman, 1997: 15.

[16] Sharma, T. G., Hamari, J., Kesharwani, A., Tak, P. Understanding continuance intention to play online games: roles of self-expressiveness, self-congruity, self-efficacy, and perceived risk [J]. *Behaviour & Information Technology*, 2011, 41 (2): 348–364.

[17] Trepte, S., & Reinecke, L. The pleasures of success: Game-related efficacy experiences as a mediator between player performance and game enjoyment [J]. *Cyberpsychology, Behavior, and Social Networking*, 2011, 14 (9): 555–557.

[18] Blascovich, J., Tomaka, J., Robinson, J. P., Shaver, P. R., Wrightsman, L. S. Measures of self-esteem [A]. *Measures of Personality and Social Psychological Attitudes* [C], 1991, 1: 115–160.

[19] Schwarzer, R., Jerusalem, M. Generalized self-efficacy scale [A]. In J. Weinman, S. Wright & M. Johnston, *Measures in health psychology: A user's portfolio. Causal and control beliefs* [C], 1995: 35–37.

[20] 王才康, 胡中锋, 刘勇. 一般自我效能感量表的信度和效度研究 [J]. 应用心理学, 2001（01）: 37–40.

[21] 温忠麟, 叶宝娟. 中介效应分析: 方法和模型发展 [J]. 心理科学进展, 2014, 22（05）: 731–745.

[22] 张阔, 张赛, 董颖红. 积极心理资本: 测量及其与心理健康的关

系[J].心理与行为研究,2010,8(1):58-64.

[23] Luthans, F., Avolio, B. J., Avey, J. B., Norman S. M. Psychological capital: measurement and relationship with performance and satisfaction [J]. *Personnel Psychology*, 2007, 60 (3): 541–573.

[24] 杨雅,陈雪娇,杨嘉仪,喻国明.类脑、具身与共情:如何研究人工智能对于传播学与后人类的影响[J].学术界,2021(8):108-117.

[25] 姬德强,蒋效妹,朱泓宇.游戏研究:历史建构、产业劳工及学术想象[J].新闻与写作,2022(9):1.

[26] 董晨宇,段采薏.复媒体时代的媒介意识形态与媒介转换行为[J].新闻与写作,2018(5):33-37.

[27] 罗一君,孔繁昌,牛更枫,周宗奎.压力事件对初中生抑郁的影响:网络使用动机与网络使用强度的作用[J].心理发展与教育,2017(3):337-344.

[28] 凌辉,宁柳,刘佳怡,冯洪,周彩萍,周玉霞,张建人.依恋游戏促进中班幼儿心理自立养成的实验研究[J].中国临床心理学杂志,2022,20(5):1043-1051.

[29] 陈彬,高峰.基于战争游戏思维的突发事件应急管理情报分析应用研究——以城市洪涝灾害为例[J].情报理论与实践,2022:8-18.

[30] Bavelier, D., Green, C. S., Pouget, A., & Schrater, P. Brain plasticity through the life span: Learning to learn and action video games [J]. *Annual Review of Neuroscience*, 2012 (35): 391–416.

参考文献

（所有在线参考文献的查阅时间均为 2022 年 11 月。）

［1］严锋. 我的游戏史与作为"融合型"媒介的游戏［EB/OL］. https://mp.weixin.qq.com/s/Pp2sNQkCWDtrh OBoicMihA.

［2］赵国栋, 易欢欢, 徐远重. 元宇宙［M］. 北京: 中译出版社, 2021.

［3］韩炳哲. 他者的消失［M］. 北京: 中信出版社, 2019.

［4］麦戈尼格尔. 游戏改变世界: 游戏化如何让现实变得更美好［M］. 周佳, 译. 杭州: 浙江人民出版社, 2012.

［5］赫伊津哈. 游戏的人: 文化中游戏成分的研究［M］. 何道宽, 译. 广东: 花城出版社, 2007.

［6］伊尼斯. 传播的偏向: 英文（双语版）［M］. 何道宽, 译. 北京: 北京广播学院出版社, 2013.

［7］BRIGGS, A., BURKE, P. *A social history of the media: From Gutenberg to the Internet. Polity* [M]. London: Polity Press, 2009.

［8］北京大学汇丰商学院、安信证券. 元宇宙 2022——蓄积的力量［R］. 2022.

［9］德勤咨询.元宇宙综观:愿景、技术和应对［R］.

［10］中国信息通信研究院.云计算白皮书（2022）［R］.2020.

［11］LAAMARTI, F., EID, M., EL SADDIK, A. An overview of serious games [J]. *International Journal of Computer Games Technology*, 2014.

［12］CASERMAN, P., HOFFMANN K., Müller P. etal. Quality criteria for serious games: serious part, game part, and balance [J]. *JMIR serious games*, 8 (3), e19037, 2020.

［13］SEIFFERT-BROCKMANN J., WEITZL W., HENRIKS M. Stakeholder engagement through gamification: Effects of user motivation on psychological and behavioral stakeholder reactions [J]. *Journal of Communication Management*, 2018.

［14］头豹研究院.2020年中国功能性游戏行业概览［EB/OL］.https://www.leadleo.com/report/details?id=5f55e0c5992aaa631fd8f0b7.

［15］葛超宇.基于认知负荷理论的弱功能游戏设计方法研究［D］.江南大学,2021.

［16］CASERMAN P., HOFFMANN K., Müller P., et al. Quality Criteria for Serious Games: Serious Part, Game Part, and Balance [J]. *JMIR Serious Games*, 2020, 8 (3).

［17］I.G.N.中国.这些年,他们是怎么做功能游戏的?［EB/OL］.https://zhuanlan.zhihu.com/p/541616745.

［18］Data.ai, IDC.聚焦2022年游戏领域报告［R/OL］.https://www.gameres.com/895443.html.

［19］中国游戏产业研究院.2021年中国游戏产业报告［R/OL］.

https://m.sohu.com/a/509131223_120840.

［20］CSGO. CSGO 皮肤大赛"如梦如画"公布 17 件获奖作品！瓜分 170 万美元奖金［EB/OL］. https://baijiahao.baidu.com/s?id=1717121225830673416&wfr=spider&for=pc.

［21］Data.ai, IDC. 聚焦 2022 年游戏领域报告［R/OL］. https://www.gameres.com/895443.html.

［22］新民周刊, DAO：新型组织［EB/OL］. https://new.qq.com/rain/a/20220824A06Q6Z00.html.

［23］新智元. 元宇宙里也有「色狼」？ Meta 推出私人边界，用户自带「一米线」［EB/OL］. https://36kr.com/p/dp1617342007406088.

［24］柏拉图. 柏拉图对话·法律篇［M］. 戴子钦, 译. 沈阳：辽宁教育出版社, 1998.

［25］亚里士多德. 尼各马可伦理学［M］. 王旭凤, 陈晓旭, 译. 南昌：江西教育出版社, 2014.

［26］施拉姆, 波特. 传播学概论［M］陈亮, 周立方, 李启, 译. 北京：新华出版社, 1984.

［27］赫耶津哈. 游戏的人［M］. 多人, 译. 杭州：中国美术学院出版社, 1996.

［28］MCGOGINAL J. Gaming Can Make a Better World [Z/OL]. TED2010. Available at: https://www.ted.com/talks/jane_mcgonigal_gaming_can_make_a_better_world.

［29］库尔德里. 媒介、社会与世界：社会理论与数字媒介实践［M］. 何道宽, 译. 上海：复旦大学出版社, 2014.

［30］马立明. "后真相时代"与新的鱼缸［EB/OL］. 澎湃新闻. http://

www.thepaper.cn/newsDetail_forward_1961568.

［31］咪蒙. 如何写出阅读量 100 万 + 的微信爆款文章？［Z/OL］. 发表于公众号"咪蒙"（mimeng7），2015.

［32］HANARI J. TUUNANEN J. Player types: A meta-synthesis [J]. Transactions of the Digital Games Research, 1 (2) 2014. http://todigra.org/index.php/todigra/article/view/13.

［33］BARTLE R. Hearts, clubs, diamonds, spades: Players who suit MUDs [J]. *Journal of MUD Research*, 1 (1) , 1996. http://mud.co.uk/richard/hcds.htm.

［34］YEE N. Facets: 5 Motivation Factors for Why People Play MMORPG's, 2020. Available at: http://www.nickyee.com/facets/home.html.

［35］BATEMAN C., LOWENHAUPT R., NACKE L. Player typology in theory and practice [C]. Proceedings of DiGRA 2011 Conference: Think Design Play. Digital Games Research Association, Utrecht, The Netherlands, 2011.

［36］MARCZEWSKI, A. *Even ninja monkeys like to play: Gamification, game thinking and motivational Design* [M]. Charleston, SC.: CreateSpace Independent Publishing Platform, 2015.

［37］BATEMAN C., BOON R. *21st Century Game Design*［M］. Boston：Charles River Media，2005.

［38］苗东升. 系统科学精要［M］. 北京：中国人民大学出版社，1998.

［39］中国互联网络信息中心. 2020 年全国未成年人互联网使用情况研究报告［R］. 北京：中国互联网络信息中心，2020.

［40］36 氪. MOBA 游戏研究报告（下）［EB/OL］. https://www.36kr.

com/p/1722167590913, 2018-01-18/2022-07-11.

[41] Caillois, R. *Man, Play, and Games* [M]. University of Illinois Press. 2001.

[42] Allan, J. D. *An Introduction to Video Game Self-Efficacy*. Doctoral dissertation, California State University, Chico. 2010.

[43] Harter, S. *Causes Correlates and the Functional Role of Global Self-worth: A Life-span Perspective* [M]. NY: New Heaven. 1998.

[44] 北京大学互联网发展研究中心. 游戏学 [M]. 北京：中国人民大学出版社，2019.

[45] 中国互联网络信息中心. 第49次中国互联网络发展状况统计报告 [R]. 北京：中国互联网络信息中心，2022.

[46] Liu, S., Xu, B., Zhang, D., Tian, Y., Wu, X. Core symptoms and symptom relationships of problematic internet use across early, middle, and late adolescence: A network analysis [J]. *Computers in Human Behavior*, 2022, 128, 107090.